Beate König

Holsteinische Schweiz

Wandern für die Seele

20 Wohlfühlwege

Droste Verlag

ALLE WANDERUNGEN AUF EINEN BLICK

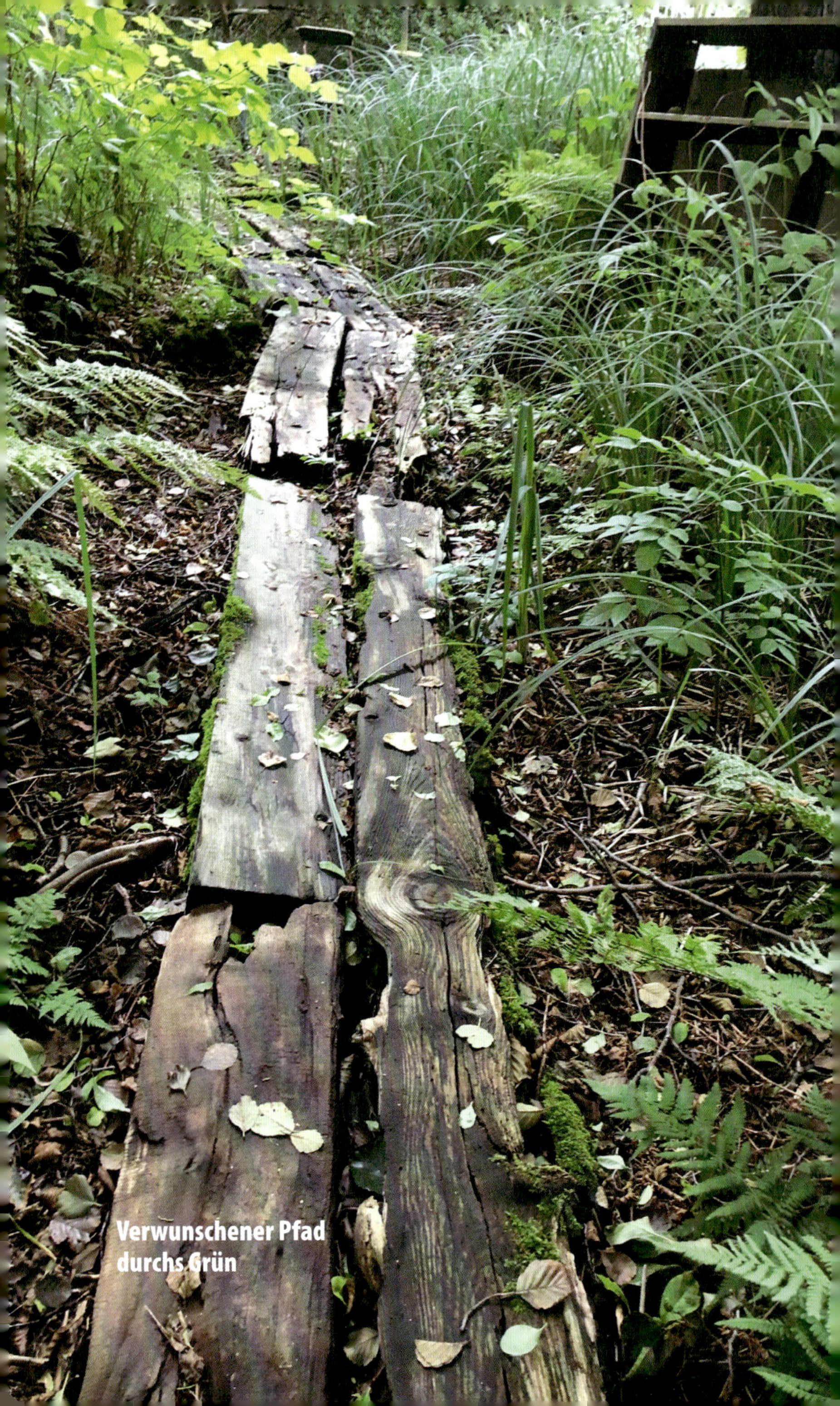

Verwunschener Pfad
durchs Grün

Liebe Wanderfreudige, liebe Auszeitgenießer,

weite Landschaften, schön wie Gemälde, Residenzschlösser und Abenteuerrouten an glitzernden Seen – die Holsteinische Schweiz inspiriert zum Erkunden ihrer Schätze.

Die Berge der kleinen Schweiz des Nordens haben eins gemeinsam: Den bestechenden Charme der Andeutung. Die Top drei der Gipfel – Bungsberg, Pilsberg und Strezerberg – lassen sich im Schlendergang erobern.

Gletschermassen modellierten Schleswig-Holsteins einstmals schroffe Gipfel zu lieblichen Hügeln. In ihren Senken leuchten blaue Seen Wanderern den Weg in die Entschleunigung.

Wie von selbst zieht der Blick übers Wasser ins Weite. Sanfter Wellenklang stimmt auf leise Genießerzeit-Momente ein. Lange Strände und versteckte Buchten verlocken zum Sprung ins belebende Nass.

Die Natur verschenkt auf den 20 Wohlfühlrouten freigiebig ihre Kraft: Das lichte Grün der Wälder weckt bei jedem Schritt neue Energien. Blühende Rapsfelder – ein Markenzeichen des schönen Nordens – betören mit sattem Gelb und süßem Duft die Sinne. Schlösser und Herrenhäuser am Wegesrand erzählen Kulturgeschichte.

Ich wünsche Ihnen schöne Entdeckungen, neue Lieblingsplätze und einen Duft, den Sie für immer behalten wollen. 20 Erlebnisse, reichhaltig und gelungen, wie in Schönschrift verfasst.

Ihre Beate König

NATUR-INFO

KULTUR-INFO

TOUREN-/EVENT-INFO

GENUSS-INFO

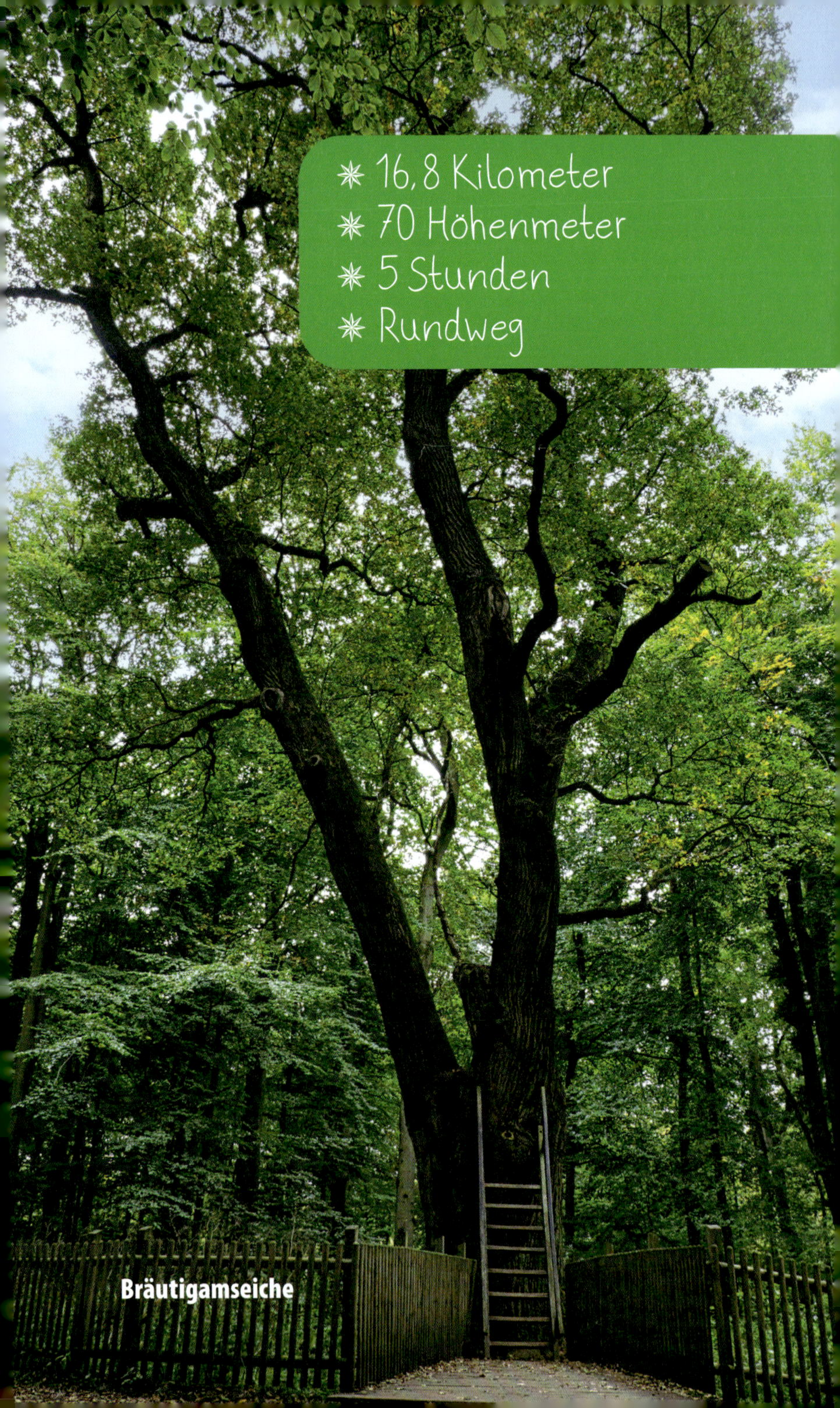

- 16,8 Kilometer
- 70 Höhenmeter
- 5 Stunden
- Rundweg

Bräutigamseiche

Zum Liebesbaum

Von Fissau in den Dodauer Forst

Wir starten am Parkplatz gegenüber vom **Naturpark Camping Prinzenholz.** Wir lassen den Campingplatz rechts liegen und gehen auf dem weiß-blau-markierten Seerundweg in den Wald. Nach einem Villengrundstück lockt eine schattige Bank zu einem ersten Stopp. Wir erreichen eine T-Kreuzung und folgen weiter dem markierten Weg bis zu einer Gabelung, an der links der **Luisenstein ❶** aus der Böschung ragt. Wir nehmen rechts den schmalen Uferweg. Eine romantisch unter Bäumen gelegene Badestelle verlockt zur Abkühlung.

Wir folgen dem Uferpfad, der nach Mäanderkurven im Wald im 90-Grad-Winkel abknickt und parallel zu einem Knick, zur Grenze der Wiesen und Weiden, verläuft. Über ein Holzgatter ist ein erster Blick auf die Reitanlage und den Stall des heutigen **Guts Immenhof ❷,** ehemals Gut Rothensande, möglich. Wir gehen an der nächsten Kreuzung rechts zwischen zwei kniehohen Granitsäulen hindurch und sind wieder auf dem weiß-blau-weiß markierten Weg. Auf einem breiten Sandweg laufen wir zur **Eutiner Straße.** Ein Blick über die Reitanlagen rechts offenbart Seeblick.

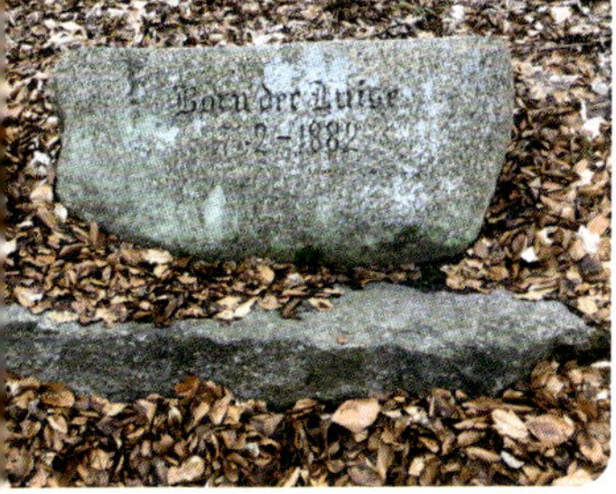

Für Kenner der Heimat- und Pferdefilme „Immenhof" ein Wow-Moment: Hinten das Wasser, vorn die saftig grünen Weiden – der Originalschauplatz ist bestens

*Dichter und Homer-Übersetzer **Johann Heinrich Voß** (1751–1826) lebte als Schulrektor von 1782 bis 1802 in Eutin. Er prägte mit dem Eutiner Kreis das geistig-kulturelle Leben. Das Prinzenholz inspirierte ihn 1795 zu „Luise. Ein ländliches Gedicht in drei Idyllen".*

*Hans Joachim Lutter erwarb die barocke Gutsanlage Rothensande im November 1953. Zwischen 1955 und 1957 gestattete er der Arco-Film Außenaufnahmen für die Filmtrilogie **Immenhof.** Der heutige Besitzer benannte das Gut nach dem fiktiven Filmgut.*

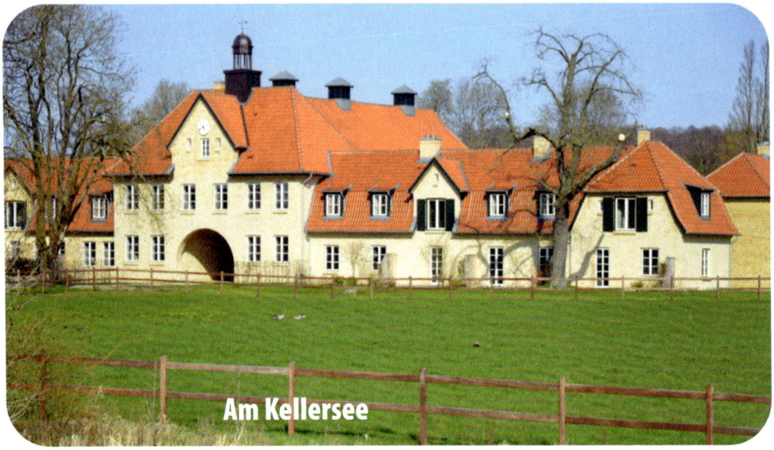

Am Kellersee

zu erkennen! Wir biegen rechts ab. Hinter dem Gutsparkplatz biegen wir rechts auf das Gutsgelände ein.

Wir gehen am imposanten Herrenhaus von 1911 vorbei bis zum Anleger der Fünf-Seen-Fahrt.

(Abkürzung: Mit dem Boot über den Kellersee schippern und am Fissauer Fährhaus aussteigen.) Wir umrunden die Gutsanlage mit dem malerischen Seeblick und laufen durch eine alte Kastanienallee zur **Eutiner Straße.** (Abkürzung: Links in die Eutiner Straße, in die erste rechts am Schild „Nathenkuhl" einbiegen. An der Biogasanlage geht die Straße geradeaus in den Grellenkamp und damit auf die Hauptroute über.)

Wir biegen rechts in die Eutiner Straße und erreichen nach etwa 290 Metern einen **Aussichtspavillon** ❸ an der Schwentine. Das Biotop ist ein perfekter Ort zum entspannten Picknick. Im Feuchtgebiet leben zwischen Ried und Seerosen Libellen, Reiher, Eisvögel, Höckerschwäne, Bisamratten, Ringelnattern und Teichfrösche. Wir passieren das Ortsschild Bad Malente-Gremsmühlen, gehen links vorbei an Birken und einem Pfad zu einem weiteren Anleger der Fünf-Seen-Fahrt und passieren zwei Tankstellen. Vor dem **Restaurant Rhodos** ❹ folgen wir links der Eutiner Straße. Vorsicht: Die Straße ist stark befahren. Wir biegen

2013 wurde die Sportschule in ***Uwe-Seeler-Fußballpark*** *umbenannt. Die Torjägerikone übernahm die Patenschaft für den Trainingsort. 1974 und 1990 trainierten hier die deutschen Nationalmannschaften – und wurden dank des „Geistes von Malente" Weltmeister.*

Für die Seele

Vom waldigen Ufer des kühlenden Kellersees, vorbei am Weltmeister-Fußballplatz zur Bräutigamseiche, dem Liebsten-Finder-Baum mit eigener Postadresse.

links in die Straße **Am Stadion** ein und erreichen den **Uwe-Seeler-Fußballpark ❺.**

Durch weiße Gitter der **SHFV-Sportschule** fällt der Blick auf gepflegte Spielfelder, Tore und einen weißen Siebzigerjahre-Beton-Ständerbau. Der Weg geht in einen Sandweg über. Zwischen alten Fachwerkhäusern hindurch laufen wir auf weite Felder, hinter einem Biotop leuchtet links aus Baumwipfeln weiß die Seniorenresidenz Wilhelmshöhe, blau der **Kellersee.** Hinter dem Ponyhof Schierensee und einer Biogasanlage biegen wir rechts auf den anfangs asphaltierten **Grellenkamp,** der als breiter Feldweg in Kurven auf einen Wald zuführt. Am Horizont spitzen das Eutiner

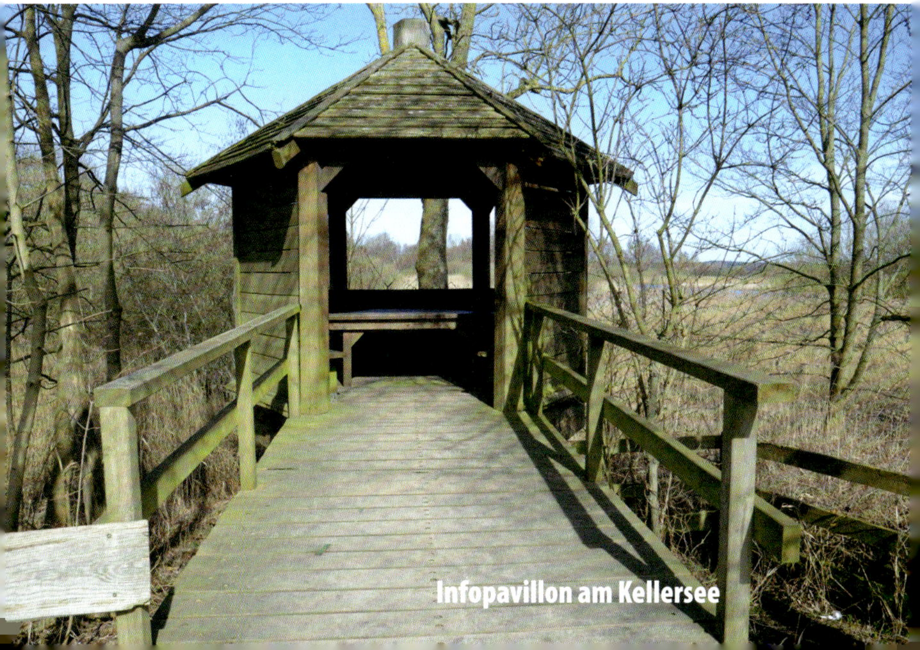

Infopavillon am Kellersee

Schloss und der Wasserturm aus dem Grün hervor. Nach 800 Metern verlassen wir in einer 90-Grad-Kurve den Grellenkamp. Links liegt hinter einer Berberitzenhecke ein erhöhter Reitplatz, wir biegen rechts auf einen Feldweg mit zwei Fahrspuren, der uns an einer markanten alten Eiche vorbei zum **Dodauer Forst** führt. Der Weg ist nach Regenfällen matschig. Im Dodauer Forst erwarten uns Buchen mit bemoosten Wurzeln und ein Wanderwegnetz. (Abkürzung: Nach 5 Metern im Wald links den Pfad nehmen, der zu einem breiten Waldweg in Sichtweite führt, in den wir links einbiegen. Nach der Orthweg-Brücke sind wir auf der Hauptroute.)

Wir gehen an der zweiten Kreuzung rechts und rechts an einem Teich vorbei, an dem uns eine kleine **Vogelbeobachtungshütte** zur Pause mit Enten- und Reetblick einlädt. An der nächsten Gabelung laufen wir vor einem Dreisprung mit überdachter Bank links und bleiben 130 Meter auf dem Waldweg in Flanierbreite, biegen dann links ab. Meisen zwitschern in mit

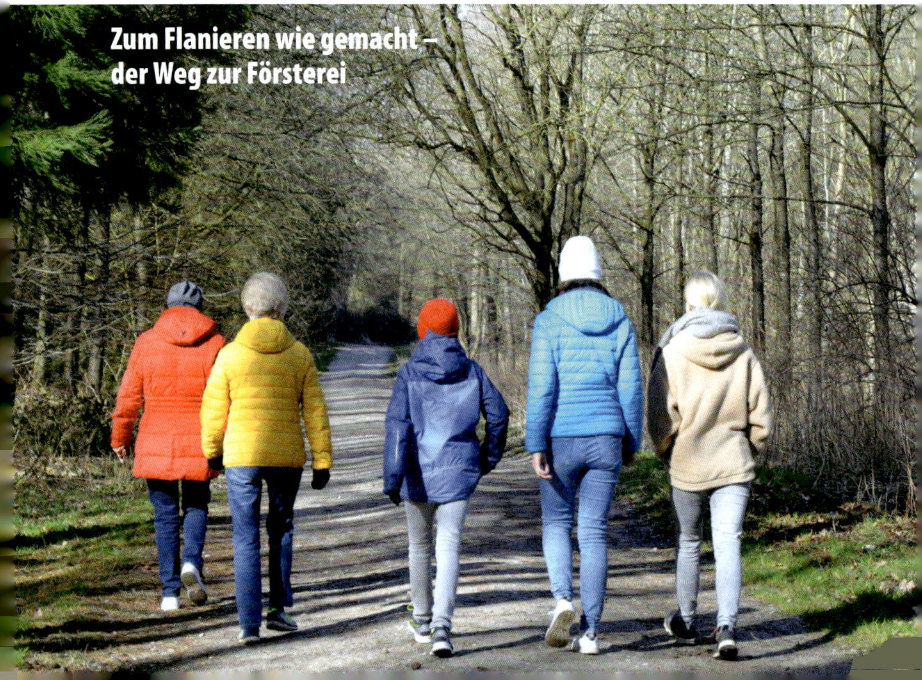

Zum Flanieren wie gemacht – der Weg zur Försterei

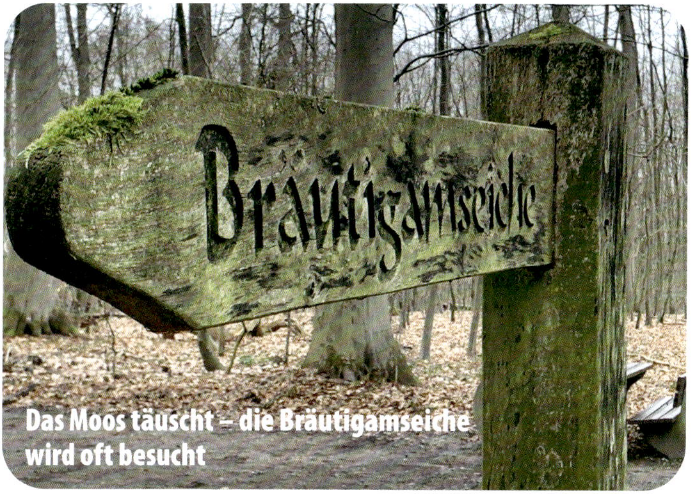

Das Moos täuscht – die Bräutigamseiche wird oft besucht

Efeu berankten Buchen und Eichen. Brombeeren blühen am Wegesrand. Wir ignorieren schmale Abzweige. Nach 300 Metern biegen wir an einer Weggabelung rechts ab, an einem reetgedeckten Unterstand an einem stillen Weiher vorbei. Im Frühling tanzen Mücken über dem besonnten Weg. Wir bleiben auf dem Hauptweg, der in einer leichten Linkskurve an einem Feld mit einem Teich entlangführt.

An einem Wehr rauscht Wasser, junge Bäume begleiten uns links und rechts vom schnurgeraden Weg. Am Ende einer Nadelbaumallee hat der Züchterverein Holsteinische Schweiz ein Imkeridyll mit Infoschild, Bienenkörben und Rastbank unter tief hängenden Zweigen eingerichtet. Wir passieren links einen Teich und einen alten Baumriesen. Links steht das urige Reetdachhaus der Försterei Dodau von den Landesforsten Schleswig-Holstein – ein weiterer „Immenhof"-Drehort. Die Projektgruppe Seeadlerschutz hat hier ihren Sitz. An der Straße **Dodau** weist ein Holzschild den Weg: 150 Meter links zur **Bräutigamseiche** ❻.

Wir biegen nach 30 Metern rechts ab. Ein Blechschild, ein schräger Pfeil und eine weiß-gelb-weiße

*Die heutige **Bräutigamseiche** pflanzte vor rund 500 Jahren wohl ein keltischer Edelmann als Dank für seine Rettung. Feinde hatten den Fürstensohn gefesselt im Dodauer Forst zurückgelassen. Ein junges Mädchen fand und befreite ihn.*

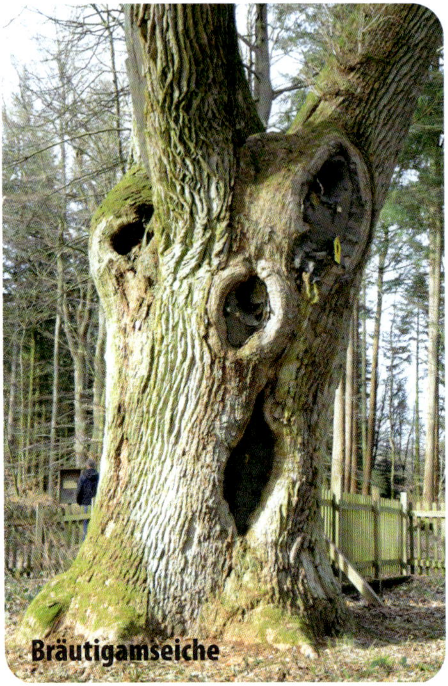
Bräutigamseiche

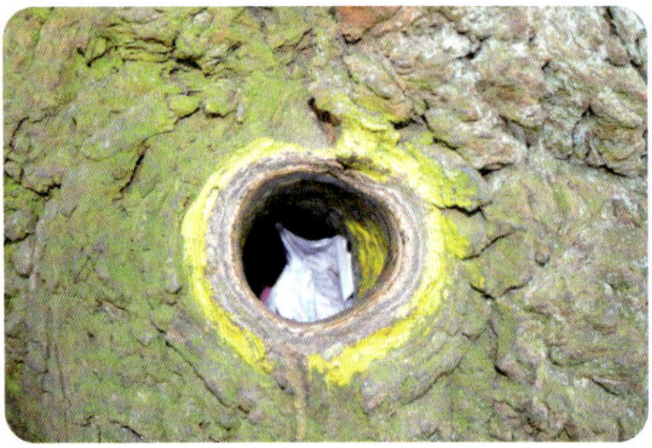

Wegmarkierung weisen uns die Richtung. Nach 20 Metern erreichen wir eine schöne Kastanienallee. Wir schenken ihr einen wertschätzenden Blick und folgen vorher links dem nächsten Schild „Bräutigamseiche".

Der Baum wurde zur Partnerbörse: Bis heute stecken Singles auf Partnersuche Liebesbriefe für Blind Dates in eine Stammhöhle. Einmal die Leiter am Stamm hochklettern und hineinfühlen: Die Hoffnung der Briefeschreiber auf das große Glück knistert spürbar in den Umschlägen. Wir gehen auf dem weiß-gelb-weiß markierten Weg weiter auf einen Parkplatz. 20 Meter links beginnt ein in gleichen Farben markierter Weg, dem wir in den **Dodauer Forst** abwärts folgen. An einer T-Kreuzung biegen wir links ab. Buchen und Eichen schaffen lichten Schatten. Wir folgen der weiß-gelb-weißen Markierung weiter, ignorieren zwei Rechtsabzweiger und laufen nach einer S-Kurve rechts auf einem geschotterten Weg, der im leichten Linksbogen bergab führt. Moos, Haselbüsche und eine junge Buchenhecke begleiten uns. An der nächsten Kreuzung gehen wir links hügelan.

Die Stille ist berauschend, wir überqueren einen Bach. In der Senke rechts vom Hangpfad schimmert im Naturwaldgebiet ein Teich. An der nächsten Gabelung folgen wir rechts abwärts der Markierung weiß-gelb-weiß über eine Brücke mit Holzgeländer. Unter uns, tief eingeschnitten in den Boden, mäandert ein Bach. Das Waldidyll verführt, dem Rauschen der Blätter und dem Vogelgezwitscher für ein Weilchen zu lauschen. Der Bach begleitet uns rechts bis zur T-Kreuzung mit dem **Orthweg.** Wir biegen rechts ab und überqueren ihn auf einer Brücke. Wir folgen danach rechts dem grünen Pfeil „Beuthiner Holz, 1,8 km". Der Pfad geht leicht bergan in eine Linkskurve. Nach einem Weiher nehmen wir den ersten Abzweig links und verlassen den blau-weiß-blau markierten Pfad. Liegende Baumstämme an flachen Teichen laden zum Ausruhen ein. Ausatmen und den Duft des Waldes genießen.

An der nächsten T-Kreuzung gehen wir rechts ab, nach 200 Metern an einer Gabelung rechts in Richtung Waldrand. Wir wandern links und sind über 100 Meter Strecke wieder auf dem weiß-blau-weiß markierten Weg, den wir in einer Linkskurve verlassen. Wir folgen geradeaus dem Pfad am **Waldrand.** Wir überqueren einen Weg und laufen weiter geradeaus – wieder auf der blau-weiß-blauen Route.

Nummerierte Vogel- und Fledermauskästen an den Baumstämmen sind Vorboten des **Philosophengangs ⑦.** Auf Sitzbänken lässt sich über tierische und pflanzliche Begleiter im Wald sinnieren. Goldnessel, Buschwindröschen, Schlüs-

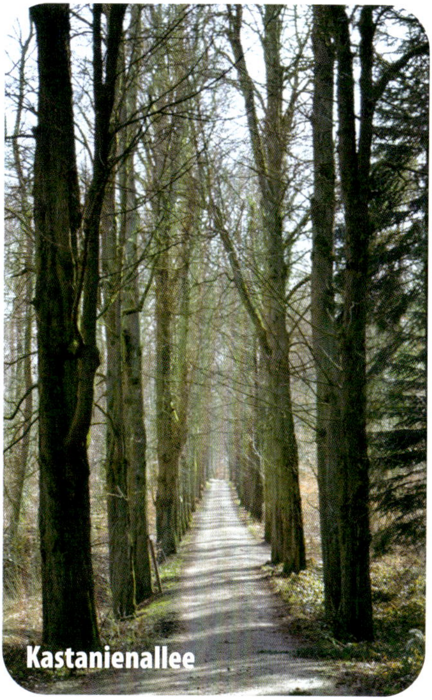

Kastanienallee

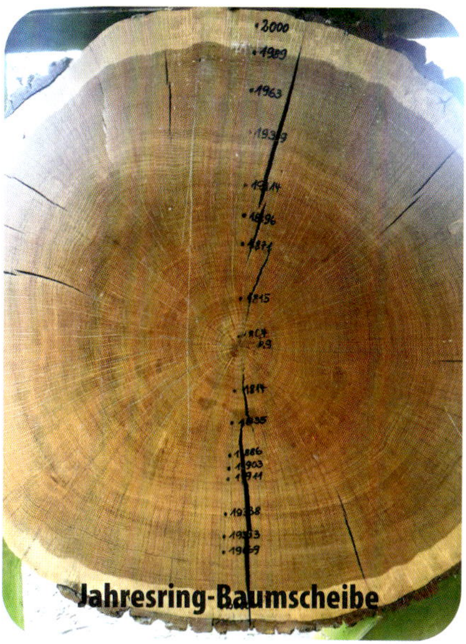

Jahresring-Baumscheibe

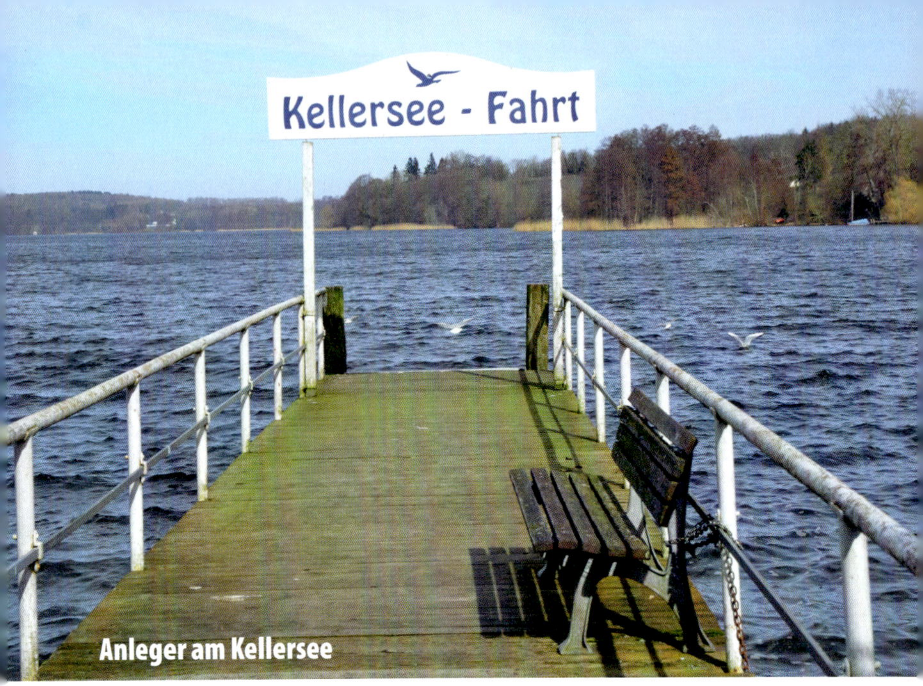

Anleger am Kellersee

selblumen, Buntspecht, Amsel, Feuersalamander, Igel und Kleiber werden auf Infotafeln vom Verein Erlebnis Natur erklärt. Es gibt einen Stand mit Baum- und Rindenkunde, ein Bodenfenster zeigt geologische Landeskunde – Gletscher formten die Hügel der Holsteinischen Schweiz.

Wir gehen an einem Holzschlagbaum vorbei und rechts über den Parkplatz zur **Beuthiner Straße,** in die wir rechts einbiegen. Nach 160 Metern biegen wir links in einen Sandweg ein. Vor uns liegt der Eutiner Wasserturm, ein Holzschild weist zur „Wasserstation 0,1 km und zum Festplatz 0,4 km". Wir unterqueren die Westtangente L 174. Der Tunnel ist perfekt für einen Echotest. Wir erreichen einen Spielplatz mit Bänken, einer Wasser- und einer Weitspringstation vom Verein Erlebnis Natur. Wir folgen dem Asphaltweg, vorbei an einer Knick-Infotafel und ig-

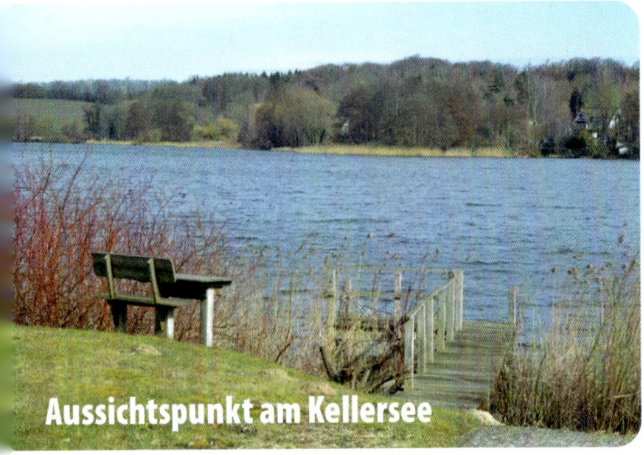
Aussichtspunkt am Kellersee

norieren zwei schmale Linksabbieger. Wir laufen in Richtung Festplatz. An der T-Kreuzung biegen wir rechts ab in den **Schützenweg.**

Es geht 550 Meter vorbei an Einfamilienhäusern. An einem Bahnübergang biegen wir links ab, überqueren die Gleise vorsichtig und biegen links in den **Deefstieg** ein, dem wir am Stadtrand von Eutin 1,3 Kilometer bis zur Kreuzung Riemannstraße folgen. Wir laufen an einem Kinderspielplatz, einem Rechtsabzweig und einer Obstbaumwiese vorbei. Über uns am Hang: Einfamilienhäuser. Spatzen- und Amselgezwitscher begleiten unseren Weg. Wir ignorieren einen Linksabzweig, den Abzweig Hochkamp, und biegen erst hinter einem Lebensmittelgeschäft links in die Riemannstraße. Eine Brücke führt uns über die Schwentine.

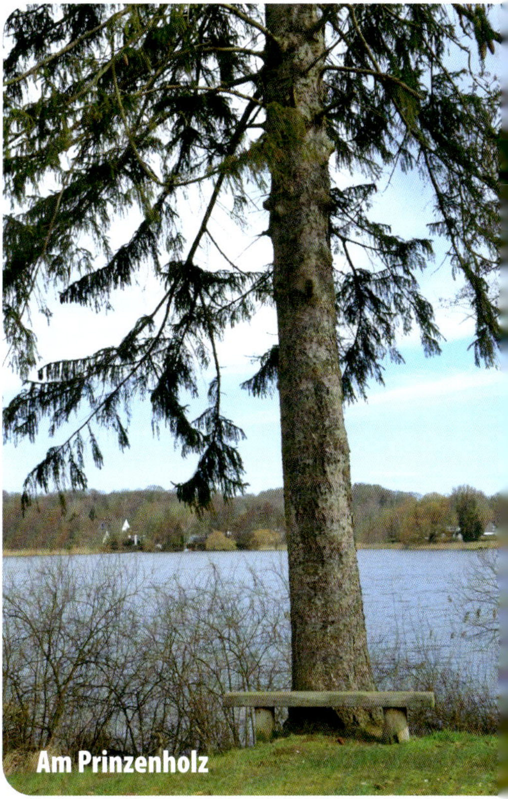
Am Prinzenholz

Wir überqueren die **Malenter Landstraße** an der Ampel und gehen 20 Meter rechts, dann links in den Park auf einem weiß-grün-weiß markierten Weg. Wir laufen schräg über den Rasen auf einem Trampelpfad, vorbei an einer Winterlinde, dem Baum des Jahres 2016.

Wir biegen rechts auf einen Parkweg, der rechts die Schwentine begleitet. Wir staunen über die Stromschnellen des Flusses, lassen die erste Brücke links liegen und nehmen die zweite, zu der der Parkweg führt. Links von der **Schwentine** ist von einer Bank der Blick auf das jetzt ruhig strömende Gewässer mit dem hellen Sandgrund entspannend. Die Böschung gegenüber wird steiler,

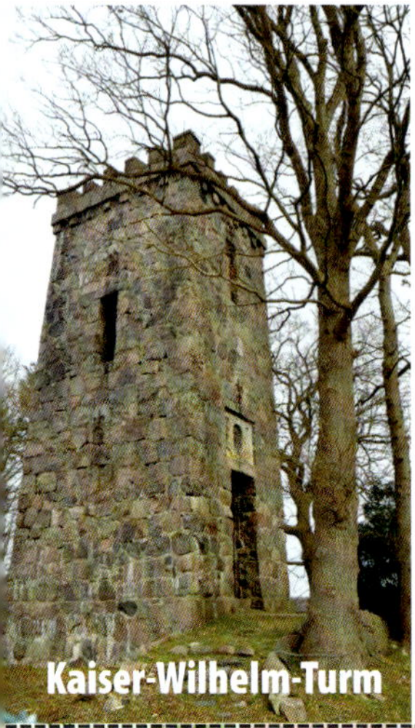
Kaiser-Wilhelm-Turm

umgestürzte Bäume liegen als Balancierbrücken zwischen den Ufern. Eine weitere Sitzbank lädt zum Blick auf uralte Bäume ein, die sich mit ihren Wurzeln in die Böschung krallen.

Rechts von der Mündung der Schwentine in den Kellersee verlockt das **Fissauer Fährhaus** ⑧ zu einer Atempause mit Panoramablick. Wir biegen links in die Asphaltstraße Prinzenholzweg ein. Haben wir die Einmündung der **Leonhard-Boldt-Straße** mit Hartriegel, Forsythien und alten Weiden passiert, ist auf der Kuppe des bewaldeten Hanges links der **Kaiser-Wilhelm-Turm** zu sehen. Wir gehen zwischen den gepflegten Gärten und Parks der Villen am See bis zum Start.

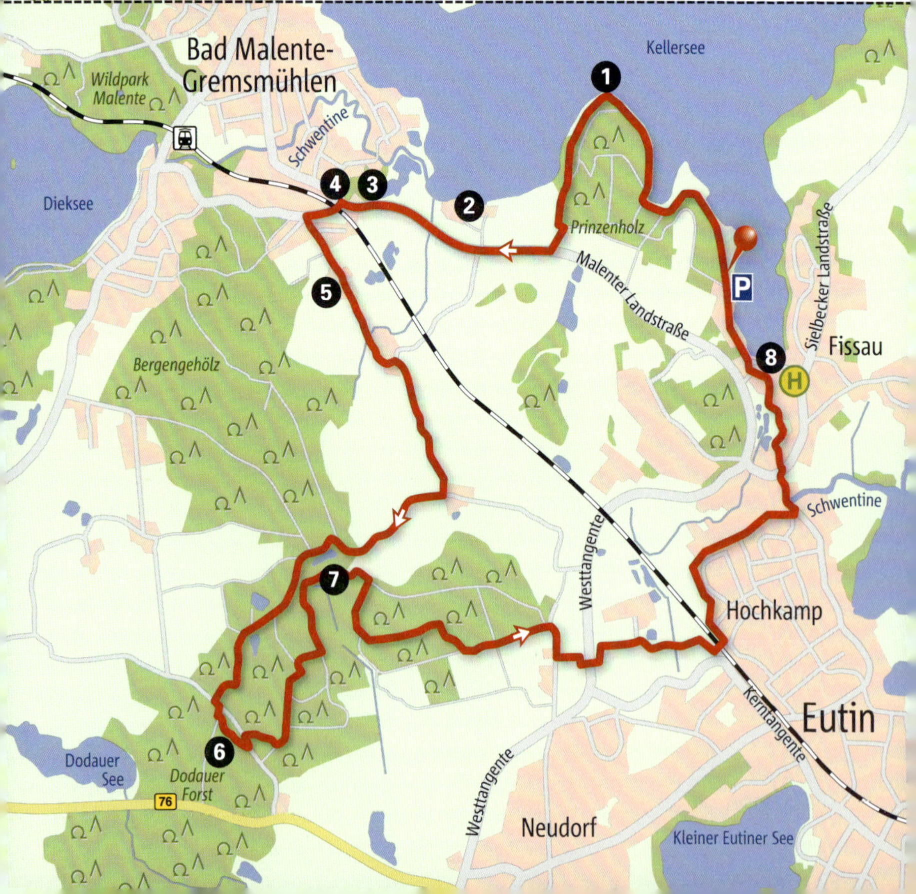

Entspannung ✱✱✱✱✱
Genuss ✱✱✱✱✱
Romantik ✱✱✱✱✱

WIE & WANN:
Pfade, Waldwege, asphaltierte Wege, Feldwege; ganzjährig möglich, Feldwege nach Regen matschig.

HIN & WEG:
Auto: Wanderparkplatz, gegenüber Naturpark Camping Prinzenholz, Prinzenholz 20, 23701 Eutin (GPS: 54.160289, 10.6020609)
ÖPNV: Bus 5506 oder 5507 bis Fissau, Leonhard-Boldt-Straße (300 Meter durch Leonhard-Boldt-Straße, dann rechts in den Prinzenholzweg)

ESSEN & ENTSPANNEN:
Restaurant Rhodos ❹ Voßstraße 56, 23714 Malente, Tel. (0 45 23) 20 25 80, www.rhodos-malente.de
Fissauer Fährhaus ❽ Leonhard-Boldt-Straße 8, 23701 Eutin, Tel. (0 45 21) 23 83

ENTDECKEN & ERLEBEN:
Luisenstein ❶ und Badestelle Prinzenholz
Gut Immenhof ❷ Rothensande 1, 23714 Malente
Aussichtspavillon ❸
Uwe-Seeler-Fußballpark ❺ Am Stadion 4, 23714 Malente
Bräutigamseiche ❻
Philosophengang ❼

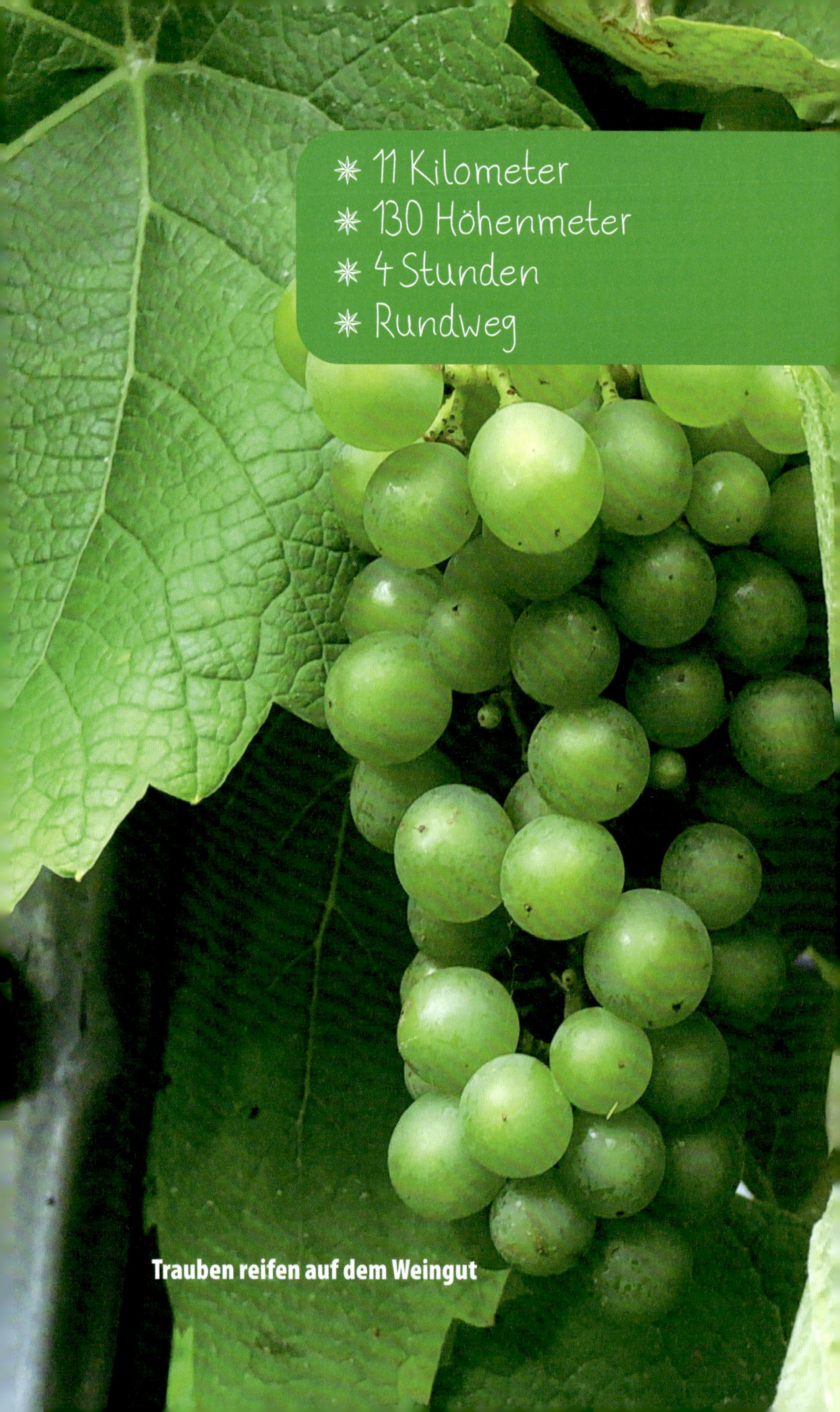

- 11 Kilometer
- 130 Höhenmeter
- 4 Stunden
- Rundweg

Trauben reifen auf dem Weingut

An der Wiege

Von Krummsee nach Malkwitz

Die erste Tafel eines Waldlehrpfads weist uns den Weg vom **Parkplatz Waldstraße** in den Wald. Wir gehen auf einem schmalen Asphalt- und Sandweg, biegen nach 130 Metern rechts ein und sofort wieder rechts ab. Eine zweite Tafel erzählt vom Leben der Eintagsfliegen, Schnecken, Süßwasserpolypen und Würmer im kleinen Gewässer rechter Hand. Wir laufen auf einem breiten Schotterweg links an einer Obstbaumwiese vorbei und an einer Wegkreuzung nach 410 Metern geradeaus. Die Hänge werden steiler. Rechts schimmert der **Krummsee** ❶ malerisch hinter alten Bäumen und Schilf. Wald und Hügel betten das in der zweiten Eiszeit entstandene Gewässer ein. Der liebliche Anblick begeisterte schon im 19. Jahrhundert die ersten

*Der gerade einmal 12 Hektar große **Krummsee** ist 11 Meter tief. Manchmal schwimmen auch Rehe und Wildschweine darin.*

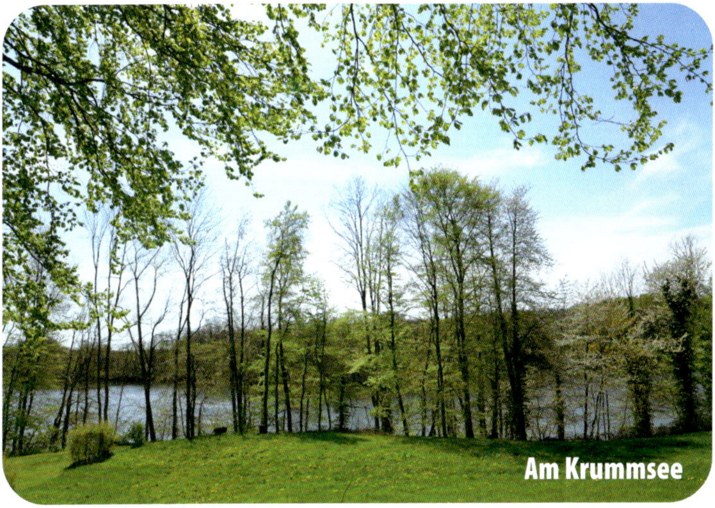

Am Krummsee

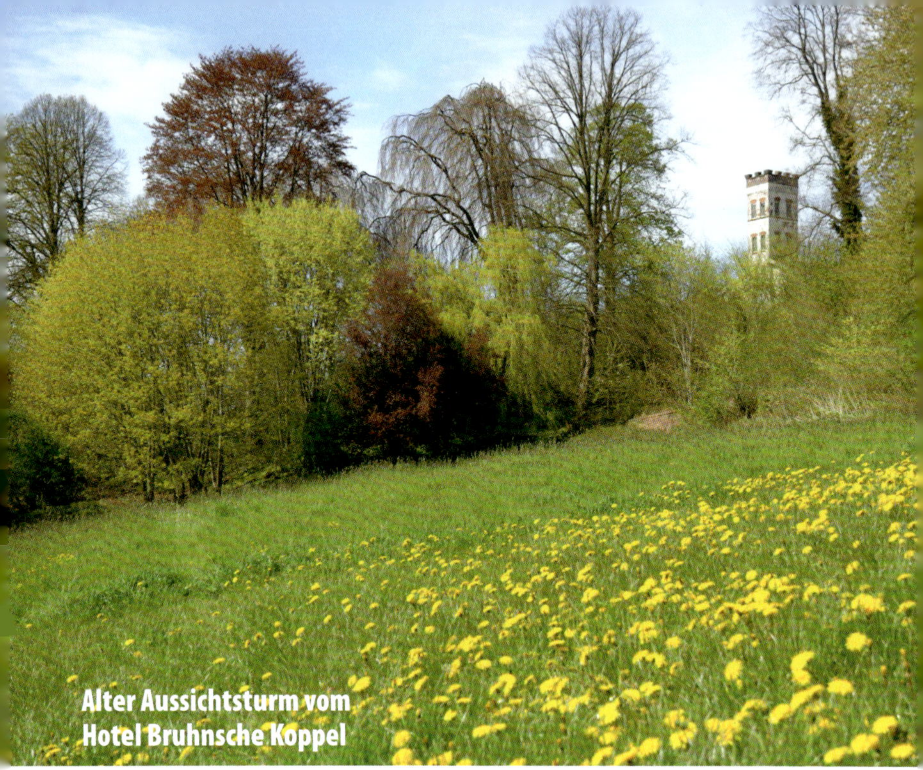

Sommerfrischler, inspirierte Landschaftsmaler und Dichter.

Am Badestrand laden Bänke zum Aufnehmen der idyllischen Ansicht ein. Einmal ausatmen und die Seesicht genießen. (Abkürzung: Wir nehmen ab der Badestelle den breiten Weg bis zur Straße Bruhnskoppeler Weg, dann links weiter auf der Route.)

Ein gewundener Pfad am Ufer führt uns an alten Bäumen und über urige Wurzeln. Links führt über schmale Pfade und Treppen ein Abstecher zur Malkwitzer Höhe (74 Meter ü. NN) mit der **Ruine des Berghotels Bruhnsche Koppel.** Heute als Lost Place ein Geheimtipp, war das Hotel mit dem imposanten, mit Zinnen geschmückten Aussichtsturm früher Wahrzeichen und Aushängeschild von Krummsee.

Wir kehren zum Uferpfad zurück und biegen an einem Betonbecken links in einen Wiesenpfad ein. An alten Apfelbäumen vorbei, gehen wir schräg aufwärts auf einen rot-weißen Schlagbaum zu. Das Bezwingen

Für die Seele

Auf den Spuren der Entdecker der Holsteinischen Schweiz duftende Wälder, idyllische Seen und liebliche Mini-Almen erkunden – Herz, was willst du mehr?

des saftig grünen Moränenhügels weckt für Sekunden Almgefühle. Hinter der Schranke laufen wir bergan geradeaus und nehmen rechts einen Asphaltweg durch eine kurze, alte Allee. Nach einer Absperrung lädt eine schmiedeeiserne Bank zur Atempause ein. Einmal umdrehen! Unten glitzert der See.

Wir biegen links in den **Bruhnskoppeler Weg.** Auf der schmalen Asphaltstraße geht es mit weitem Blick über das Land – der Funkturm auf dem Bungsberg ist rechts zu erkennen. Unten blinken die „Benzer Augen" in den Feldern. Der große und der kleine Benzer See sind Toteisseen. Der norddeutsche Lyriker und Schriftsteller Klaus Groth liebte den **Bungsberg-Blick ②.** Ein Findling erinnert an seinen Lieblingsplatz. Wir überqueren Bahnschienen am ehemaligen Bahnhof Bruhnskoppel – Stahl mit historischer Bedeutung für

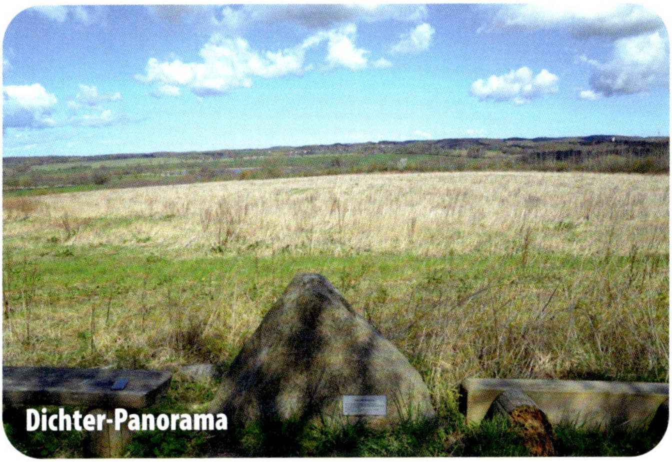

Dichter-Panorama

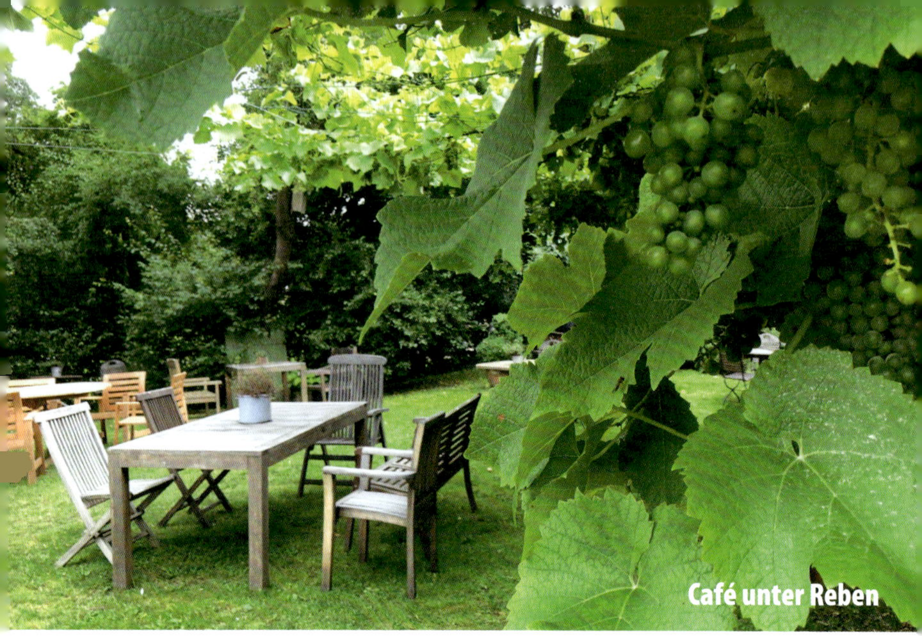

Café unter Reben

Johannes Janus, *ein umtriebiger Eutiner Unternehmer, baute 1882 die Kellersee-Rundfahrt auf, dann 1885 das Hotel Holsteinische Schweiz in Krummsee. Er erreichte, dass die Bahnlinie durch die Region gebaut wurde und der Haltepunkt am Kellersee den Namen seines Hotels erhielt.*

Im Feldcafé des ***Weinguts Ingenhof*** *können wir unter Rebenranken den Blick auf einen Weinberg genießen. Das ist etwas Besonderes, denn in Norddeutschland ist Weinanbau eine Rarität. Das Gut bietet auch Weinproben an.*

die Holsteinische Schweiz. 1890 wurde die Strecke von Malente-Gremsmühlen nach Lütjenburg bis zum Kellersee gebaut. Über sie kamen die ersten Touristen in die Urlaubsregion im Aufbau.

Wir biegen rechts in die Bergstraße. Der Blick geht weit über die sanften Hügel. Hinter einem Gestüt mit Weiher biegen wir links ein und folgen der Bergstraße bis nach **Malkwitz.**

Wir passieren eine urige Eiche und den idyllischen Dorfteich und folgen der Bergstraße weiter. Rechts gehen wir in die Dorfstraße. Das **Weingut Ingenhof** ❸ lockt mit Wein aus der Region und mit Erdbeeren.

Vom Fußweg der Dorfstraße biegen wir nach einer Rundbank mit Blick auf die Niederung der **Sieversdorfer Au** links in einen Sandweg ein. Am Waldrand gehen wir geradeaus bis zur Brücke über die mit EU-Mitteln renaturierte Au und danach links. Zwischen Buchen und alten Nadelbäumen erreichen wir eine Kreuzung, die wir geradeaus überqueren. Haselbüsche strecken Zweige wie Fächer in den Himmel. An der T-Kreuzung biegen wir links ab. Rechts glitzern Teiche einer stillgelegten Kiesgrube. Das Betreten des Geländes wird geduldet. Badegäste schätzen die Strände.

Wir gehen an wilden Veilchen vorbei geradeaus. Nach einer grün-weißen Stahlschranke erreichen wir den asphaltierten Parkplatz der Grundschule Sieversdorf. Wir biegen nach dem Gebäude links auf einen Graspfad in eine alte Allee, die Dorfstraße. Dann biegen wir rechts in die **Bruhnskoppeler Straße,** Richtung Krummsee, und passieren Knicks und Silberpappeln mit hellen Stämmen. An einer Kreuzung folgen wir links einem grünen Schild „1,8 km Krummsee“. Wir überqueren den vom Hinweg bekannten Bahnübergang und laufen hinter dem Schalthaus mit der Tafel „Bruhnskoppel Kilometer 5,463“ rechts in einen Forstweg mit einem alten, 3 Meter hohen Knickwall.

An der T-Kreuzung laufen wir rechts, nach 240 Metern wieder rechts, nach 260 Metern, vor einem Weiher, links, an einer Infotafel über einheimische Fledermäuse vorbei. Zwischen den sanften Waldhängen fällt es leicht, dem Zauber der Holsteinischen Schweiz zu erliegen. Labsal für die Seele hätten die ersten Sommerfrischler wohl den Waldspaziergang genannt. Nach der Infotafel über einheimische Amphibien wie

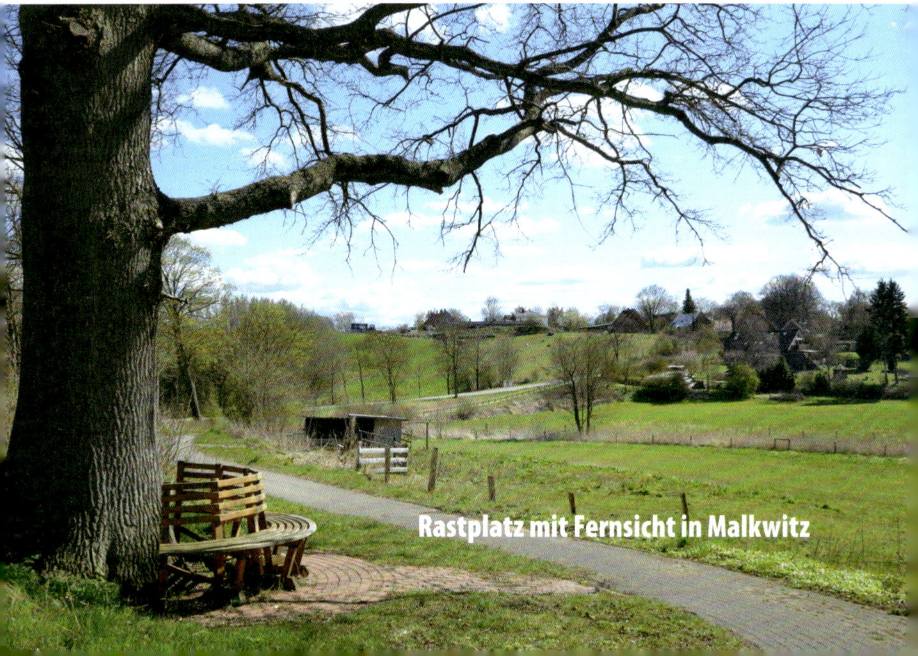

Rastplatz mit Fernsicht in Malkwitz

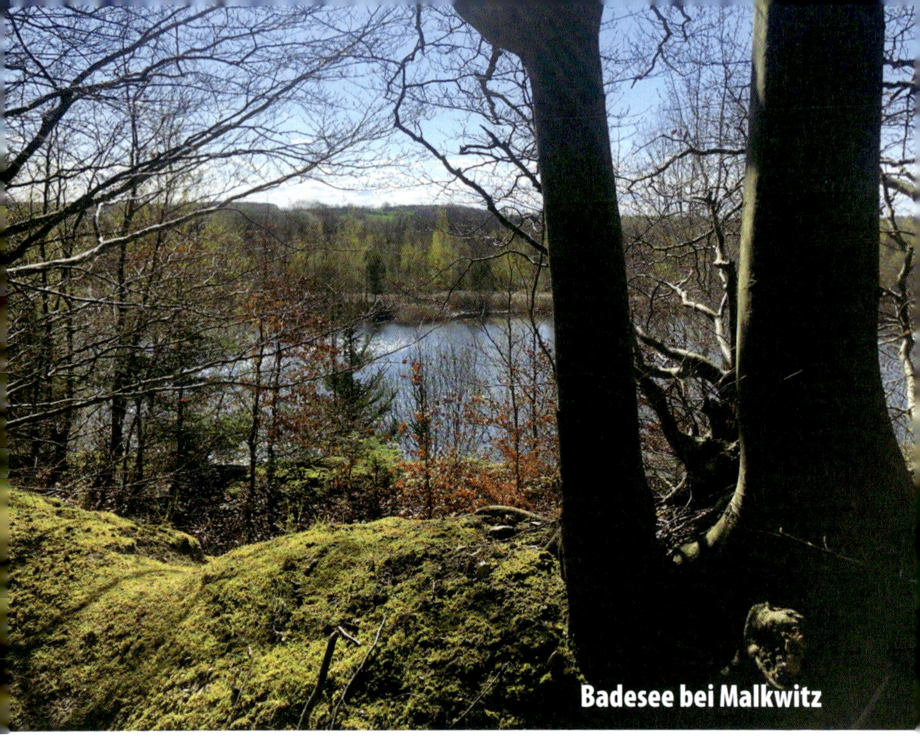

Badesee bei Malkwitz

Erdkröte, Geburtshelferkröte und Feuersalamander und vor einem kleinen Bachbett gehen wir nach 50 Metern rechts, in einen unauffälligen Pfad. Er führt aufwärts zu Bahnschienen. Wir folgen dem Gleisstrang links – und sind damit den ersten Touristen der Holsteinischen Schweiz auf der Spur.

Die alten Holzschwellen zwischen den rostigen Schienen sind ausgetreten. Wir passieren Hänge und Senken, klettern über umgestürzte Bäume. Nach dem Schild „40" links der Schienen erreichen wir den ehemaligen Bahnsteig des **Bahnhofs Holsteinische Schweiz ❹.** Hier begann 1890 der Boom! Massen von Touristen quollen täglich aus den Zügen, uniformierte Kofferträger und Schaffner empfingen Urlauber. Statt Trubel herrscht hier heute Stille, massenhaft treten nur bunte Blüten, Nesseln und Brombeerran-

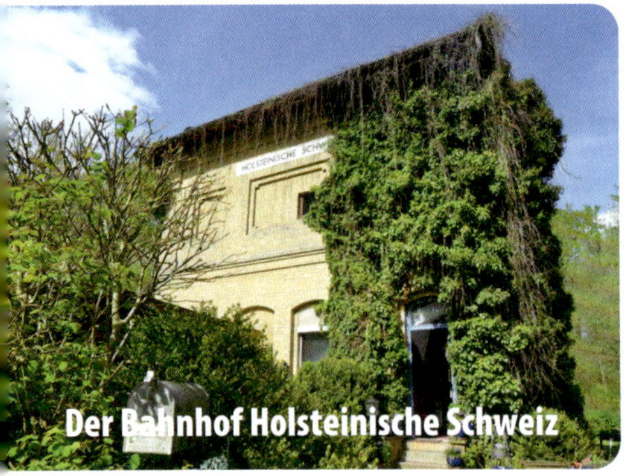

Der Bahnhof Holsteinische Schweiz

ken auf. Der Bahnhof, einstmals Startpunkt für Urlaubstage, wurde 1996 stillgelegt. Das Gebäude in Privatbesitz liegt unter Efeuranken im Dornröschenschlaf.

Wir biegen hinter dem Gleis und dem Gebäude links in den erst geschotterten, dann mit Kopfstein gepflasterten Weg, überqueren vorsichtig die Rövkampallee und gehen auf dem Fußweg 20 Meter rechts. Wir nehmen links eine Treppe zum **Kellersee** und biegen links in den Seerundweg ein. Ein kleiner Einstieg verlockt zur Schwimmrunde. Nach einem Tempel mit weißen Säulen am Hang zieht die weiße Brüstung einer Aussichtsplattform unsere Blicke an. Zwei weiße Bänke laden auf dem Rondell dazu ein, die Augen auf dem weiten See ruhen zu lassen. Links führt ein Pfad den Hang hinauf zu einer hinter Natursteinwänden versteckten Bank, von der man einen Blick auf den **Kellersee** 5 hat. Ein Moment zum Innehalten. Die Aussicht ist – besonders im Abendlicht – betörend schön.

*Der **Bahnhof Holsteinische Schweiz** wurde am 25. Mai 1890 eingeweiht. Das prachtvolle hölzerne Dach von Gleis 1 wurde 1896 ab- und in Plön am sogenannten Prinzenbahnhof wieder aufgebaut, als Unterstand für die Kinder des Kaisers. Später „wanderte" es weiter zum Bahnhof Plön, wo es bis heute steht.*

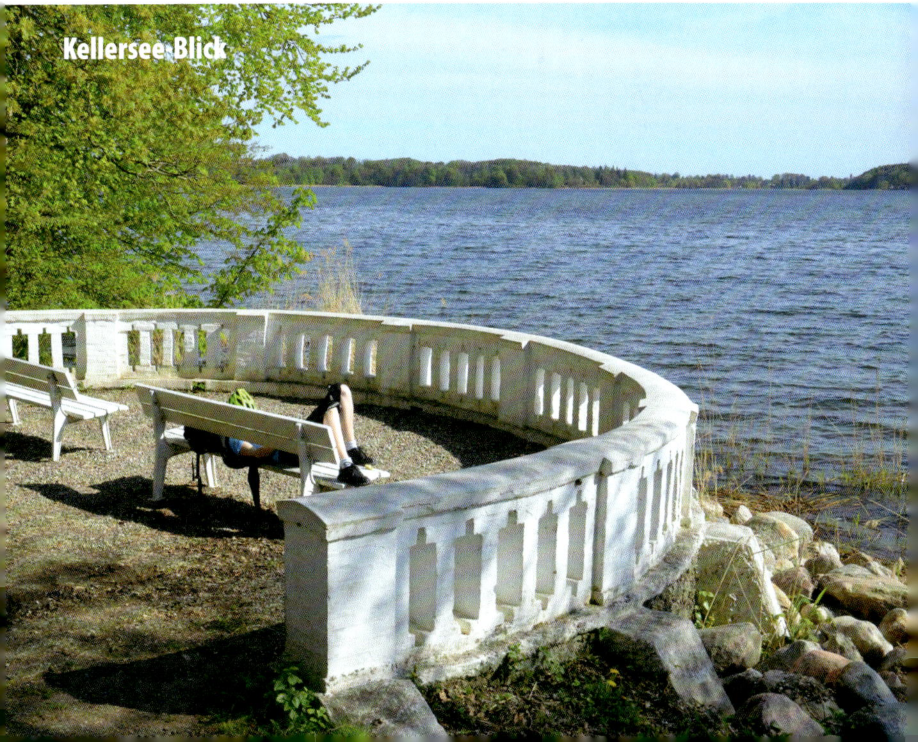

Kellersee-Blick

Auszeittour 2

Wenn die Seele Flügel bekommen kann, dann hier. Hinter Baumkronen leuchten die Gauben des **ehemaligen Hotels Holsteinische Schweiz 6.** Heute ist im eleganten Gebäude die Landesfinanzschule untergebracht.

Wir kehren zum Rundweg zurück und nehmen nach etwa 200 Metern die zweite Abzweigung links auf den ausgeschilderten Wanderweg. Die **Rövkampallee** führt uns links zur Waldstraße. Einmal den anmutigen Flanierschritt der Sommerfrischler von einst probieren? Der breite Sandweg unter alten Alleebäume ist wie dafür gemacht.

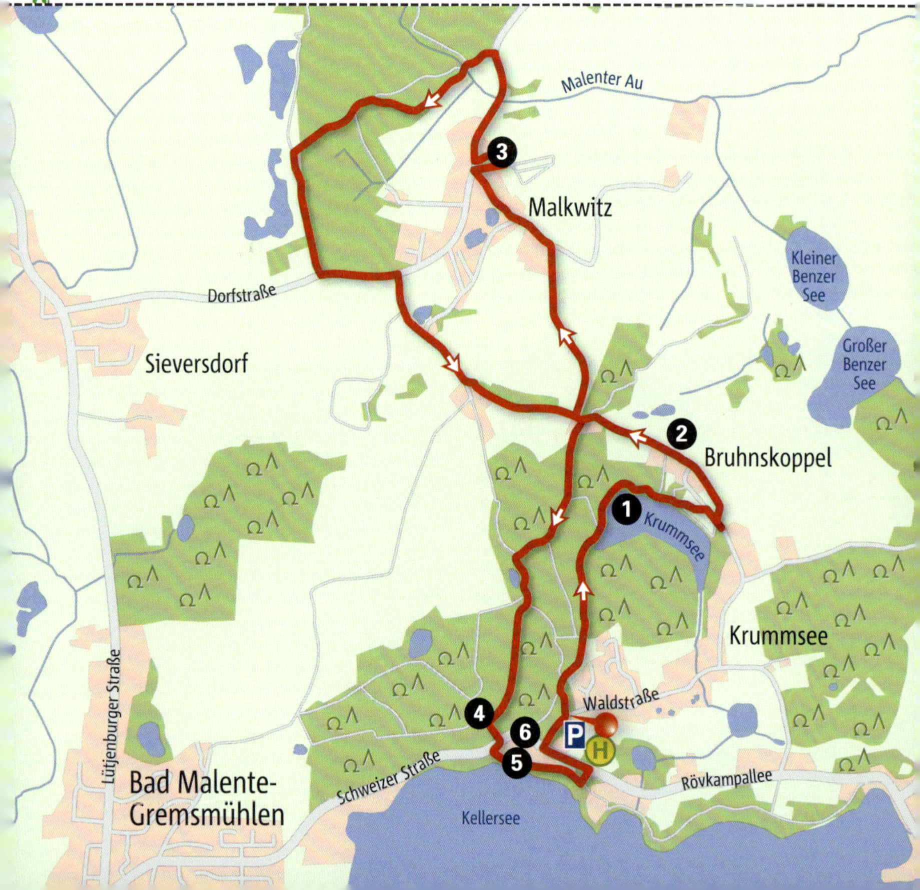

Entspannung ★★★★☆
Genuss ★★★☆☆
Romantik ★★★★☆

WIE & WANN:
Waldwege, Asphaltstraßen, Fußweg in Krummsee und Malkwitz; ganzjährig möglich, nach Regen matschige Strecken, im Frühjahr Buschwindröschen, wilde Veilchen im Wald, im Abendlicht ist der Kellersee traumhaft.

HIN & WEG:
Auto: Parkplatz Waldstraße, 23714 Malente (GPS: 54.185786, 10.594382)
ÖPNV: Bus 5506 bis Krummsee Waldstraße Malente (220 Meter, vorbei am Bildungszentrum, links in die Waldstraße)

ESSEN & ENTSPANNEN:
Obst- und Weingut Ingenhof ❸ Dorfstraße 19, 23714 Malkwitz, Tel. (0 45 23) 20 21 59, www.ingenhof.de

ENTDECKEN & ERLEBEN:
Krummsee ❶
Bungsberg-Blick ❷
Bahnhof Holsteinische Schweiz ❹
Kellersee-Blick ❺
Ehemaliges Hotel Holsteinische Schweiz ❻ Rövkampallee 4, 23714 Malente

* 12 Kilometer
* 70 Höhenmeter
* 4,5 Stunden
* Rundweg

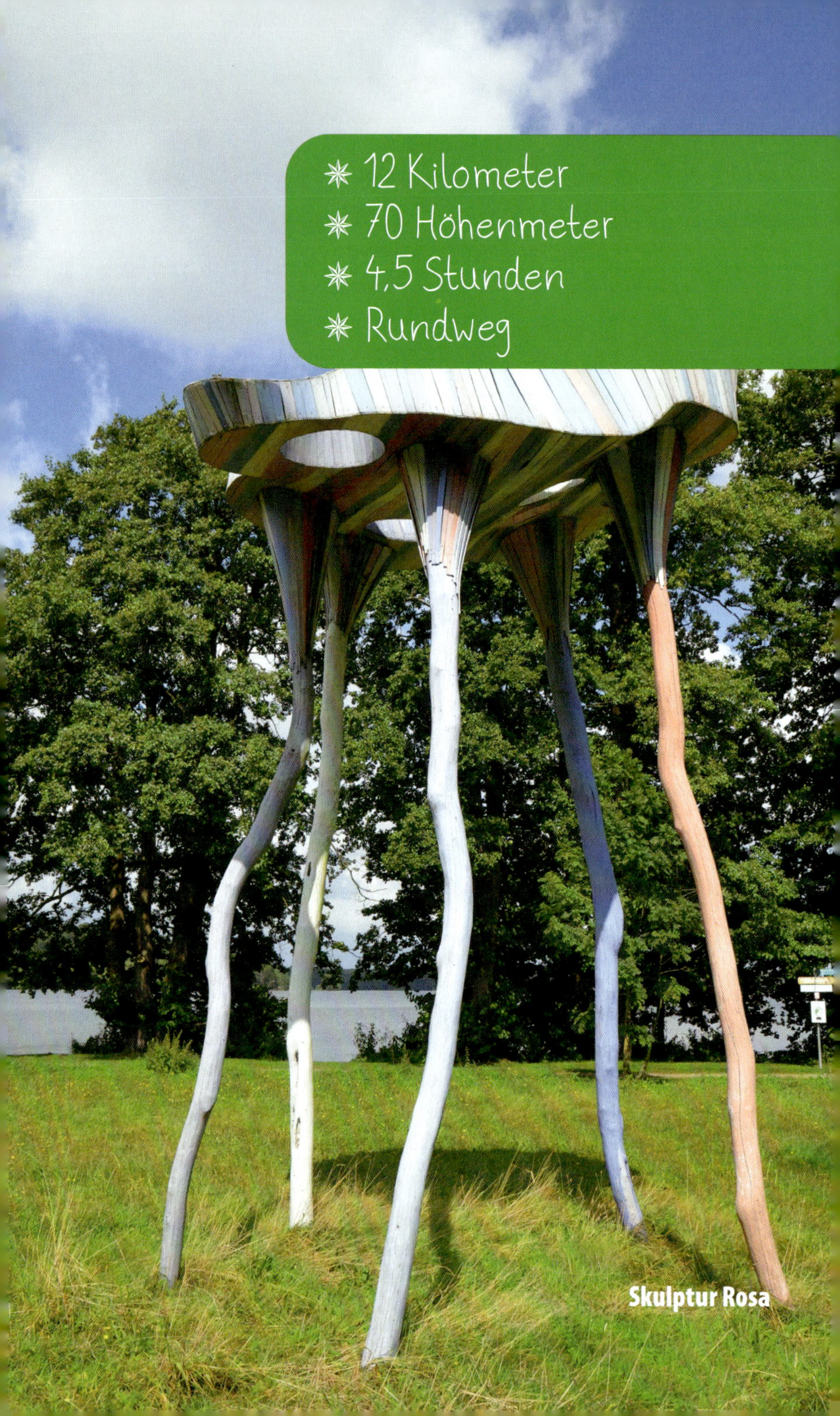

Skulptur Rosa

Waldidyll

Dersauer Runde vom Plöner See

Wir überqueren die Dorfstraße vom Parkplatz zu einem Sandweg, der zwischen den **Seeterrassen** ❶ und dem reetgedeckten Buswartehäuschen zum Großen Plöner See führt. Wir folgen dem Hinweis zum Anleger der Großen Plöner Seenfahrt. Der Vorfluter Kalübbe begleitet uns in frischem Fluss bis zum **Großen Plöner See** ❷. Wir flanieren rechts auf der gepflegten Uferpromenade an den Stegen vom Wassersportverein Seeblick Dersau und an einer Slipanlage vorbei.

Durch den Campingplatz Seeblick führt ein Weg zum **Hotel Appel's Gasthof Seeblick** ❸ mit Aussichtsterrasse. Links öffnet sich der Blick auf den Großen Plöner See. Ein feinsandiger **Strand** lockt zum erfrischenden Bad, Ausflugsziel im Wasser ist im Sommer eine Badeinsel.

*Bei den überregional bekannten **Dersauer Kunsttagen** bauten Künstler über Jahre Installationen an der Uferpromenade, die bis heute hier stehen, hängen oder liegen.*

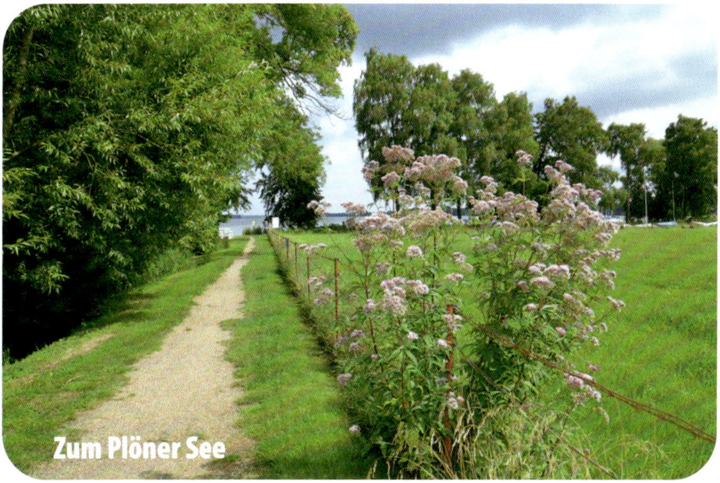

Zum Plöner See

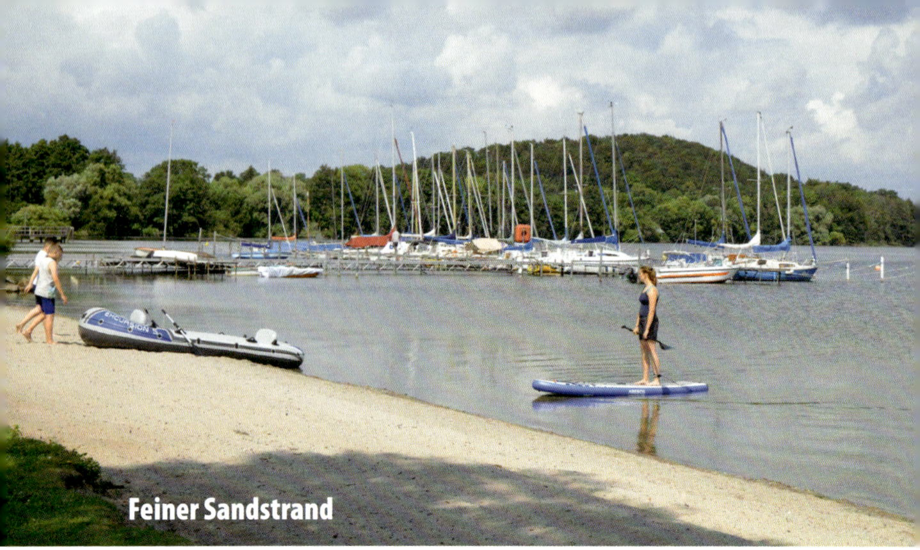

Feiner Sandstrand

Rechts empfängt uns auf einer Wiese die **Skulptur „Rosa“.** Auf meterhohen Beinen aus Robinienholz haben die Bildhauer Ulf Reisener und Ingo Warnke eine Holzebene mit Durchblicken bis in den Himmel installiert. Mit dem Kunstwerk beginnt das **LandArt Terrain** ④ von Dersau.

Wir passieren einen **Findlingskreis,** bleiben auf dem Uferweg und erreichen einen Badestrand. Hier ein paar winzige Miesmuschelschalen sammeln, als Erinnerung. Im Wald hat Ulf Reisener in luftiger Höhe „Nester“, farbige Hohlkörper, um Baumstämme gebaut. Wir spazieren unter alten Buchen, Erlen, Ahorn und Ebereschen auf dem gepflegten Weg bis zu einer Bank mit Blick über die Wellen. Schwarzerlen rahmen die Aussicht. Ein Moment für einen tiefen Atemzug.

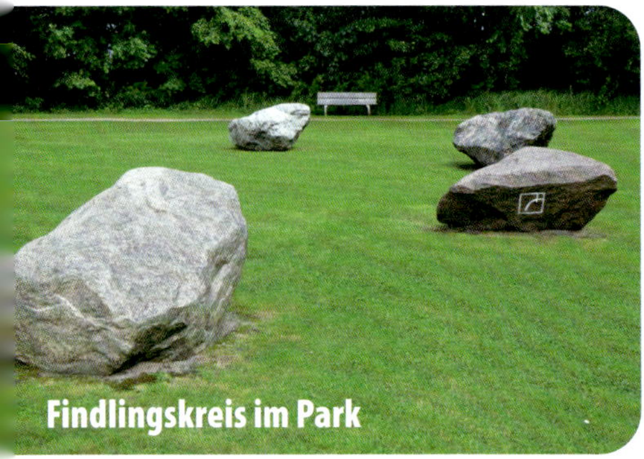

Findlingskreis im Park

Danach geht es unter den ausladenden Zweigen einer Eiche an einer lieblichen Niederung vorbei zu einer Gabelung. Wir nehmen links die Treppe mit 14 Stufen und biegen rechts ab.

Auf der Straße Vogelsang gehen wir links und nehmen nach 70 Metern den zweiten Abzweig rechts. Mit dem weiß-grün-weiß markierten Weg nach Sepel und

Für die Seele

Geistvolle Momente am Wegesrand vertiefen die Wanderlust: Kunstwerke inspirieren am Strand und im Wald, ein Bücherschrank an einem stillen See.

Godau tauchen wir in einen Wald ein. Wir wandern auf einem Hohlweg zwischen Feld und jungem Wald. Wir ignorieren zwei Linksabzweige und verlassen geradeaus gehend den markierten Weg zu einem kleinen Waldabenteuer. Wir überqueren eine Kreuzung, Bäume schenken uns im Herbst Kastanien, Eicheln und Haselnüsse.

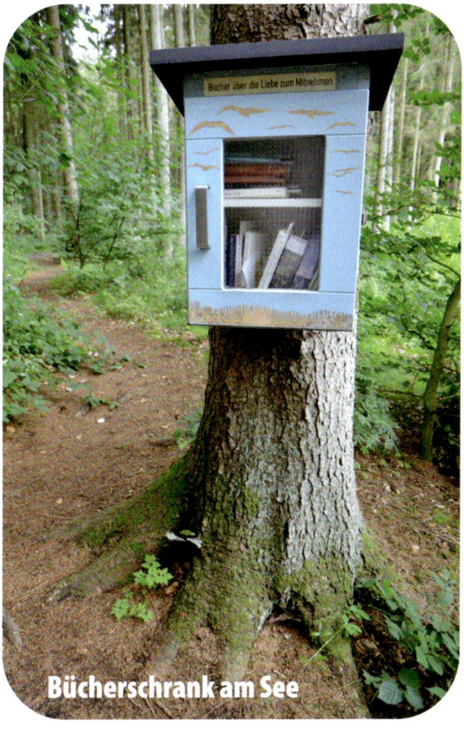

Bücherschrank am See

Wir ignorieren einen Linksabzweig und gehen unter einer Erle mit ausladenden Zweigen geradeaus. Rechter Hand liegt ein Eichenwäldchen. Hinter einer großen Eiche biegen wir links ab, leicht bergan. Die Hänge des nahen **Grippenbergs** ❺ sind in den Beinen zu spüren. Er bringt es auf sagenhafte 62,5 Meter Höhe. An der Gabelung gehen wir rechts, die nächste links. Wir ignorieren einen Rechtsabzweig und überqueren eine Wiese. Danach laufen wir geradeaus und ignorieren einen Rechts- und zwei Linksabzweige. Wir biegen links ab in einen breiten Waldweg, nach etwa 120 Metern gehen wir rechts. Nach weiteren 120 Metern biegen wir rechts in den weiß-grün-weiß markierten Weg. Auf der Strecke am Hang sind wir den Wipfeln der Bäume aus dem Tal ganz nah. An der nächsten Gabelung folgen wir links der weiß-grün-weißen Markierung. Der Boden federt weich.

Wir ignorieren einen Linksabzweig. Die ätherischen Düfte der Nadelbäume laden zum kleinen Waldbad ein. Einmal tief einatmen, auf einen Baumstumpf setzen und das Zwitscherkonzert der Vögel genießen. Nach einem Stahlgatter gehen wir links, am Feldrand sonnen sich im Sommer Libellen, Schmetterlinge umgaukeln uns. Wir überqueren vorsichtig die **Dorfstraße** und biegen links ab auf den weiß-grün-weiß, weiß-blau-weiß und weiß-rot-weiß markierten Fußweg in Richtung **Dersauer Ukleisee ⑥.**

*Der **Dersauer Ukleisee** ist gerade 100 Meter lang und 160 Meter breit – ein schimmerndes Teichauge mitten im Eichholz. Benannt ist er nach dem Weißfisch Ukelei.*

Wir biegen rechts in die Straße **Am Sportplatz** und gehen rechts am Gebäude vom Allgemeinen Sportverein Dersau (ASV) vorbei, über einen Plattenweg und den Rand des Sportplatzes erreichen wir einen Böschungspfad, der in den Wald Eichholz führt. (Alternative: Nach 250 Metern auf der Dorfstraße links den Wanderweg zum Eichholz nehmen, vor dem kleinen

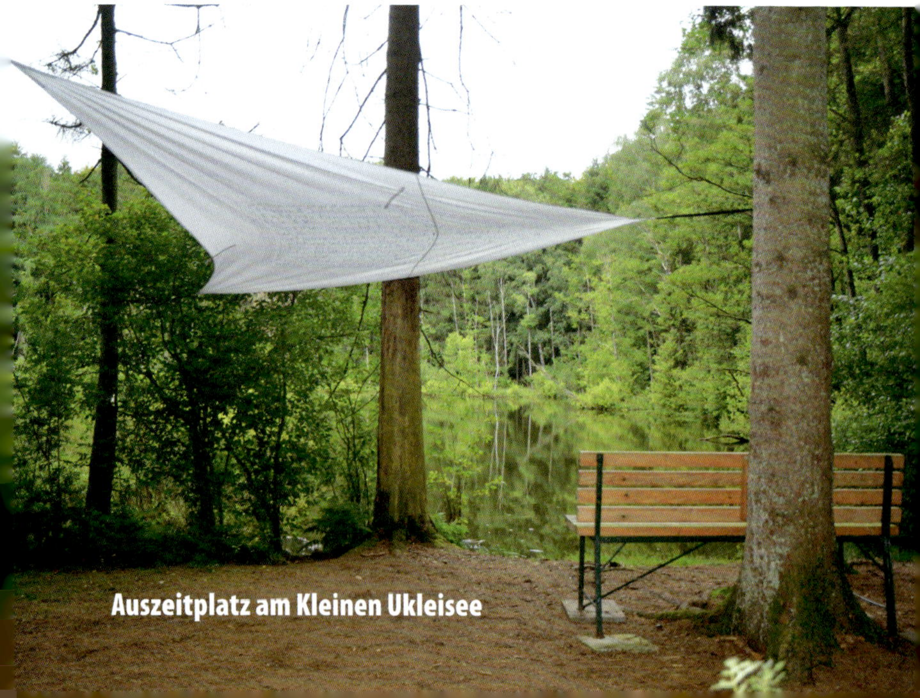

Auszeitplatz am Kleinen Ukleisee

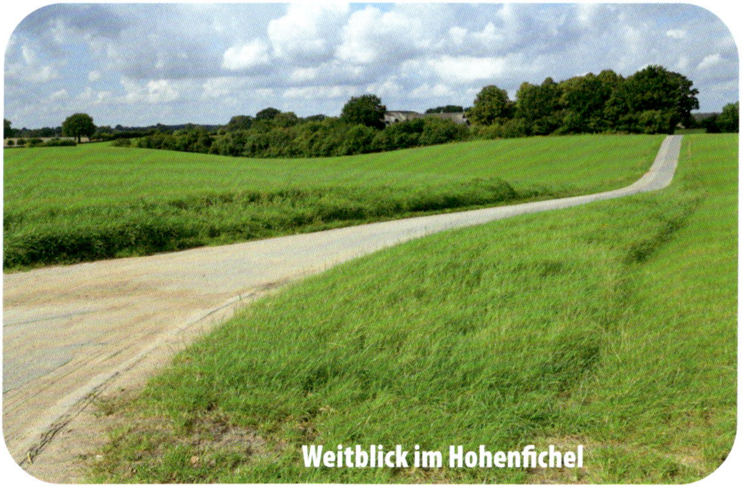

Ukleisee links in den Waldweg auf die Route einbiegen.)

Nach 80 Metern biegen wir links ab auf einen breiten Waldweg. Auf undeutlichem Pfad geht es abwärts bis zum **Ukleisee.** Wir biegen vor dem See links ab. Ein traumhafter Seelenort erwartet uns. Birkenstämme spiegeln sich weiß im Wasser zwischen Grün in verschiedenen Schattierungen. Zwischen Stämmen ist ein Sonnensegel gespannt, eine Bank lädt zum Betrachten des Sees ein. Ein kleiner Schrank bei der Bank verwahrt Bücher mit Liebesgeschichten für eine Schmökerpause. Wir verlassen den Ort, an dem Romantikern das Herz aufgeht, und biegen rechts ab, unser Weg ist gesäumt von mit Blumen geschmückten Briefkästen, in denen Liebesbriefe stecken.

Wir gehen links leicht bergan und biegen rechts ab. An der T-Kreuzung nehmen wir den Weg links. Eine Bank lädt zur Pause unterm Holunderbusch ein, genau an der Grenze zwischen Wald und Feld. Links liegen sanft ansteigende Hügel und eine Blütenwiese. Am **Dreisprung,** wo drei Wege aufeinandertreffen, wandern wir links auf den asphaltierten Eichkamp, gehen an der nächsten Kreuzung geradeaus auf die markierte

Auszeittour 3

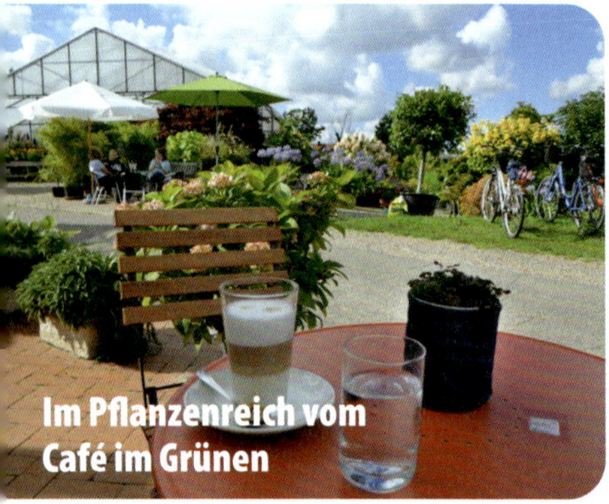

Im Pflanzenreich vom Café im Grünen

Dersau Wanderweg Route 4. Beim Hof Biss öffnet sich der Blick weit auf die Felder. Wir biegen rechts ab in die Straße **Hohenfichel,** die uns nach Dersau in den Redderberg auf den Naturparkwanderweg 1 und 4 führt.

Das **Café im Grünen 7,** das auch die Touristinfo beherbergt, lockt zu einer Rast in einem Paradies aus blühenden Pflanzen. In den Gewächshäusern und auf abgeschiedenen Terrassen laden Kaffee und selbst gemachte Kuchen zur Schlemmerpause ein. Am Ende des Redderkrugs bringt uns links die Dorfstraße zum Start.

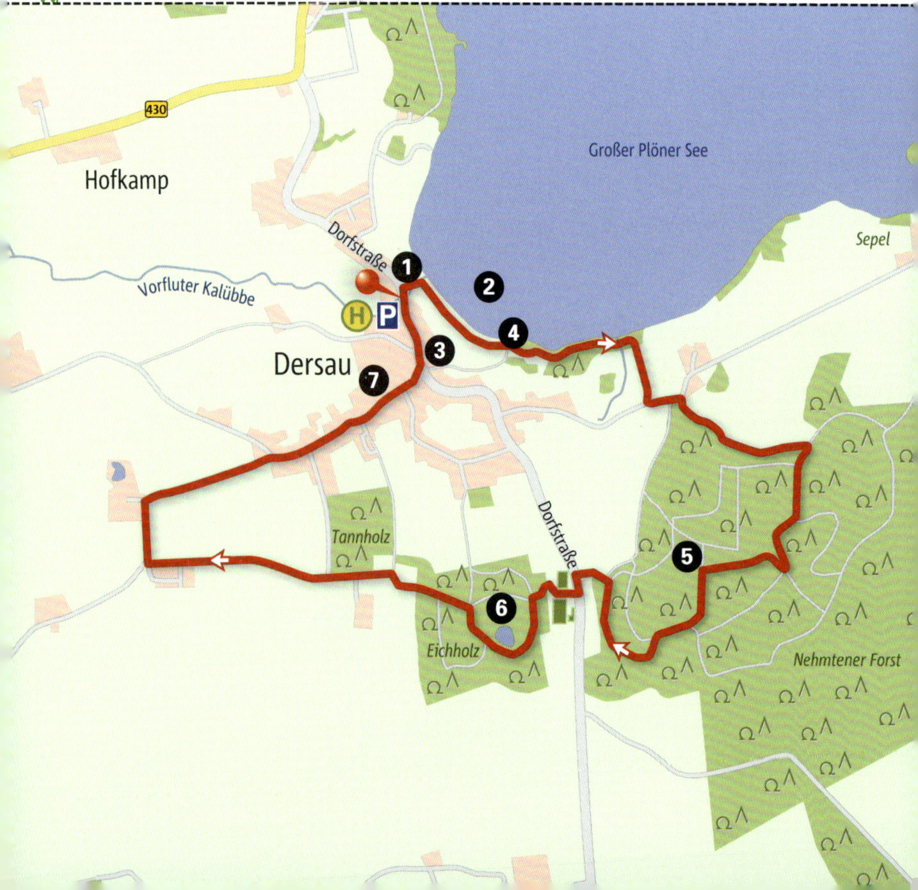

Entspannung ★★★★★
Genuss ★★★☆☆
Romantik ★★★★☆

WIE & WANN:
Uferweg, Waldpfade, Wirtschaftswege, Fußweg in Dersau; ganzjährig möglich, im Sommer Malven- und Bauernrosenblüte, Grillenkonzert, Begegnungen mit Damwild im Wald, Froschkonzert am Kleinen Ukleisee, Kulturaktionen im Eichholz und in Dersau.

HIN & WEG:
Auto: Parkplatz Dorfstraße, gegenüber Haus Nr. 47a, 24326 Dersau (GPS: 54.120913, 10.334609)
ÖPNV: Bus 361, 362 bis Dersau Mühle

ESSEN & ENTSPANNEN:
Seeterrassen ❶ Dorfstraße 47, 24326 Dersau
Hotel Appel's Gasthof Seeblick ❸ Dorfstraße 65, 24326 Dersau, Tel. (0 45 26) 3 00 30
Café im Grünen ❼ Redderberg 8, 24326 Dersau, Tel. (01 75) 7 34 01 73, www.cafe-dersau.de

ENTDECKEN & ERLEBEN:
Großer Plöner See ❷
LandArt Terrain ❹
Grippenberg ❺
Dersauer Ukleisee ❻

* 14 Kilometer
* 90 Höhenmeter
* 4,5 Stunden
* Rundweg

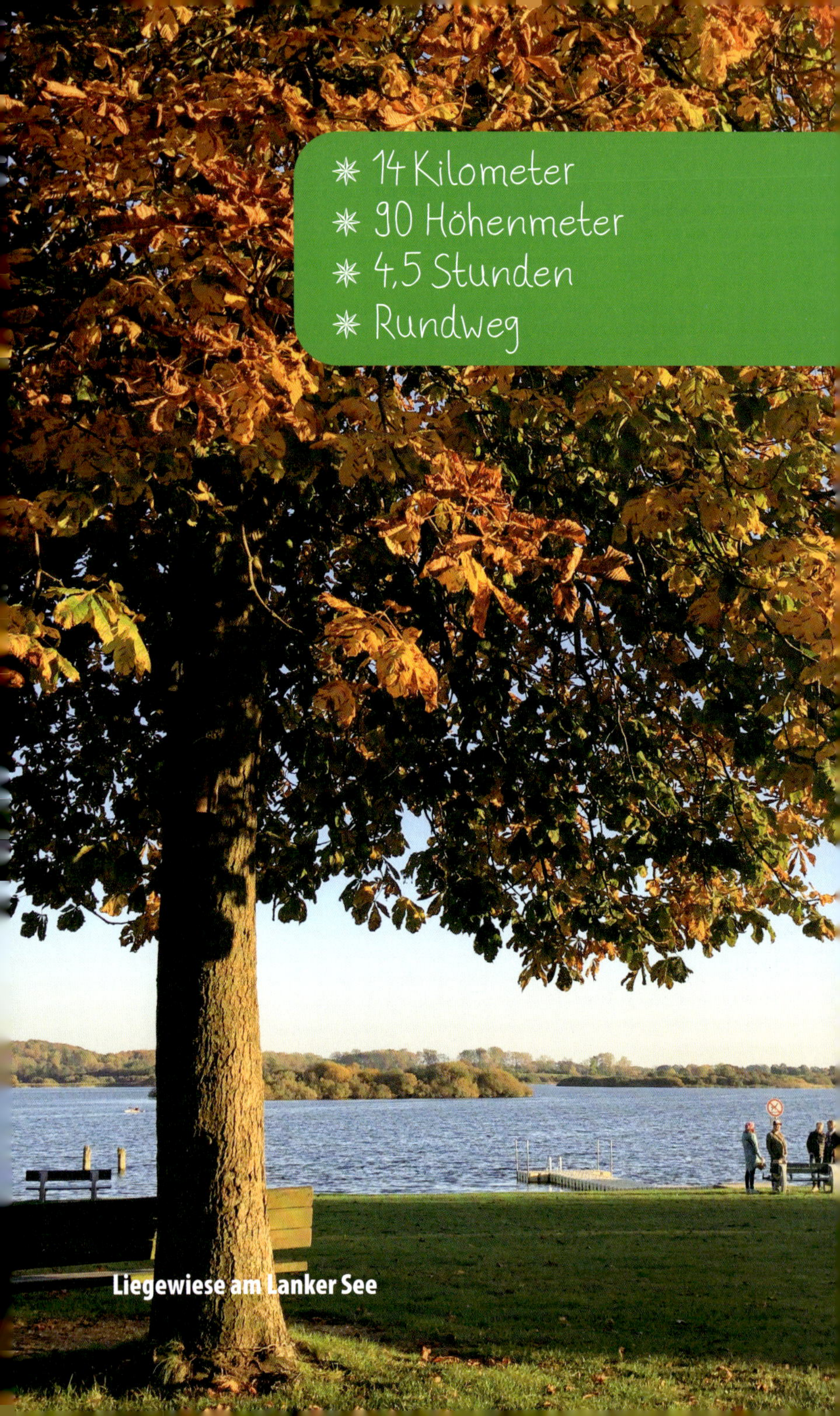

Liegewiese am Lanker See

Im Blütenland

Einmal um den Lanker See

Wir gehen vom Parkplatz in Richtung des Schulprojekts Theos Wiese und biegen vor der Weide links ab. Schafe und Konikrinder grasen friedlich, wir nehmen die zweite Möglichkeit links. Am Weg liegen keine Gaststätten, am **Café und Kiosk am Lanker See** ❶ wenige Meter weiter rechts können wir vor der großen Runde unsere Vorräte auffüllen. Zwischen Kastanien, Weißdorn und Ahorn, alten Ulmen und Haselnussbäumen passieren wir Infotafeln und die Stege vom Preetzer Ruderclub. Das erste Mal glitzert uns die Schwentine an. Sie durchfließt den Lanker See. Den Fluss zur Rechten gehen wir weiter, links schimmern Gemeinschaftsschule und Friedrich-Schiller-Gymnasium durchs Gehölz.

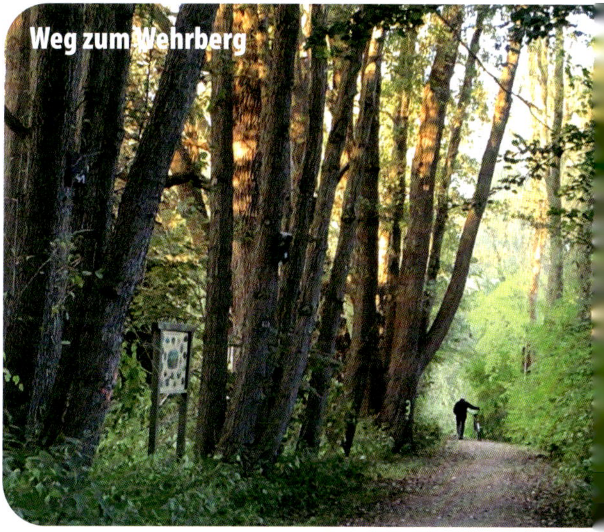
Weg zum Wehrberg

Bänke im **Natur- und Kulturerlebnis Raum Wehrberg** ❷ verlocken zur ersten Pause. Gartenarchitekt Harry Maasz gestaltete den historischen Bürgerpark Anfang des 20. Jahrhunderts. Wir könnten die nummerierten Vogelhäuschen in den Bäumen zählen. Das Zwitschern ihrer Bewohner und Gänseschnattern von der Schwentine begleiten uns, wir treffen auf den lila markierten

Rundweg **Schuster Acht.** Eine Seebrücke unter einem uralten Baum lockt zum Panoramafoto.

Wir überqueren die Schwentine rechts über eine Brücke mit einem weißen und einem grauen Geländer zum **Heidberg.** An seinem Fuß geht es sofort rechts Richtung Plön und Ascheberg, wir verlassen die Schuster Acht und folgen dem weißen X als Markierung. Alte Bäume und viele Bänke säumen den bequemen Sandweg, Felder und Knicks. Sportgeräte laden links zu einer Fitnessrunde ein, der Weg führt uns geradeaus an Einfamilienhäusern und hohen Hecken zum Ortsteil Schellhorn. Durch die Straße **Am Wiesengrund** spazieren wir durch ein Landschaftsschutzgebiet. Im Herbst leuchten die roten Beeren von Ilex in Gärten. An der T-Kreuzung biegen wir rechts auf die Plöner Landstraße. Auf der Kirchenroute geht es weiter, uns leitet das weiße X auf schwarzem Grund. Links kommt der **Scharsee** in den Blick. 100 Meter nach dem Ortsschild

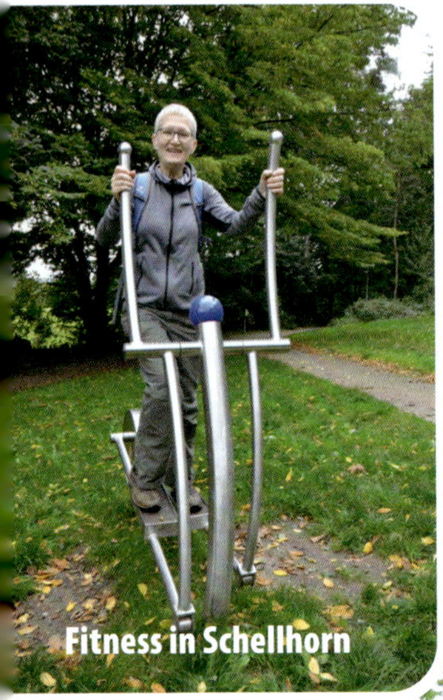

Fitness in Schellhorn

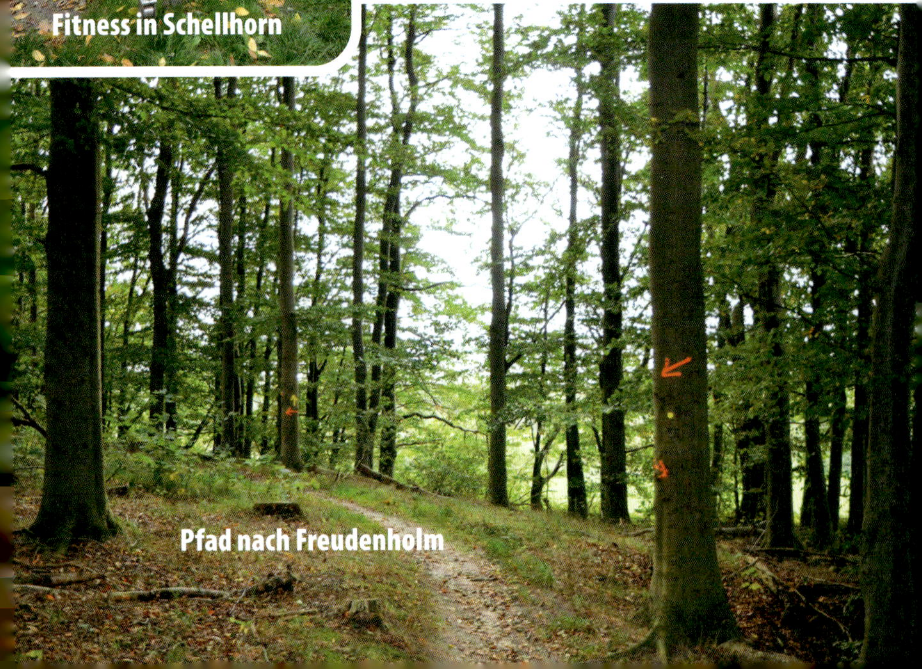

Pfad nach Freudenholm

Für die Seele

Die Wanderung an den Buchten des Sees führt im Sommer durch ein gelbes Schlüsselblumenmeer. Schweizer-Berg-Charme versprüht eine Miniatur-Alm.

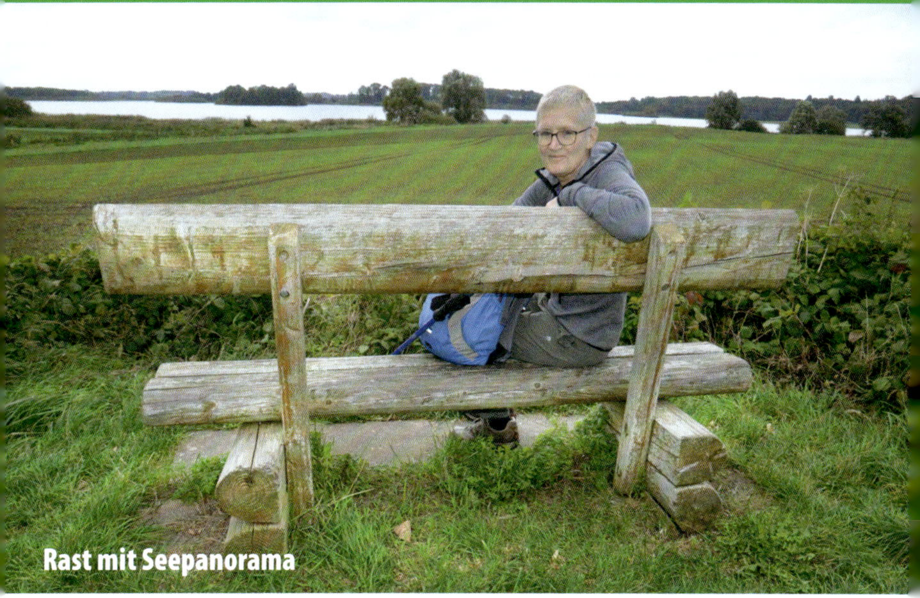

Rast mit Seepanorama

Schellhorn biegen wir rechts ab in einen schmalen Pfad, der uns in den Wald führt. Pilze begleiten uns im Herbst.

Eine Bank lädt zur traumschönen Panoramaaussicht auf den glitzernden **Lanker See** ein. Äste alter Bäume umrahmen die Aussicht wie auf einem Caspar-David-Friedrich-Gemälde. Reiher starten von Uferwiesen, Libellen umschweben uns im Sommer. Wir hören das Schnattern der Gänse. Kröten hüpfen in Brombeeren und Quecke, ein Zugang zum Wasser öffnet sich. Wir überqueren die Straße Freudenholm und gehen 20 Meter schräg links auf einen Radweg parallel zur Plöner Straße. Die Halbinsel Freudenholm und ein Seearm bleiben rechts im Blick. Wir passieren einen ausgezeichneten Habitatbaum für Vögel und Insekten. Ein kurzer Abstecher führt uns rechts dichter ans Ufer, auf schmalem Pfad gehen wir zum Radweg zurück, dem wir weiter rechts zur **Plöner Landstraße** folgen.

Wir biegen rechts in die Straße Alte Schmiede, wieder rechts in Richtung **Reiterhof Gläserkoppel** ab. Im **Stiftungsland Lanker See** ❸ überqueren wir durch zwei Gatter ein schmales Weidestück. Über eine urige Holzbrücke kommen wir auf den Reiterhof. Für Pfadfinder beginnt ein kleines Abenteuer mit vielen Durchlassgattern. Ein Hinweisschild zeigt deutlich Wege durchs Gelände. Wir durchqueren einen Knick, biegen links ab und umrunden einen Reitplatz, biegen vor der Reithalle links ab und öffnen im Weidezaun links ein verwittertes Gatter. Auf der Weide rechts laufen wir am Zaun entlang zum nächsten Holztor, das zu einem Pfad führt. Links geht es über eine urige Holzbrücke

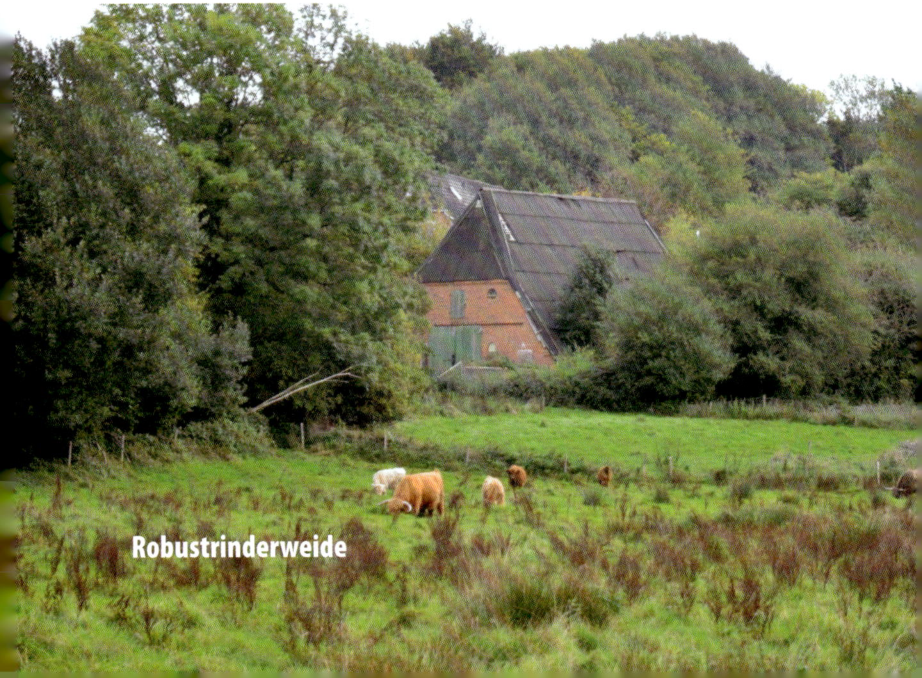

Robustrinderweide

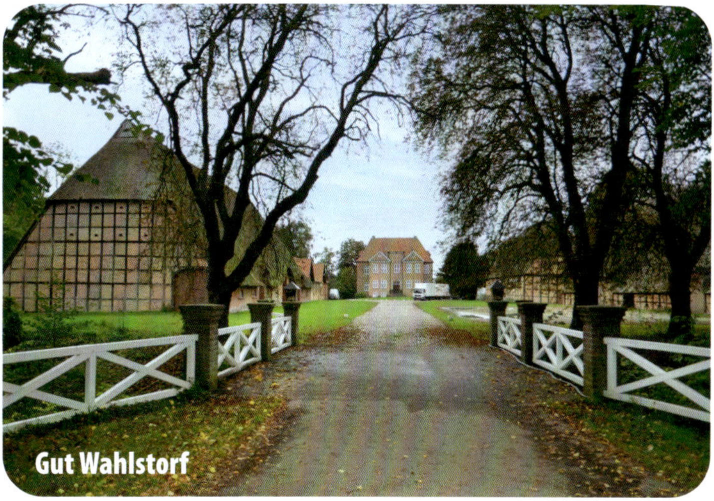

auf eine Pferdeweide, die wir geradeaus überqueren. Nach einem Tor überqueren wir die Straße Gläserkoppel, übersteigen ein Gatter und erreichen ein Stück schönste Holsteinische Schweiz: Das schmale Tal zwischen zwei **Endmoränen** wirkt wie eine Miniaturausgabe einer Alm. Ein Bergwandermoment zum Genießen.

Wir gehen auf einen Wald zu. Rechts bergan weist uns ein weißes X durch einen kurzen Hohlweg, der Blick in den Himmel bleibt im lichten Laubwald frei. Wir biegen rechts ab auf den **Betonspurbahnweg Mühlenberg.** Vor einem roten Backsteingebäude mit imposantem Apfelbaum auf der Weide biegen wir links ab auf einen Reiterweg mit Rauten-Markierung. Kurz nach einem Linksschwenk biegen wir rechts abwärts in einen Waldweg. Wir biegen links in den **Doppelspurweg Vogelsang** ein, ignorieren einen Linksabzweig in den Wald, passieren ein Backsteinhaus von 1871, ignorieren einen weiteren Linksabzweig. Der See rückt wieder in den Blick, eine uralte Eiche lädt zum Fotostopp ein. Rechts ab verlockt ein Stichpfad zur lauschigen Pferdebadestelle mit weitem Blick auf den See. Ein

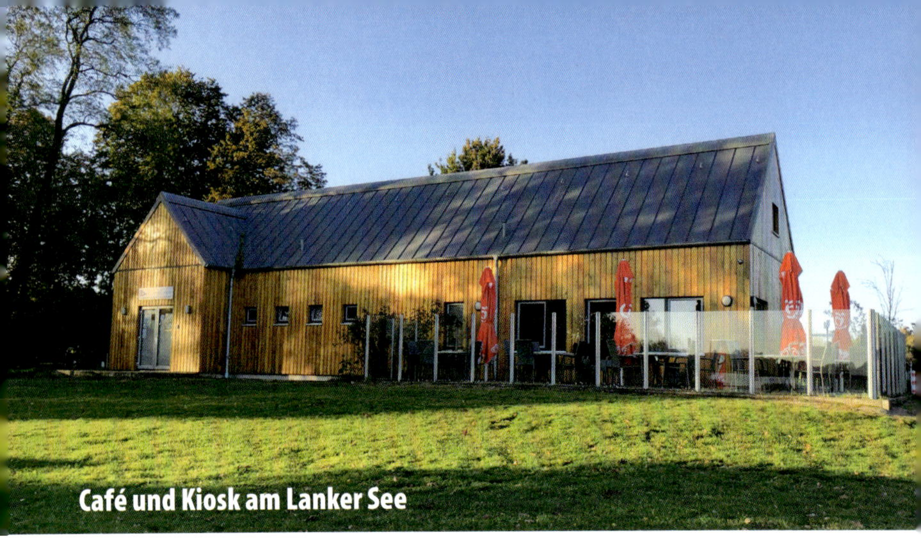

Café und Kiosk am Lanker See

Rastplatz lädt zum Chillen mit Blick auf die alte Eiche und einen sanften Hügel gegenüber ein. Wir passieren das **Gut Wahlstorf** ❹ mit Herrenhaus und alten Fachwerkscheunen. Über eine Brücke mit weißem Geländer überqueren wir die Schwentine und gelangen in die Straße Filzhut.

Rechts ab ist ein Abstecher zum See möglich. Wir gehen weiter und nehmen den Plattenweg **Kaiskamp** rechts ab mit weitem Blick über Felder. Eine Bank lädt zum ausgiebigen Schwelgen ein: Das Seepanorama ist großartig. Wir überqueren am Kührener Teich die Bahnlinie und erreichen das **Naturschutzgebiet Kührener Teich und Umgebung** ❺.

*Mittelpunkt des rund 79 Hektar großen, 1994 ausgewiesenen **Naturschutzgebiets Kührener Teich und Umgebung** ist ein Fischteich. Er ist 40 Hektar groß, im Durchschnitt 1 bis 2 Meter tief und mit Karpfen besetzt.*

Der Asphaltweg geht in Schotter über. Hinter alten Weiden und Schilf ist links der Kührener Teich zu sehen, am Ufer grasen Robustrinder. Aus einer **Vogelbeobachtungswarte** des NABU können Eisvögel, Wasserläufer, Haubentaucher, auch Feuersalamander und Eidechsen entdeckt werden. An alten Eichen hängen nummerierte Vogelhäuschen. Reiher schweben über den Wiesen.

Links führt ein Abstecher zu einem Wehr (Mönch). Wir bleiben auf dem Weg, entdecken ein Rotbauchunkenrevier und eine Aussichtsplattform. An der nächsten Kreuzung biegen wir rechts in den lila markierten Weg der Wanderroute Schuster Acht ein, den **Kirch-**

stieg. Eine Bank, lauschig im Grünen, lädt zum Panoramablick ein. Nach sanften Hügeln biegen wir rechts in den **Bahnhofsweg** und passieren eine Wassermühle und ehemalige Fischteiche. Am urigen Reetdachhaus blühen im Sommer Malven. Zwischen einer Tannenbaumschonung geht es weiter. Wir laufen an einer Gabelung links zur ehemaligen **Bahnstation Charlottenwerk 6.**

Im Mischwald folgen wir der lila ausgeschilderten **Schuster Acht.** Wir gehen auf einem schmalen Pfad am Waldrand, eine Bank lädt zum Blick auf Wiese und ein Fachwerkhaus ein. Und zum Nachsinnen über das rasante Tempo des mobilen Fortschritts. 100 Jahre liegen zwischen der Erfindung schnaufender Eisenrösser und lautloser E-Fahrzeuge.

An einem Acker ignorieren wir einen Linksabzweig. Eine knorrige Buche lädt zum Fotografieren ein. Wir überqueren die Straße Appelwarder und laufen geradeaus in einen Fußweg, der in die gepflasterte Straße Waldweg übergeht. An Einfamilienhäusern mit gepflegten Vorgärten vorbei, gehen wir bis zur

Gutsbesitzer Graf von Bülow *baute 1892 Bahnhof und Schienen. Zunächst wurden darauf Baumaterialien für eine Fabrik transportiert. Nach der Eröffnung 1893 dann die Erzeugnisse aus der Fabrik. Kühren besaß von 1892 bis 1980 einen Anschluss an das Eisenbahnnetz.*

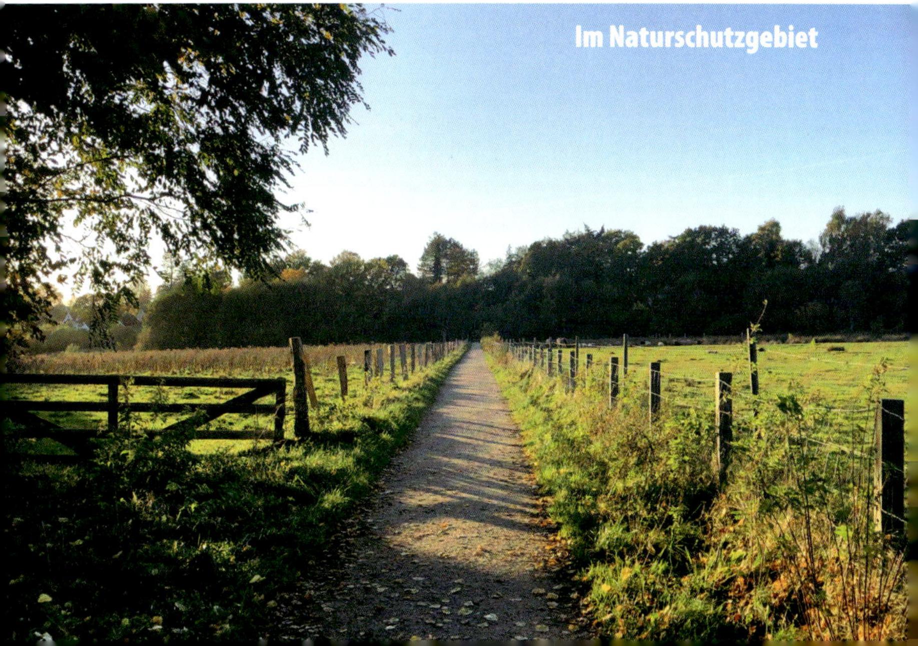

Im Naturschutzgebiet

Auszeittour 4

*Das **Naturschutzgebiet Halbinseln** und Buchten im Lanker See wurde bereits 1938 auf 22 Hektar Fläche ausgewiesen, 1995 wurde die Fläche auf 207 Hektar erweitert. Gemeinsam mit dem NSG Kührener Teich und Umgebung ist es eines der bedeutendsten Brut-, Rast- und Nahrungsgebiete für seltene Vogelarten.*

Vogelweide und biegen rechts ab. Haselnussbäume schenken uns im Herbst Proviant für den letzten Streckenabschnitt. Wir biegen links in die Straße **Am Lanker See,** passieren einen Kinderspielplatz, biegen nach einem Parkplatz rechts in den Treppenweg und überqueren die Bahnschienen auf der imposanten Walter Woldt Brücke von 1958. Geradeaus geht es ins **Naturschutzgebiet Halbinseln und Buchten Lanker See 7:** im Frühling ein wahres Schlüsselblumenmeer.

Links geht es an Obstbäumen und Weiden mit alten Schafrassen vorbei zum Parkplatz. Rechts lockt das **Café am Lanker See** zu Kaffee und Kuchen und die Badestelle zur Stippvisite im Wasser.

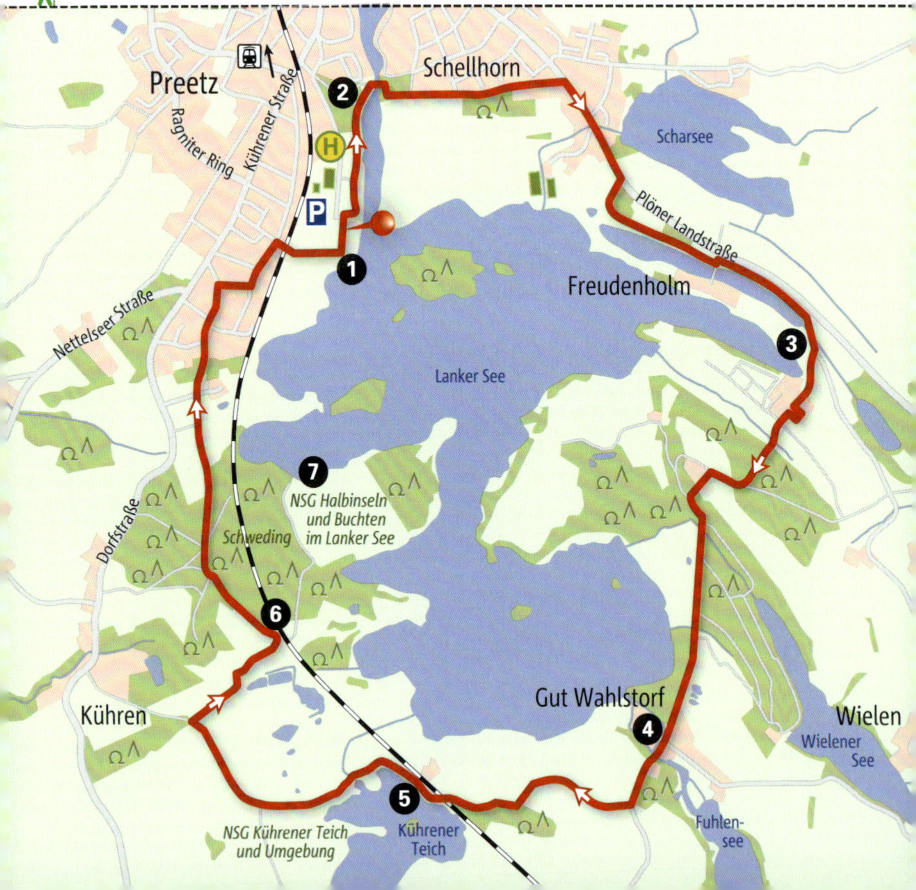

Alles auf einen Blick

Entspannung ★★★★★
Genuss ★★★☆☆
Romantik ★★★☆☆

WIE & WANN:
Pfade, Waldwege, asphaltierte Wege; ganzjährig möglich, im Frühling Schlüsselblumenblütenmeere, nach Regen matschige Abschnitte.

HIN & WEG:
Auto: Strandbadparkplatz, Castöhlenweg 21, 24211 Preetz (GPS: 54.220682, 10.281182)
ÖPNV: Bus 119, 220, 221, 303, 320 bis Gemeinschaftsschule Preetz (Holstein) (400 Meter über Castöhlenweg)

ESSEN & ENTSPANNEN:
Café und Kiosk am Lanker See ❶ Castöhlenweg 25, 24211 Preetz, Tel. (0 43 42) 3 04 81 35

ENTDECKEN & ERLEBEN:
Natur- und Kulturerlebnis Raum Wehrberg ❷
Stiftungsland Lanker See ❸ und Endmoränen an der Gläserkoppel
Gut Wahlstorf ❹ www.gut-wahlstorf.com
Naturschutzgebiet Kührener Teich und Umgebung ❺
Bahnstation Charlottenwerk ❻
Naturschutzgebiet Halbinseln und Buchten am Lanker See ❼

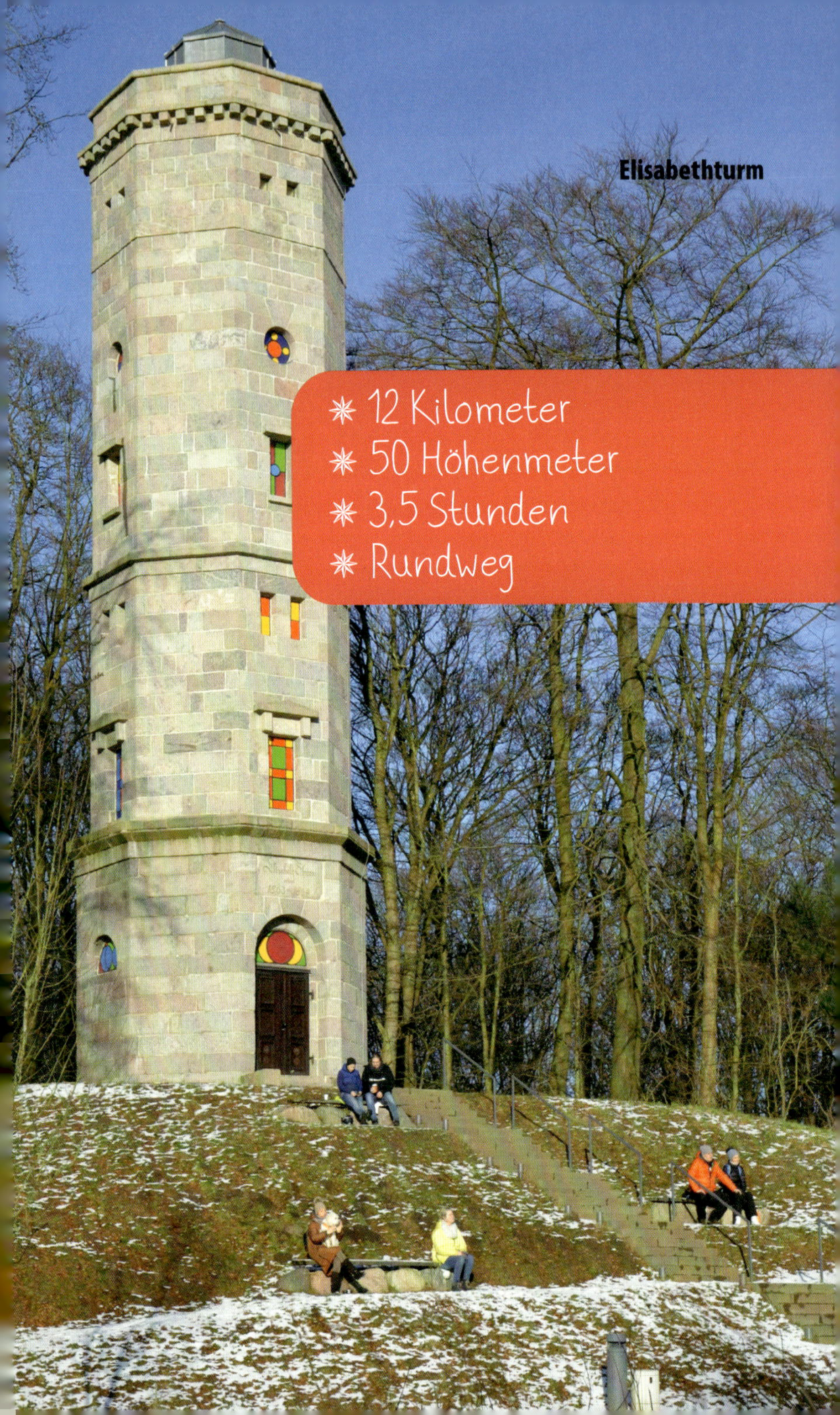

Elisabethturm

- 12 Kilometer
- 50 Höhenmeter
- 3,5 Stunden
- Rundweg

Mit 168 Meter Gipfelhöhe ist der Bungsberg Schleswig-Holsteins Antwort auf den Mount Everest. Mit einem Blick über spiegelglatte Seen, Aussichten auf sanft ansteigende Hügelrücken, einem Stopp im Basiscamp und der Möglichkeit zu einer Kletterpartie für Sekun-

Auf zum Gipfel

Besteigung des Bungsbergs

den wird der Aufstieg auf den Giganten unter den Erhebungen im Land zum Erlebnis.

Vom Parkplatz an der Ecke **Gläserland/Bungsberghof** an der Landesstraße L 216 starten wir die Tour zum Berg, der selbst Schleswig-Holsteinern bei allem Stolz ein Schmunzeln entlockt. „Erhebung" trifft die Beschreibung des Bungsbergs besser. (Eine Abkürzung für Eilige: Die Straße Bungsberghof bergan, die erste rechts in den Wald, der Kiesweg führt stetig bergan, alle Abzweigungen ignorieren. Am Holzschild „Bungsberg" dem Pfeil rechts ab folgen.)

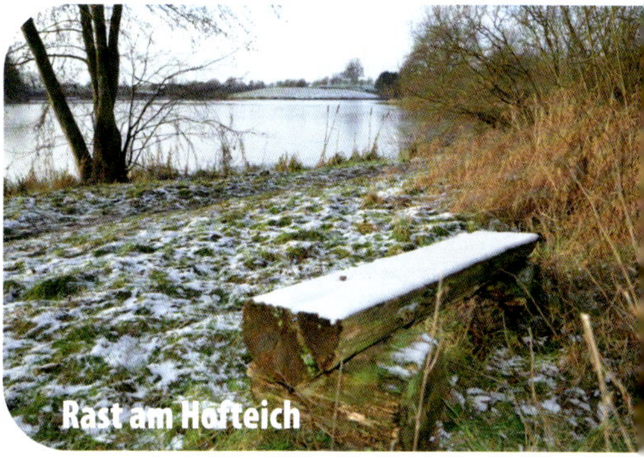
Rast am Hofteich

Wir spazieren 150 Meter durch einen Weg zwischen Feldrand links und Brombeeren rechts, überqueren vorsichtig die **Landesstraße 216** zur Straße Schüttendiek. Abwärts geht es an einer Stahlschranke vorbei zu einem Uferweg am **Mönchneversdorfer See,** auch **Hofteich** ❶ genannt. (Abkürzung: Der Graspfad

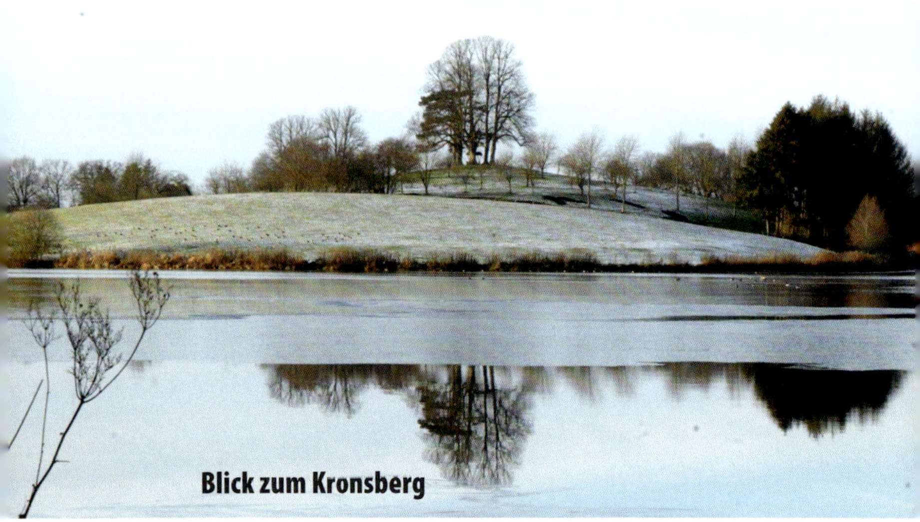

nach links führt parallel zur Hansühner Straße (L 216) zum Rastplatz Mönchneversdorf mit schöner Seesicht, entlang der L 216 in den Kirchnücheler Weg. In einem Knick weist nach 1,6 Kilometern ein weißes Schild links bergan zum Bungsberg.)

Direkt am Teichufer gehen wir rechts ab und tauchen auf dem Graspfad ins Grüne. Es folgt eine Strecke von 1 Kilometer, leicht mäandernd zwischen rauschendem Schilf und üppigen Brombeerranken an der Uferlinie. Auf kurzen Strecken spenden in geraden Alleen gepflanzte Bäume Schatten. Libellen umtanzen uns im Sommer, Frösche hüpfen im Gras. Angler genießen die Stille. Wandern wir am malerischen Teichufer, weckt der Ausblick auf die gegenüberliegenden sanft modellierten Moränenhügel die Vorfreude auf den Gipfel. Graugänse rupfen auf den Weiden Gras, Galloways und schwarzbunte Kühe grasen an den Hängen. Hausgiebel spitzen über Baumkronen hervor und spiegeln sich im Teich. Auf der grünen Kuppe des Kronsbergs wiegen Baumwipfel im Wind – der Ort wirkt magisch wie ein alter Thingplatz.

Nach 700 Metern führt rechts ein Stichpfad zu einem stillen See im Wald: Leicht bergauf geht es 100 Meter bis zum Uferweg des **Schüttenteichs.** Wir biegen rechts ab und umrunden das Biotop. Dabei nehmen wir jeweils den ersten Abzweig links bis zurück zum Stichweg. Im Wasser ruhen ungestört umgestürzte

Für die Seele

Gipfelsturm für Genießer: Auf der entspannten Tour zum höchsten Berg Schleswig-Holsteins machen weite Blicke in die Landschaft die Seele weit.

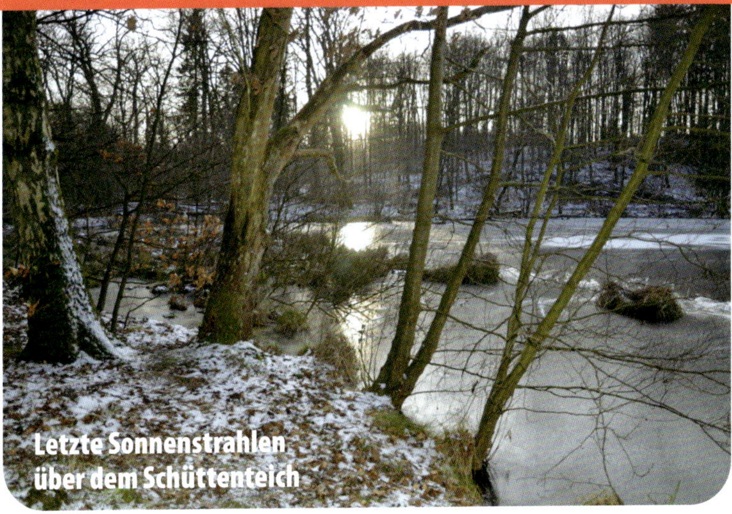

Letzte Sonnenstrahlen über dem Schüttenteich

Baumriesen, Seerosen blühen zart in Rosa. Eine Schutzhütte lädt zum Betrachten der spiegelglatt glänzenden Wasserfläche ein. Wir kehren über den gleichen Pfad wie auf dem Hinweg zum Hofteich zurück. Rechts ab geht es weiter, Holzbänke am Wegesrand laden zur Pause mit Blick auf das glitzernde Wasser ein. Eine Betonstufentreppe rechts führt 500 Meter weiter

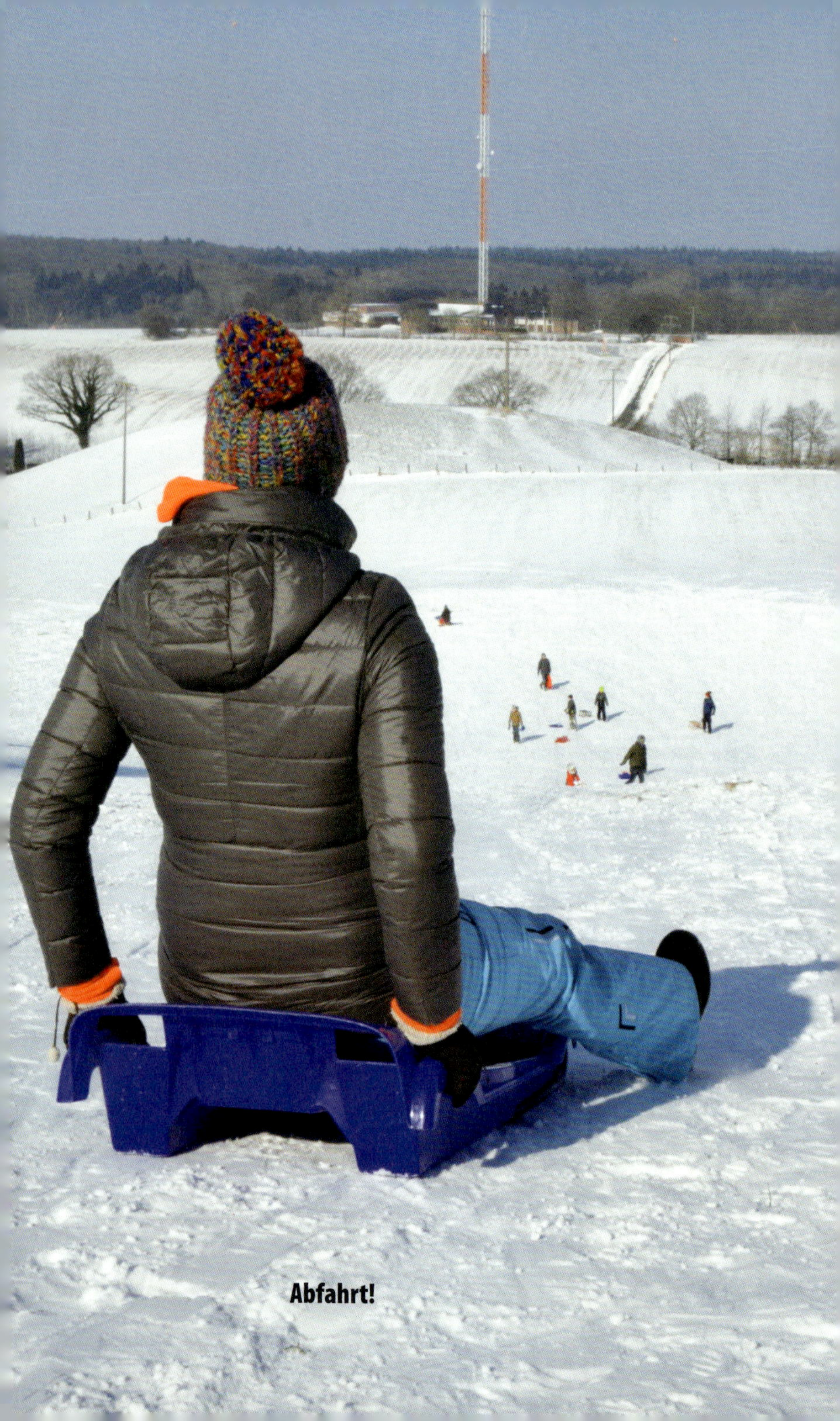

Abfahrt!

bergauf zu einer Kleewiese, von dort geht es schräg links kurz steil zur Straße Am Kronsberg. Wir laufen links auf einem Schotterweg leicht abwärts 450 Meter durch eine Ferienhaussiedlung mit bunten Schwedenhäusern. An der T-Kreuzung folgen wir rechts bergan 50 Meter der Hansühner Straße (L 216).

Wir biegen links in die Straße Zum Schloßberg ein, in weitem Bogen spazieren wir leicht aufwärts nach **Mönchneversdorf.** Ein zum Straßennamen passendes Gebäude hat es im Dorf gegeben, irgendwann und irgendwo. Zeit für ein Gedankenspiel: Wo hätte ein Schloss einen repräsentativen Platz gehabt? Ein Herrenhaus im Ort wurde 1934 abgerissen und nie ersetzt. Vor einem Weiher ist über die Straße **Am Hof** ein Ausflug zum Fuß des **Kronsbergs** ❷ möglich. Der Kronsberg hat ein bemerkenswertes Innenleben. Ein paar Schritte links bergab, über die L 216, führt ein Weg zu einem alten Kellergewölbe, das Mönche 1840 als kühlen Lagerplatz für selbst gebrautes Bier bauten. Der Markt für den Gerstensaft brach in der zweiten Hälfte des 19. Jahrhunderts ein, das Gewölbe hielt. Heute leben dort Fledermäuse.

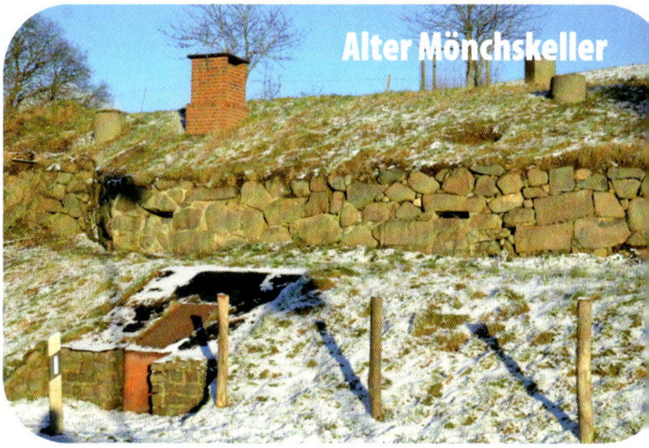
Alter Mönchskeller

Die Ursprünge von ***Mönchneversdorf*** *reichen bis ins Jahr 1231 zurück. Damals gründeten Mönche des Lübecker St.-Johannes-Klosters die Siedlung.*

Wir kehren auf gleichem Weg zurück zur Straße Zum Schloßberg und laufen links bis zur T-Kreuzung mit dem asphaltierten Kirchnücheler Weg. Rechts geht es 1,4 Kilometer auf Asphalt geradeaus, anfangs leicht bergan, rechts vorbei an zwei Ferienbauernhöfen mit großen Spielplätzen. Links hinter grünen Hügeln ragt ein Fernmeldeturm mit einer ufoförmigen Plattform himmelwärts. Die Landmarke zeigt uns: Wir sind nah am Bungsberg. Mehrere Wege links ab verlocken zur Gipfelerstürmung in direkter Linie. Sie sind jedoch privat. Am zweiten Bauernhof ist die Campingstelle **Wildes Schleswig-Holstein** ③ ausgewiesen. Für eine Nacht ist Fuß- und Radwanderern das Campen erlaubt.

An der ersten weiten Linkskurve grüßt von rechts über die Felder ein rot-weißer Sendemast, 249 Meter ragt die 2004 gebaute Stahlstrebenkonstruktion himmelwärts – das Berggebiet ist für Funkmasten wegen der Reichweiten ein idealer Standort, zwei weitere Türme sind beim Bungsberg platziert. Knickbüsche und knorrige Eichen begleiten uns, nach Häusern links erwartet uns unter einem Baumriesen eine Holzbank – unser **Basiscamp** vor dem großen Aufstieg. Wer sich niederlässt und Kräfte sammelt, hat bereits Gipfelblick. Die sanfte Kuppe des Bungsbergs ist zwischen hügelig ansteigenden Feldern, Wald und Funkturm deutlich zu erkennen. Ja, da ist er, der Mount Everest Schleswig-Holsteins.

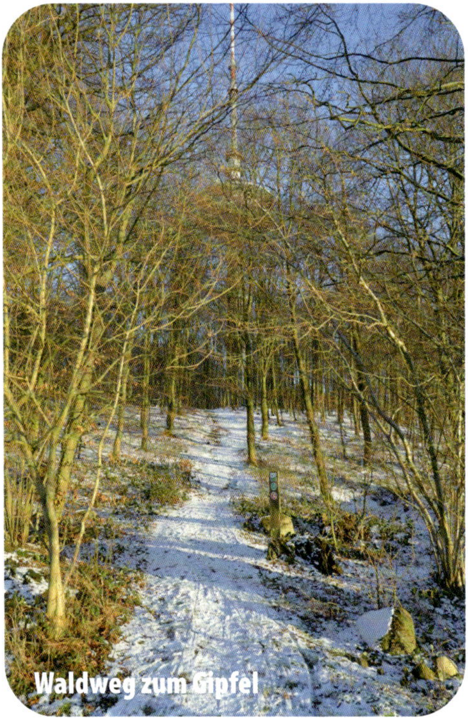
Waldweg zum Gipfel

Wenige Meter weiter weist endlich ein weißes Blechschild „Bungsberg“ links im 90-Grad-Winkel durch einen Knick den lang ersehnten, offiziellen **Feldweg zum Gipfel** aus. Wir gehen bergan über offene Felder auf eine bewaldete Kuppe zu. Oft streicht eine steife Brise über die langen Hügelketten. Für einen Seelenmoment lang stehen bleiben, einmal tief einatmen und die Weite des Himmels über sich aufnehmen. Bevor der Pfad nach 350 Metern links neben einer alten Eiche und einer grün-blauen Wegmarkierung in einen Wald eintaucht, erwartet uns am Fuß

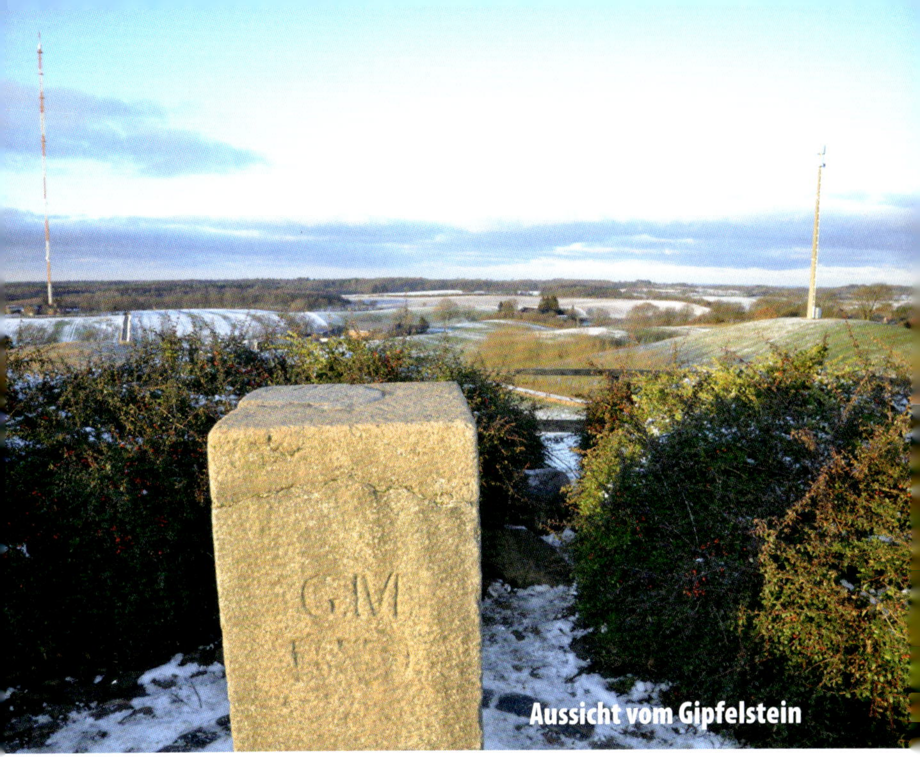

Aussicht vom Gipfelstein

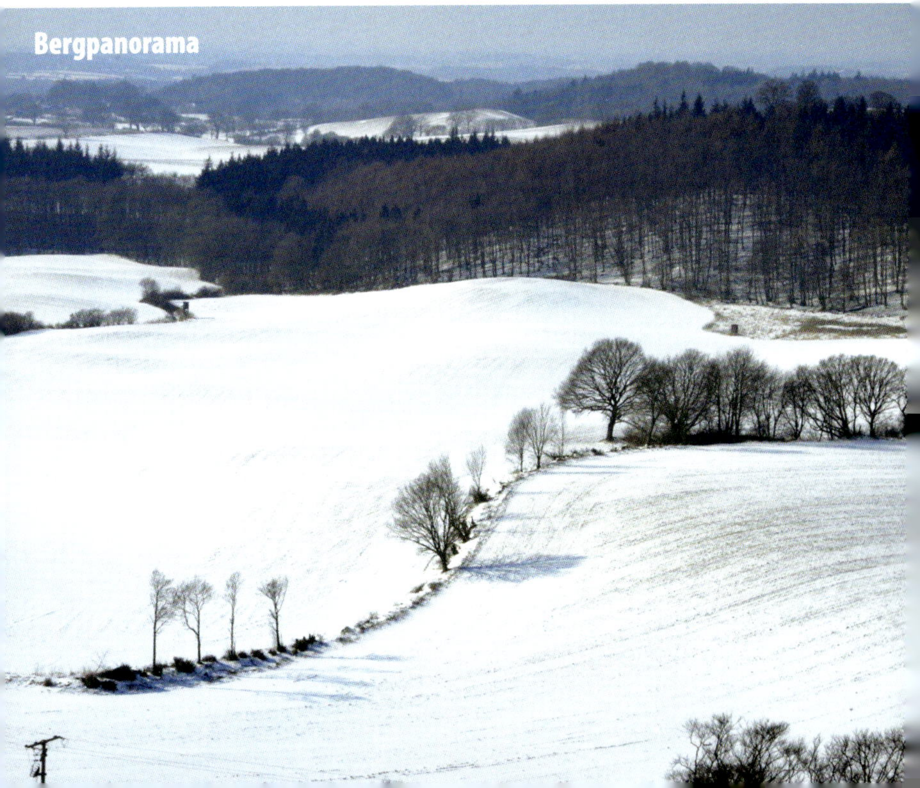
Bergpanorama

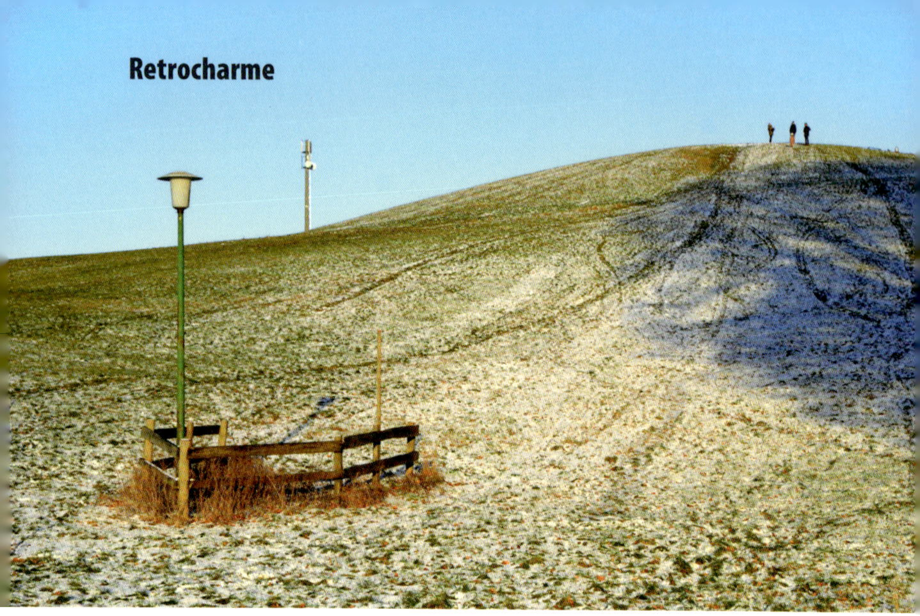

der Gipfelkuppe eine 1960er-Jahre-Laterne. Die Leuchte mit dem Retrocharme der Wirtschaftswunderzeit ist ein Überbleibsel der vor Jahren abgebauten Talstation von Deutschlands nördlichstem Skilift. Über die Wiese ist der direkte Aufstieg zum Gipfelstein möglich.

Wir gehen weiter in den Wald. Der deutlich ansteigende Weg weckt das Gipfelfieber. Rechts ragen wie von Riesenhand ausgestreute Findlinge aus dem Waldboden. Ein kleiner **Waldspielplatz** mit Ast-Tipis, Lagerfeuerplatz und einer Schutzhütte sind Vorboten des Erlebniszentrums auf dem Bungsberg. Links vom Hauptweg verlockt ein Findlingsstapel, der künstlich zu einem Hünengrab zusammengestellt wurde, zur Besteigung. Wer das Gefühl von Felsen unterm Wanderschuh liebt, kann hier für ein perfektes Bergbesteigungserlebnis im Kleinformat klettern. Der 300 Meter lange Weg schwingt leicht nach links. Am Waldrand stellt sich ein Wow-Moment ein: Der Kontrast zwischen Gebäuden, Wegen und klar strukturierten Flächen und Waldidyll ist enorm. Überraschend nah und groß überwölbt die Plattform des Fernmeldeturms über Ästen den Himmel. Zwischen Jelängerjelieber-Ranken und Brombeeren gehen wir links an drei runden Holzhütten vorbei auf die Kuppe neben dem Bungsberg. Ein Parkplatz liegt rechter Hand.

Geradeaus lockt eine künstlich angelegte „Gletscherrinne" zum Erkunden. Gepflegt plätschert das Wasser zwischen Beeten und kunstvoll arrangiertem Geröll. Die Anlage erinnert an die Entstehung der **Schwentine,** die an den Hängen des Bungsbergs seit der Gletscherschmelze nach der zweiten Eiszeit entspringt. Ein **Erlebniszentrum** **4** bietet Besuchern freien Eintritt, Infos zur Geologie und wechselnde Ausstellungen. Ein Spielplatz mit dicken Klettertauen und Holzgeräten und das **Café und Restaurant 168 ü. NN** **5** laden zu einer ausgedehnten Genusszeit ein.

Zur Linken leuchten im grauen Granit des **Elisabethturms** **6** farbige Fenster.

Der achteckige Steinturm erhebt sich fast filigran neben dem Zweckbaubruder aus Stahlbeton, den die Deutsche Post 1977 nur wenige Meter neben dem historischen Aussichtspunkt errichtete. Der **Fernmeldeturm** **7** punktet allerdings mit Freigiebigkeit: Eintritt frei zu 199 Stufen bis zum grandiosen Fernblick nach Dänemark, Kiel und zur blauen Ostsee.

1864 wurde der heute denkmalgeschützte ***Elisabethturm*** *gebaut, 1875 auf 22 Meter erhöht. Heute würden die Bauherren für ihr ökologisches Engagement gelobt: Eine Erhöhung des Turms erschien damals besser, als die ins Sichtfeld gewachsenen Baumwipfel zu kappen.*

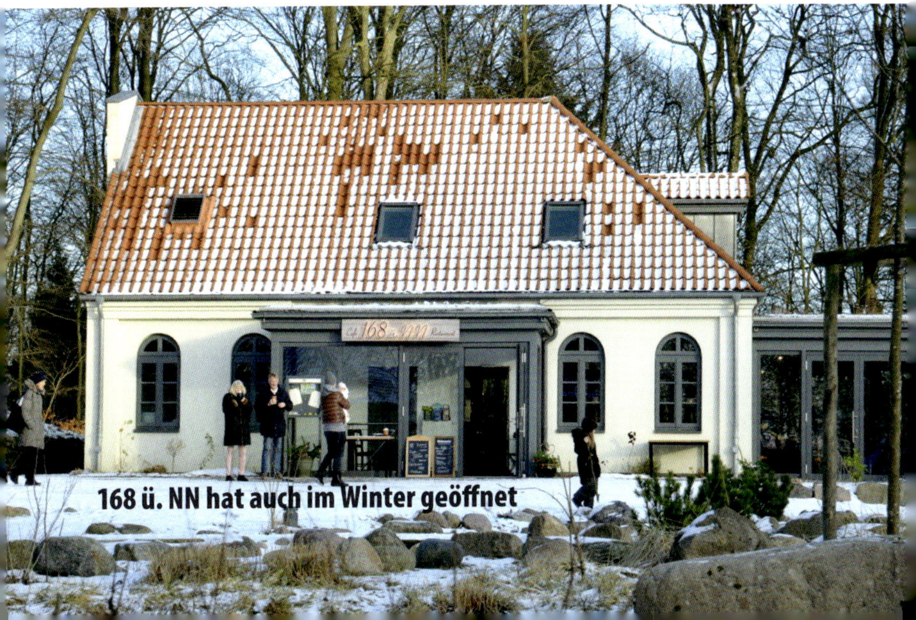

168 ü. NN hat auch im Winter geöffnet

Die Kiesstraße vorbei am Fernmeldeturm führt uns 120 Meter geradeaus über Stufen und Gras zum **Bungsberg ❽.** Wir können den Giganten unter den Erhebungen im Land nicht verfehlen: Ein Holzschild und ein Findling weisen zum Gipfelstein. Weite, Wind, sanfte Hügel, Knicks, Wege und grüne Wälder: Intensiv wie ein Naturkonzentrat Schleswig-Holsteins wirkt das Panorama in 168 Meter Höhe. Einmal tief einatmen, sich Zeit nehmen für einen Rundumblick – und die Seele bekommt Flügel. Orientierung gibt die Steinplatte unter dem Gipfelstein: Eine eingemeißelte Windrose zeigt die Himmelsrichtungen an.

Wir kehren auf gleichem Weg zurück und biegen vor dem **Erlebniszentrum** links in einen Wanderweg, der uns über Stufen abwärts zu einem riesigen **Waldspielplatz ❾** führt. Eine Hollywoodschaukel am Hang lädt zur Pause mit Swing ein, links in einem kleinen Talkessel verlocken Wackelbrücken zum Balanceakt. In der Talwand formen frei liegende Wurzeln uralter Buchen eine Höhle – wie im Film *Herr der Ringe*. Wir verlassen das Spielgelände auf dem gleichen Weg: Nach zwei Holzhütten gehen wir jedoch geradeaus auf dem Weg mit dem Namen „Trimmplatz" bis zu einem Holzschlagbaum, überqueren die Straße **Bungsberg** und folgen geradeaus einem Wanderweg, der nach 230 Metern in einen Weg am Waldrand einmündet. Wir biegen links ab.

Zwischen Knicksträuchern geht beim Abwärtsspaziergang der Blick weit über Felder und sanfte Hügel – einmal stehen bleiben und die Landschaft in sich aufnehmen, ist Genuss pur. Nach 450 Metern erreichen wir die Straße **Bungsberghof,** gehen 20 Meter nach links und biegen schräg gegenüber in den Wald ein. Wir folgen auf dem breiten, leicht abschüssigen Sandweg wieder dem blau-grün markierten Ostseewanderweg. Nach 290 Metern, an der ersten T-Kreuzung, verlassen wir den markierten Weg und biegen links ab. Im Frühling leuchten weiße Buschwindröschen und gelbes Scharbockskraut im Wald. Wir ignorieren zwei Rechtsabzweige und gehen an einer Kreuzung nach 330 Metern geradeaus bergan weiter. Durch alte Buchenwipfel fällt viel Licht, aufgestapelte Stämme begleiten uns.

Wir bleiben auf dem bequemen, breiten Hauptweg und ignorieren alle Abzweige. Nach 1200 Metern laufen wir an einem Holzschlagbaum geradeaus, überqueren vorsichtig die Straße **Scheelholz.** (Abkürzung zum Startpunkt: Sofort links ab in die Straße Gläserland.) Wir laufen geradeaus auf einem Sandweg für forstwirtschaftlichen Verkehr. Er wird schmaler, nach 320 Metern biegen wir links ab. Wir ignorieren einen Linksabzweig und gehen weiter geradeaus. Alte Nadelbäume zwischen den Buchen verströmen ätherische Öle. Waldduft! Es lohnt sich, beim Bergaufgehen einen Moment innezuhalten und dem Vogelgezwitscher zu lauschen. Krähenkrächzen zwischen Meisenpiepsern zu erkennen. Wir ignorieren einen Rechtsabzweig.

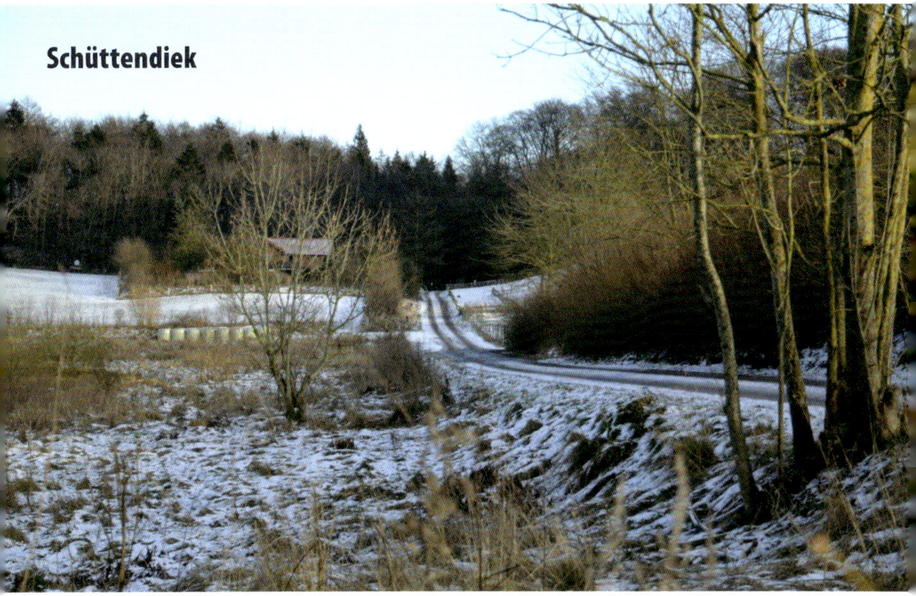

An einer Fünf-Wege-Kreuzung nehmen wir den zweiten von links und gehen in einer Rechtskurve auf den Waldrand zu. Ist der Waldboden nach Regen überschwemmt, tauchen die Wurzeln der Bäume direkt ins Wasser. Die Spiegelungen sind ein Augenschmaus. Wir passieren ein rotes Backsteinhaus und kommen auf den Schüttendiek. Vor uns grüßt der Ufo-Fernsehturm ein letztes Mal hinter Hügeln. Vom Schotterweg geht rechts der Blick weit über den **Hofteich.** Ob das Schloss hier stand? Die Aussicht wäre es wert. Wir überqueren die Hansühner Straße und biegen links in den vom Hinweg bekannten Graspfad zum Startpunkt.

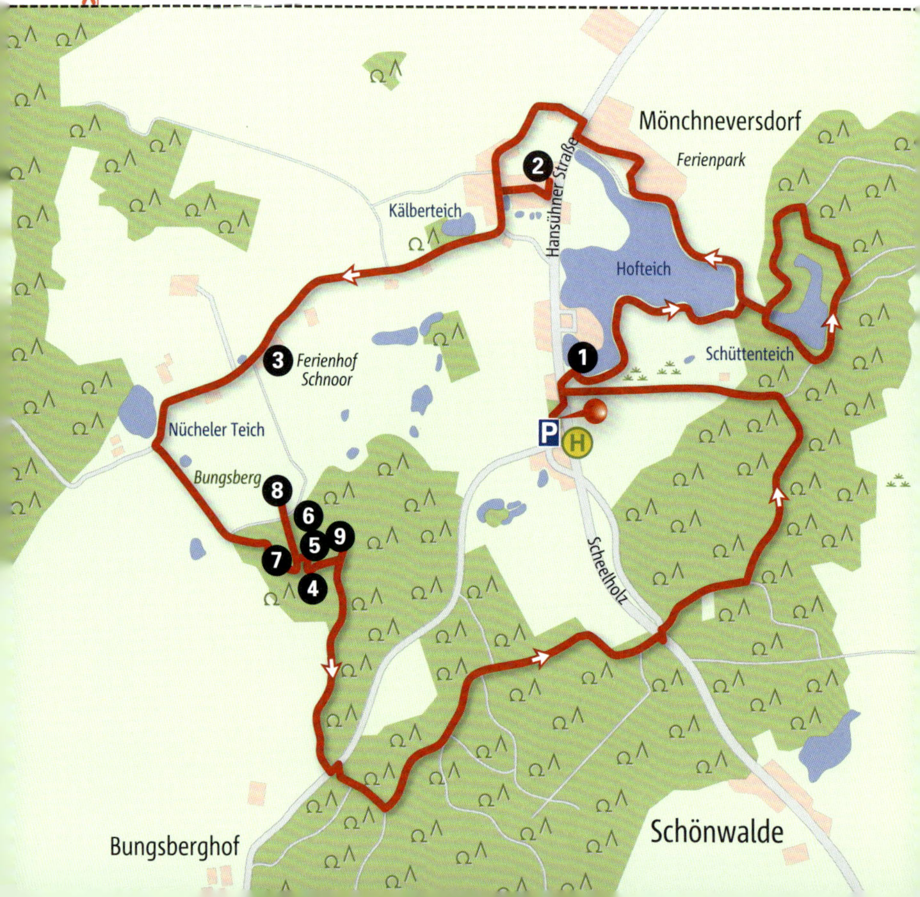

Alles auf einen Blick

WIE & WANN:
Pfade, Feld- und Waldwege, Kies- und Asphaltstraße; ganzjährig möglich, schattig. Im Frühjahr blühen Buschwindröschen, Scharbockskraut, Veilchen im Wald, im Winter sollte man bei Schnee Schlitten oder Skier mitnehmen!

Entspannung ✱✱✱✱✱
Genuss ✱✱✱✱✱
Romantik ✱✱✱✱✱

HIN & WEG:
Auto: Parkplatz Gläserland/Bungsberghof, 23744 Schönwalde am Bungsberg (GPS: 54.21271, 10.73818)
ÖPNV: Bus 5602, 5809 bis Schönwalde am Bungsberg

ESSEN & ENTSPANNEN:
Café und Restaurant 168 ü. NN ❺ Bungsberg 2 a, 23744 Schönwalde am Bungsberg, Tel. (0 45 28) 9 13 88 80
Wildes Schleswig-Holstein ❸ Ferienhof Schnoor, Kirchnücheler Weg 9, 23744 Mönchneversdorf, Tel. (0 45 28) 8 46, www.ferienhof-schnoor.de

ENTDECKEN & ERLEBEN:
Hofteich ❶
Kronsberg ❷
Erlebniszentrum ❹ Bungsberg 3, 23744 Schönwalde am Bungsberg, Tel. (0 45 37) 70 70 00
Elisabethturm ❻
Fernmeldeturm ❼
Bungsberg ❽
Waldspielplatz ❾

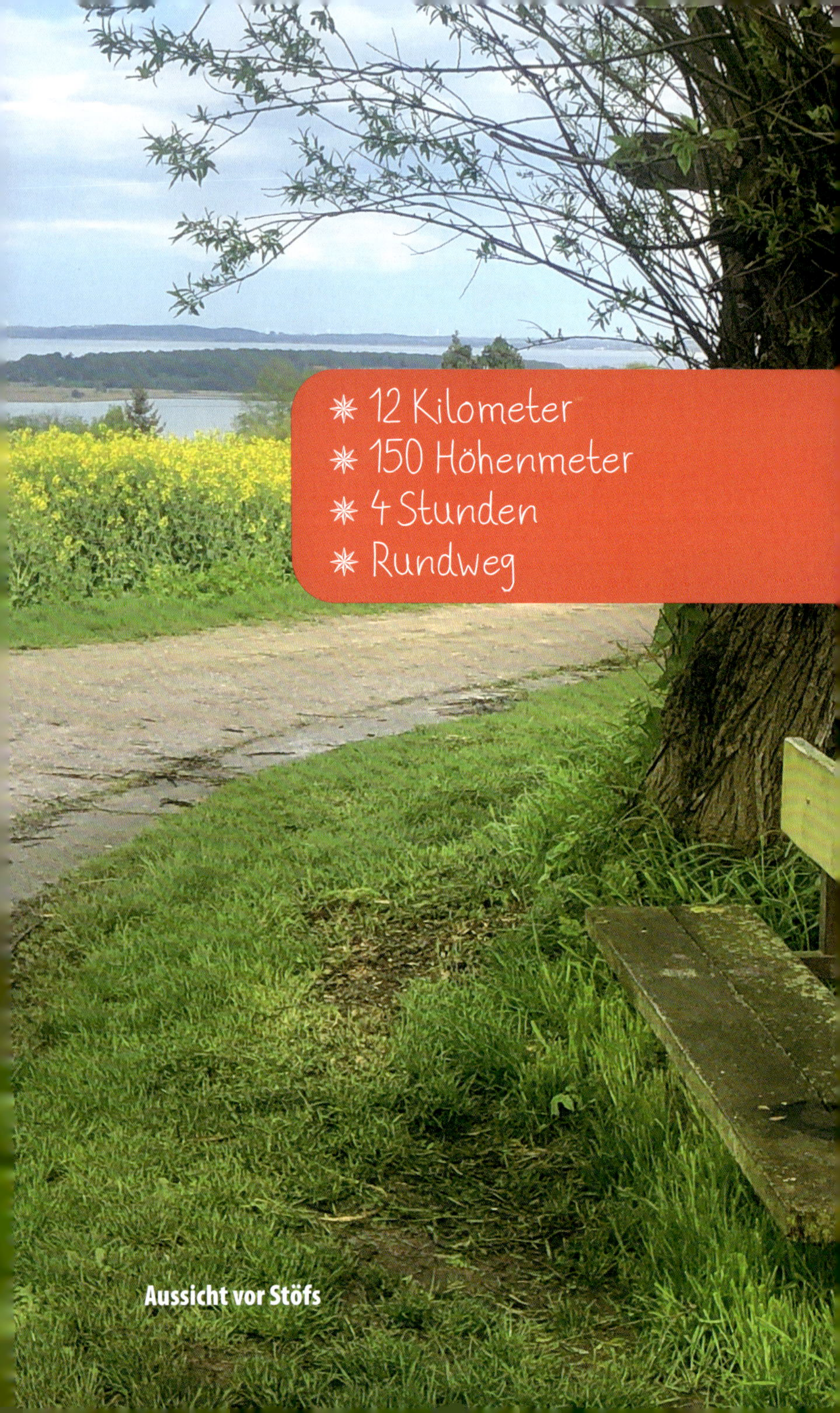

* 12 Kilometer
* 150 Höhenmeter
* 4 Stunden
* Rundweg

Aussicht vor Stöfs

Wir starten, den Eingang zum Ruheforst zu unserer Linken, auf breitem Schotterweg zu einem Badespaziergang im Wald. Wir nehmen zweimal Rechtsabzweige und gehen an einer T-Kreuzung links. An einem Dreisprung, wo drei Wege aufeinandertreffen, laufen wir auf dem rechten Weg, ignorieren danach ei-

Zum Königsblick

Vom Hessenstein zum Gut Panker

nen Linksabzweig und überqueren eine Kreuzung geradeaus. An der nächsten Gabelung nehmen wir den rechten Pfad und biegen links ab auf einen geraden Weg. Wir kreuzen die Straße **Hessensteiner Weg** und genießen auf der Schotterstraße Hessenstein den schnurgeraden Aufstieg zum **Pilsberg ❶,** mit 128 Metern die dritthöchste Erhebung Schleswig-Holsteins.

Wenige Meter vor dem Gipfel verlockt links das **Forsthaus Hessenstein ❷** zu einer Rast – von der Terrasse lassen sich die entscheidenden Schritte zum Gipfel gut planen. Dort erwartet uns der Aussichtsturm **Hessenstein ❸.** Wer Fernsicht liebt, nimmt die 111 Stufen der gusseisernen Treppe zur zinnenverzierten Plattform. Die Seele kann über der Hügellandschaft auf Reisen gehen. Bis nach Dänemark, Kiel und Fehmarn geht der Blick. Wir verlassen den Berg

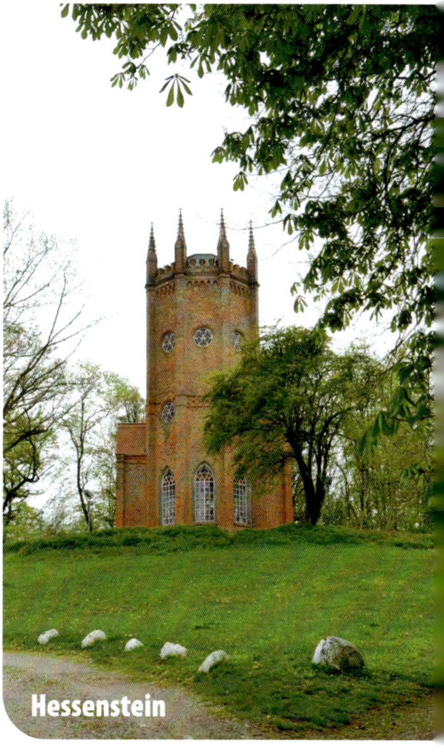

Hessenstein

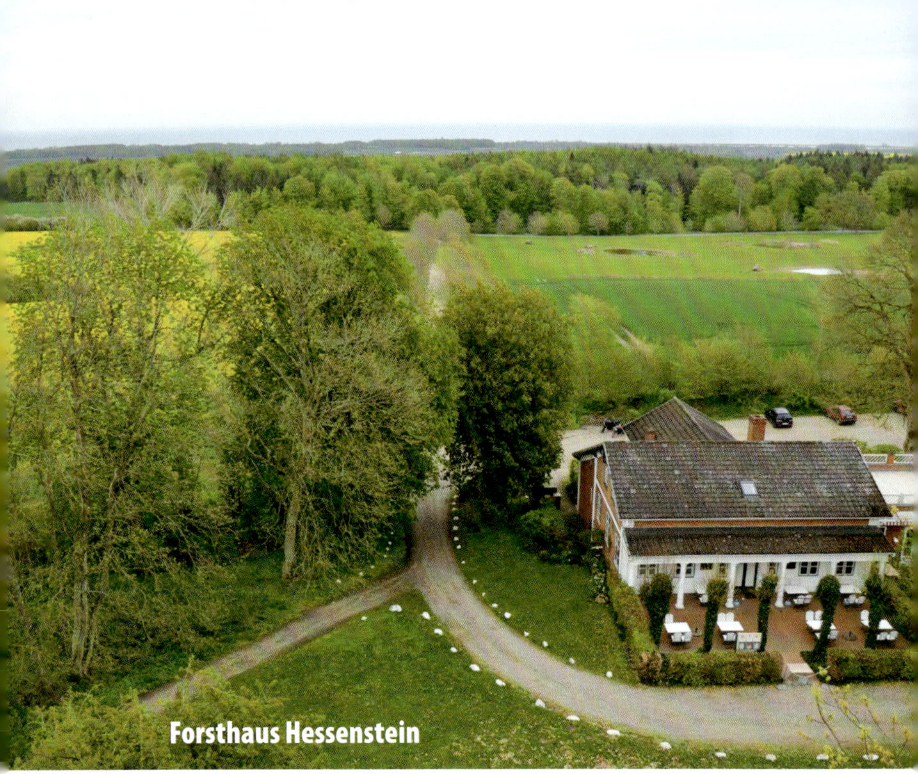
Forsthaus Hessenstein

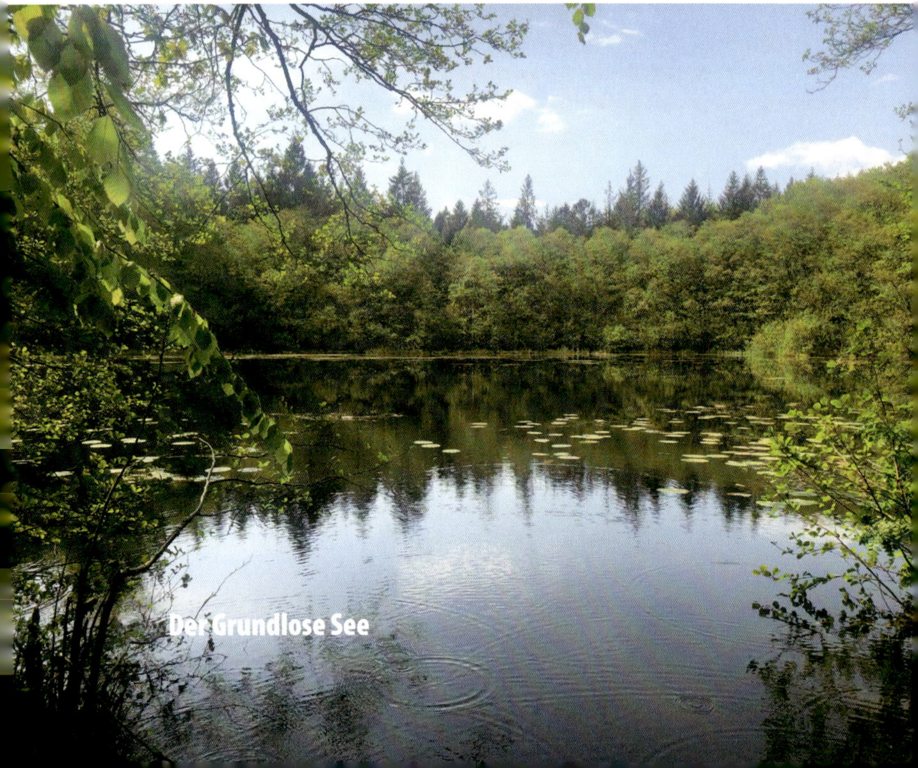
Der Grundlose See

auf einem breiten Pfad und gehen an zwei Linksabzweigen vorbei. 400 Meter laufen wir zwischen Waldrand und Feldern. An der nächsten Gabelung gehen wir rechts, links 150 Meter auf einem breiten Waldweg, dann in einen romantisch schmalen Pfad links, den wir nach 700 Metern nach links verlassen. Nach

Für die Seele

Blaues Meer, gelber Raps, grüne Weiden: Mit einem Farbenrausch empfängt die Holsteinische Schweiz im Frühsommer ihre Gäste in den sanften Hügeln.

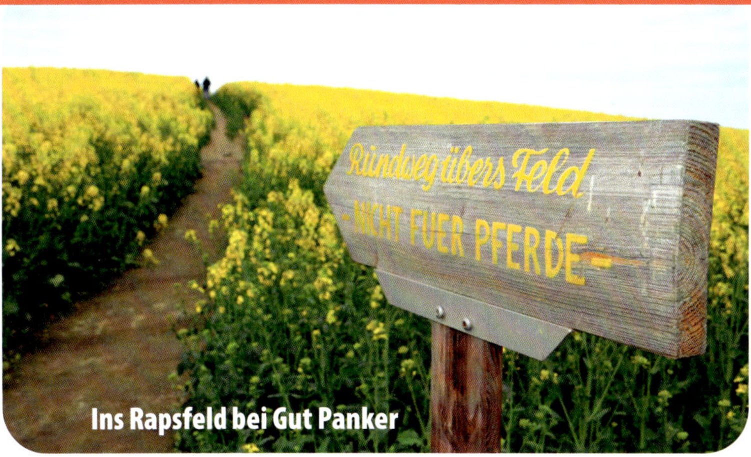

Ins Rapsfeld bei Gut Panker

400 Metern laufen wir an der Gabelung geradeaus und entdecken rechts hinter Bäumen den **Grundlosen See** (4) als schimmerndes Waldidyll. Mit Glück sehen wir einen Seeadler über den Baumwipfeln kreisen.

Wir kehren zurück auf den breiten Waldweg, ignorieren einen Links- und drei Rechtsabzweige. In einer Biegung im **Fresendorfer Weg** vor Darry ist rechts durch ein Gatter ein Abstecher auf eine Wilde Wiese vom Stiftungsland Naturschutz möglich. Wir bleiben auf

*Der **Grundlose See,** heute rund 3,50 Meter tief, entstand nach der letzten Eiszeit vor 12.000 Jahren durch einen Eisberg. Aus seinem Schmelzwasser wurde der Toteissee.*

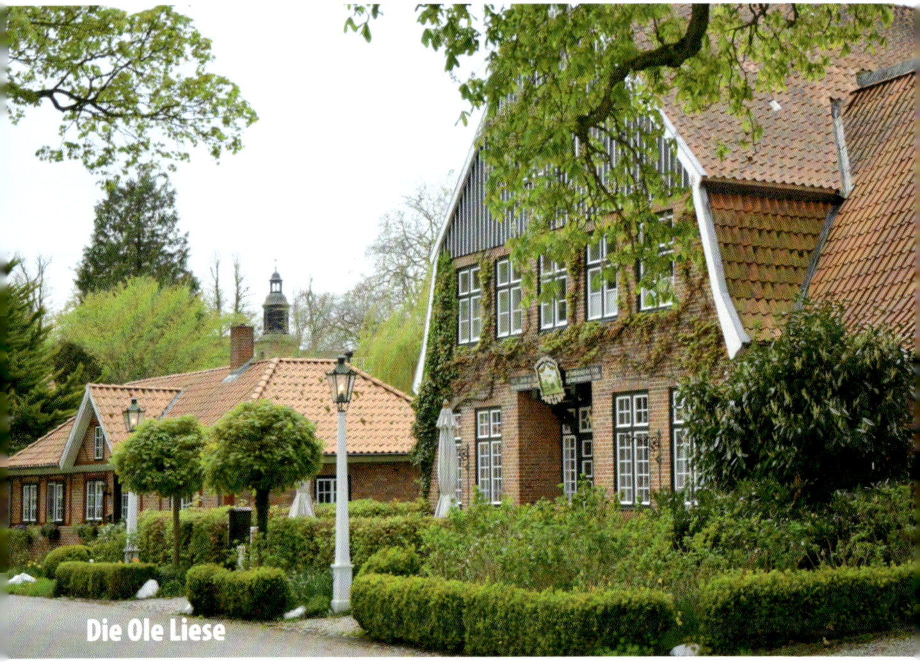

Die Ole Liese

dem Weg, nehmen den Wanderweg rechts und gehen rechts von schönen Gärten geradeaus in die Straße Am Heisch. Wir überqueren die Hauptstraße nach rechts über den Berliner Platz zur **Dorfstraße,** in die wir links einbiegen. Am Dreisprung, wo drei Wege aufeinandertreffen, laufen wir rechts in den **Seebrook,** ignorieren einen Rechtsabzweig gleichen Namens und passieren den rechts liegenden **Brammer See.**

Am nächsten Abzweig biegen wir links in die Straße **Lachsbek,** durchwandern ein Hofgelände und weite Felder. An einer T-Kreuzung nehmen wir rechts die Weberkoppel mit Aussicht aufs Meer. Im Dorf Stöfs mündet sie in den **Lindenweg.** Nach 400 Metern rechts erreichen wir einen historischen Ort: Am 14. September 1868 entstieg König Wilhelm I., später Kaiser Wilhelm, seinem Vierspänner und bewunderte das Panorama: Der royale Blick über die weiten Wasserflä-

*1857 war Schleswig-Holstein Provinz von Preußen geworden. Der **Königsstein** ist landesweit der einzige Gedenkstein, der an die erste Reise des Monarchen durch seine neue Provinz erinnert.*

chen des **Großen Binnensees** und der Ostsee wurde auf dem **Königsstein** ⑤ verewigt. Die Aussicht über die Gewässer und Landzungen zählt zu den schönsten im Land.

Wir gehen auf dem Lindenweg zurück nach Stöfs und folgen nach 800 Metern links einem Teilstück des Lindenwegs, den wir nach der Ferienreihenhausanlage Reethus nach rechts verlassen. Über einen breiten Waldweg erreichen wir die romantische **Familiengrabstätte Waldersee** ⑥. Ein stiller Seelenort mit phänomenaler Aussicht aufs Meer. Im Wald Dohl biegen wir rechts ab und ignorieren zwei Linksabzweige. Eine imposante alte Allee führt uns vorbei an drei Linksabzweigen zum **Gut Panker** ⑦. In den Nebengebäuden rund ums prachtvolle Herrenhaus sind Galerien, Kunsthandwerk und ein Trakehner-Gestüt zu finden. Geheimtipp: An der ersten T-Kreuzung links und hinterm Torhaus auf den Rasen gehen. Unter alten Bäu-

*Zur **Rapsblüte** legt Gut Panker einen ausgeschilderten Wanderweg durch Rapsfelder an. Der süße Blütenduft und das Strahlen der gelben Blüten sind für die Seele ein Fest.*

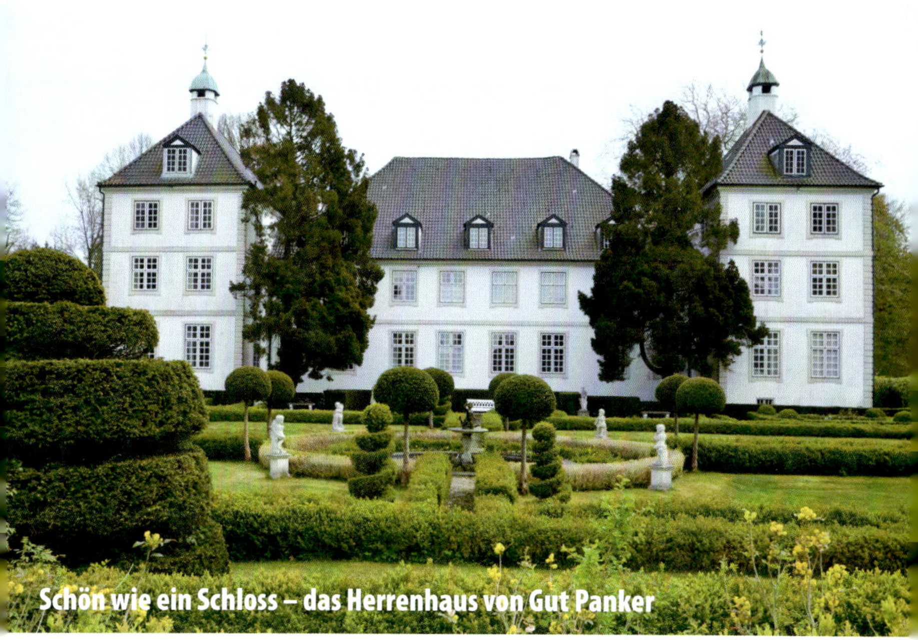

Schön wie ein Schloss – das Herrenhaus von Gut Panker

Panoramatour 6

*Der Kern des **Herrenhauses Panker** wurde 1650 gebaut, das Gebäude später mehrfach erweitert und modernisiert. Der englische Landschaftspark zählt zu den schönsten im Land.*

men lädt eine Bank zur Rast mit malerischem Blick auf den **Hofsee** ein.

Zurück auf dem Weg biegen wir links ab in die Straße Panker. Auf einer Weide grasen Trakehner, das **Restaurant Ole Liese Wirtschaft** 8 mit seiner großen Außenterrasse und seinem **Sterne-Restaurant** 1797 lädt bei Delikatessen zum Schwelgen in den Panoramabildern der Tour ein. Wir gehen am **Schloss** und an der Eichenallee zur Kapelle geradeaus vorbei und überqueren die Landesstraße L 165.

Wir nehmen nach 50 Metern auf dem Schotterweg den zweiten Pfad links in den Wald und biegen auf einer Kuppe links ab, danach rechts. Durch lichten Wald erreichen wir geradeaus unseren Startpunkt.

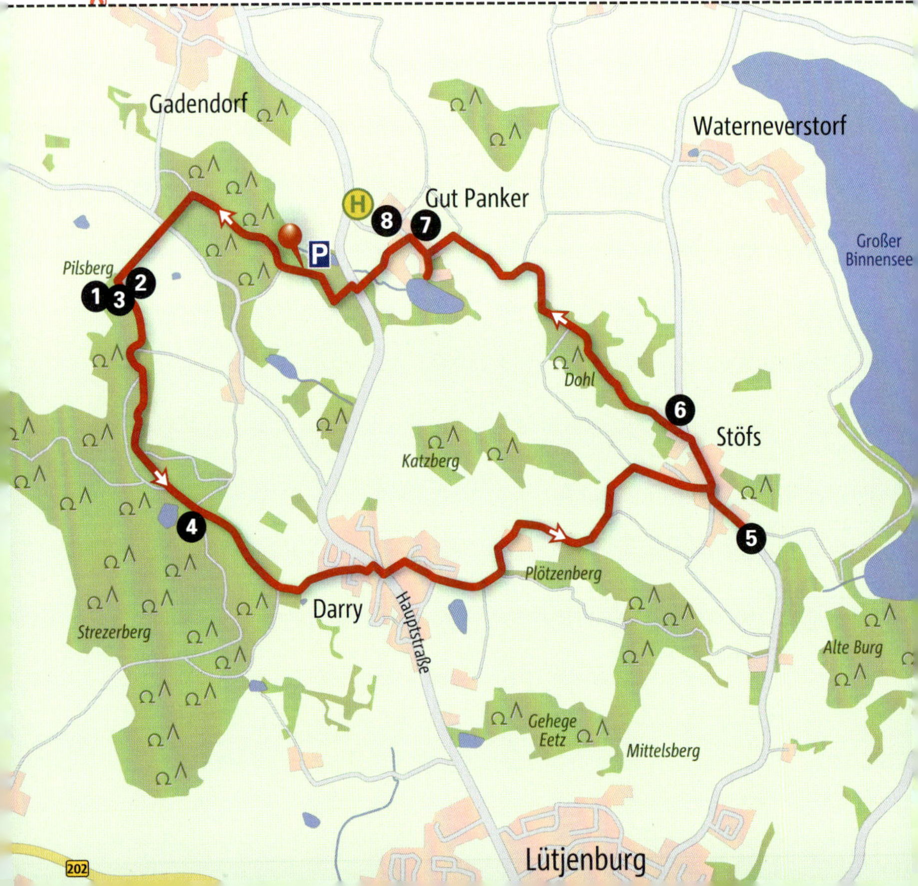

Alles auf einen Blick

WIE & WANN:
Waldwege, Wirtschaftswege, Bürgersteige in Darry und Stöfs; ganzjährig möglich, zur Rapsblüte im Mai/Juni berückendes Panorama mit leuchtend gelben Feldern, süßer Blütenduft liegt dann in der Luft.

Entspannung ✱✱✱✱✱
Genuss ✱✱✱✱✱
Romantik ✱✱✱✱✱

HIN & WEG:
Auto: Parkplatz Ruheforst Panker, an der Landesstraße L 165, 24321 Panker (GPS: 54.328657, 10.566006)
ÖPNV: Bus 260, 311 bis Chaussee Panker (500 Meter entlang der L 165, links in den Waldweg zum Ruheforst)

ESSEN & ENTSPANNEN:
Forsthaus Hessenstein ❷ Hessenstein, 24321 Panker, Tel. (0 43 81) 94 16, www.forsthaus-hessenstein.com
Restaurant Ole Liese Wirtschaft und Sterne-Restaurant 1797 ❽ Panker 1007, 24321 Panker, Tel. (0 43 81) 9 06 90, www.ole-liese.de

ENTDECKEN & ERLEBEN:
Pilsberg ❶
Hessenstein ❸
Grundloser See ❹
Königsstein ❺
Familiengrabstätte Waldersee ❻
Gut Panker ❼ www.gutpanker.de

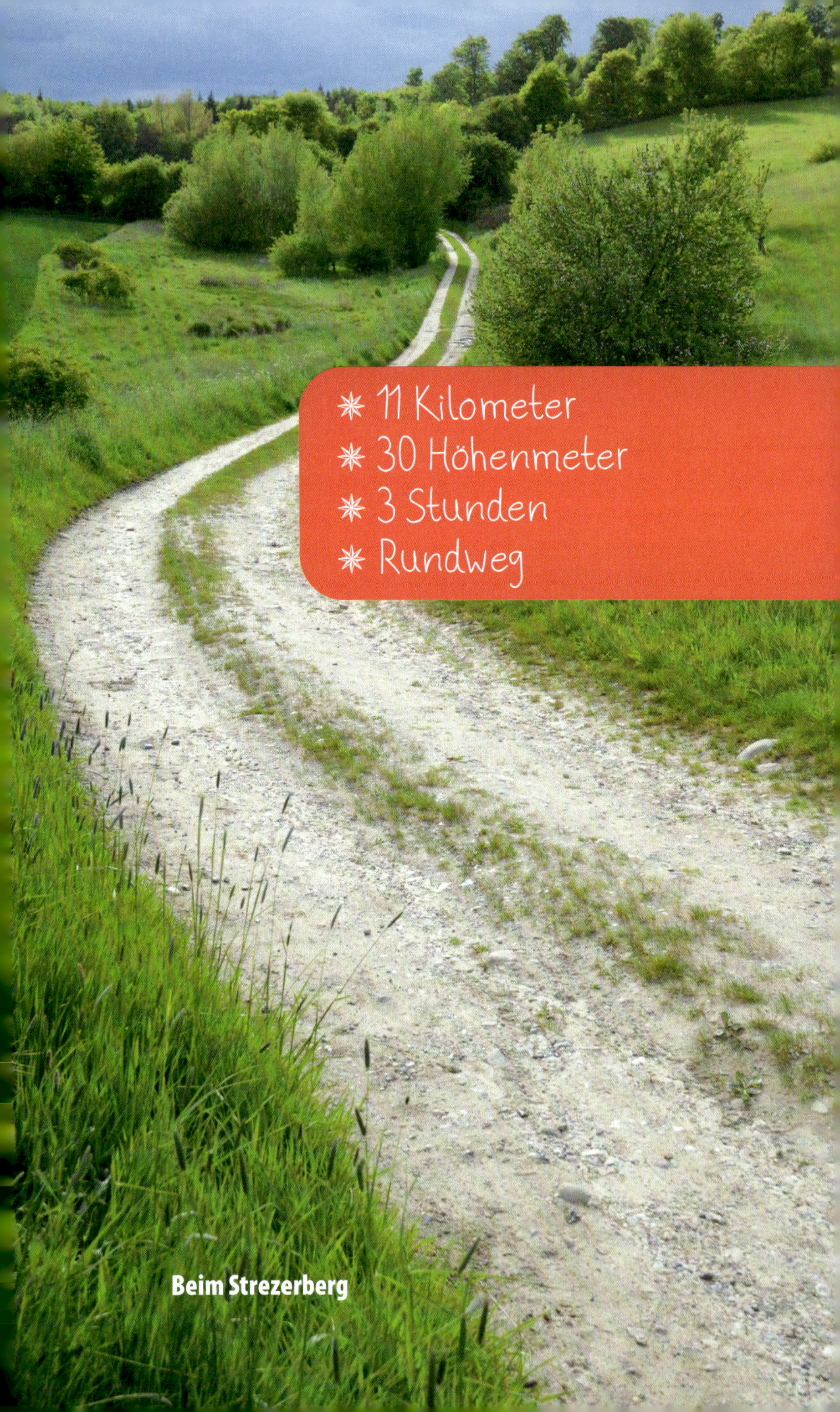

* 11 Kilometer
* 30 Höhenmeter
* 3 Stunden
* Rundweg

Beim Strezerberg

Mit der **Turmhügelburg Lütjenburg** ❶ im Rücken könnten wir am Parkplatz in einen Feldweg starten. Doch das Mittelaltermuseum verlockt zur Zeitreise 1000 Jahre in die Vergangenheit. Nach historischen Vorbildern wurden der 14 Meter hohe Holzturm und die 13 Meter lange Brücke über den 7 Meter tiefen

Zeitensprung

Zum Strezerberg

Burggraben angelegt. Im Sommer treffen wir Mittelalterfreunde, die dort nach historischem Vorbild leben. Interessant ist es, den Bewohnern beim Feuermachen mit Holz oder Flintsteinen zuzuschauen.

Links neben der Infotafel zum Projekt **Stauchmoränen am Hessenstein** wandern wir bis zur ersten Gabelung und nehmen rechts den Pfad Richtung **Darry.** Meisen, Amseln, Schmetterlinge begleiten uns im Sommer zu einer Hügelkuppe. Grasende Kühe darauf wecken Almgefühle. Links weiden Robustrinder.

Nach einer Brücke betreten wir durch ein Gatter die **Wilde Weide** ❷ der Stiftung Naturschutz, auf der uns Robustrinder begegnen können. Wir wenden uns nach links, halten uns auf einem im Gras erkennbaren Pfad am Fuß des Hügels. Nach dem Auslassgatter gehen wir auf einem Feldweg zwischen Brombeeren, Weißdorn und Haselnuss weiter. In einer Kurve biegen wir direkt vor dem Bach Lütt Elf rechts ab Richtung Friesendorf. Kopfweiden und alte Eichen spenden uns Schatten bis zur **Froschkonzertlaube** ❸. Von Mitte Mai bis Ende Juni geben Rotbauchunke, Teichfrosch, Laubfrosch, Erdkröte, Moorfrosch oder Gras-

*Seit 2003 entsteht die **Turmhügelburg Lütjenburg** als wissenschaftlich begleitetes, experimentelles Archäologieprojekt. Sie wird nach Funden bei Giekau und nach Abbildungen vom Teppich von Bayeux in alter Bauweise errichtet.*

*Die Stiftung Naturschutz erwarb 1990 für das Projekt **Stauchmoränen am Hessenstein** 50 Hektar Land im Nienthal. Das Amt Lütjenburg Land und die Stadt Lütjenburg erlauben Besuchern der Fläche das freie Herumstreifen ausdrücklich.*

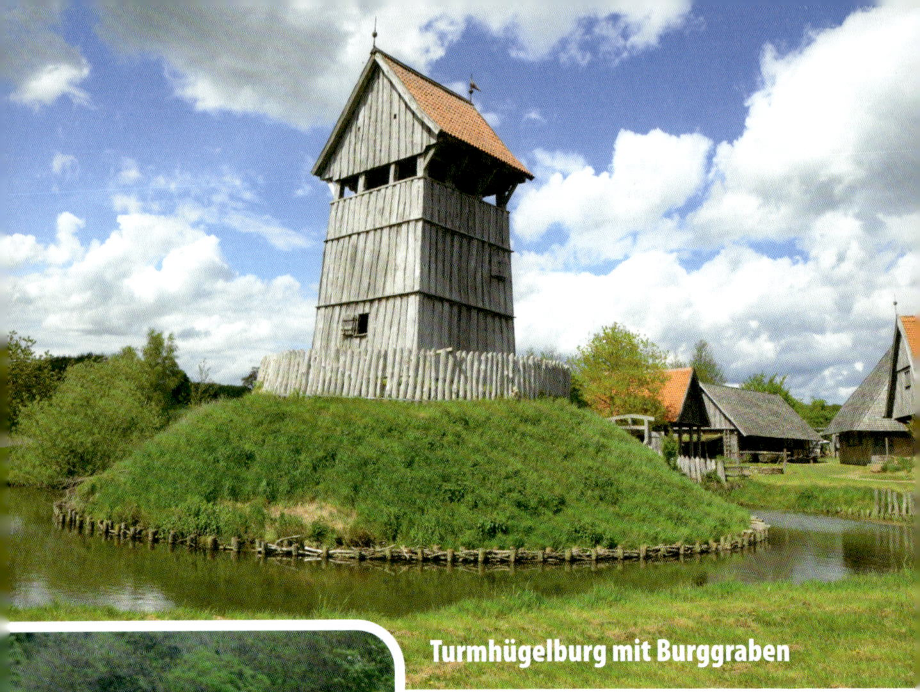

Turmhügelburg mit Burggraben

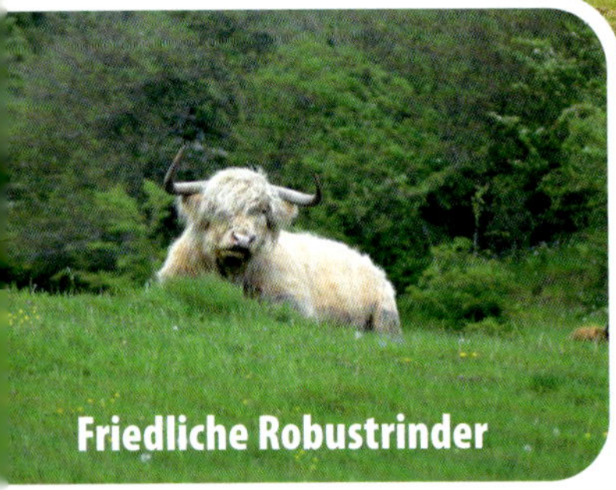

Friedliche Robustrinder

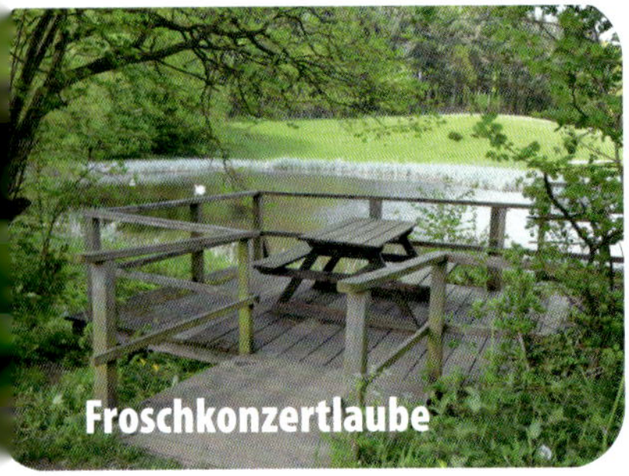

Froschkonzertlaube

frosch Solokonzerte. Der Sitzplatz am Wasser lädt immer zur Genießerpause ein. Schwäne gründeln im Teich, eine Wiese erhebt sich gegenüber sanft vor einem mit Nadelbäumen bestandenen Hügel.

Direkt danach erreichen wir einen Sandweg, wir gehen nach rechts zum ausgeschilderten **Strezerberg** (2 Kilometer). Der Wald nimmt uns auf. Wir ignorieren einen Linksabzweig und bleiben auf dem breiten Weg. An einer T-Kreuzung treffen wir auf Infoschilder und einen Betonspurweg, dem wir rechts 15 Meter folgen, dann verlassen wir die ausgeschilderte Route und biegen links in einen leicht ansteigenden Pfad ein. Nadelbaumduft verlockt zum tiefen Einatmen. Taglichtnelken, Scharbockskraut begleiten uns im Frühjahr. An der nächsten Kreuzung geht es nach links, wir ignorieren einen Links- und einen Rechtsabzweig und halten uns nach 300 Metern links. Rechts stehen Buchen in Reih und Glied. Nach 200 Metern gehen wir rechts ab, wilde Veilchenblüten leuchten lila zu unseren Füßen. Nach 100 Metern folgen wir links einem im scharfen Winkel abzweigenden, unauffälligen Pfad. Über Klee, Farn und Moos geht es aufwärts bis zu einem breiteren Waldweg, in den wir links einbiegen. In einer Kurve schimmert unser Ziel durch die

Für die Seele

Wir begeben uns auf eine Fantasiereise in die Vergangenheit: Wie haben in der Bronzezeit Menschen an diesem Berg gelebt?

Bäume, wir biegen rechts auf einen undeutlichen Weg zu einem Backsteingebäude und dem **Fernmeldeturm** auf dem **Strezerberg 4.** Gipfelsturmgefühle machen sich auf dem querenden Waldweg breit. Der mit 130 Metern zweithöchste Berg Schleswig-Holsteins ist erklommen!

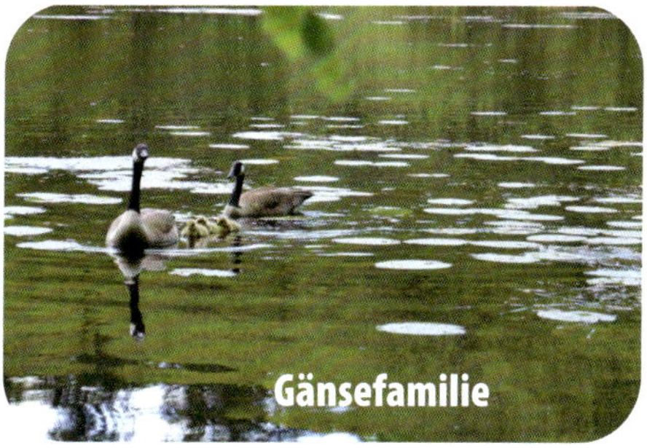
Gänsefamilie

Wir folgen dem Waldweg vor dem Fachwerkstahlturm nach rechts, ignorieren einen Linksabzweig (Abkürzung: Hier könnten wir direkt zum Betonspurweg absteigen.)

Nach 150 Metern wandern wir rechts, nach 350 Metern erneut nach rechts und erreichen den **Grundlosen See 5.** Ein paar Schritte nach rechts liegt an seinem Ufer ein idyllischer Rastplatz mit Bank. Wir nehmen dort links zurück 100 Meter den Uferpfad, folgen nach rechts dem Waldpfad und wenden uns an der nächsten Kreuzung nach rechts. **Megalithgräber 6,** die etwa 3500 vor Christus gebaut wurden, erwarten uns zum nächsten Sprung in die Vergangenheit. Links führt ein Pfad zu den bewundernswert geometrisch angeordneten Steinen. Das nördliche Grab misst 26 mal 5 Meter, das südliche 16 mal 5 Meter. Ein Pfad hinter dem zweiten Langbett-Grab führt uns zurück zum Weg, dem wir nach links folgen. Nach 200 Metern wandern wir links, ignorieren drei Rechtsabzweige. An einer T-Kreuzung folgen wir links dem breiten Waldweg für 750 Meter. Wir ignorieren einen Wirtschaftsweg links. An einem Dreisprung folgen wir der Route geradeaus, halten uns an einer Gabelung rechts. Nach 200 Metern führt ein breiter Waldpfad links zum nächsten Gruß aus der Besiedelungsgeschichte: **Grabhügel aus der Bronzezeit 7**, sie wurden etwa 1700 vor Christus angelegt.

Wir kehren auf den Waldweg zurück, erreichen hinter einer rot-weißen Schranke einen Parkplatz mit Rastmöglichkeit und einer **Schutzhütte 8**. Wir gehen an der Hütte vorbei, an der nächsten Kreuzung links und folgen Schildern nach Lütjenburg. Wir spazieren auf einem bequemen Betonplattenweg. 1 Kilometer

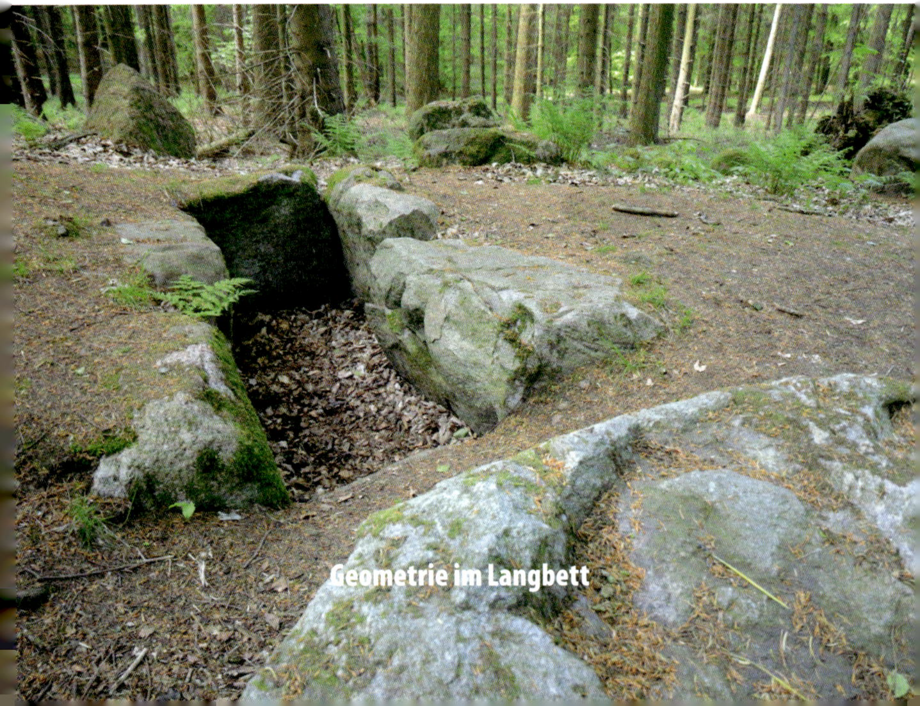
Geometrie im Langbett

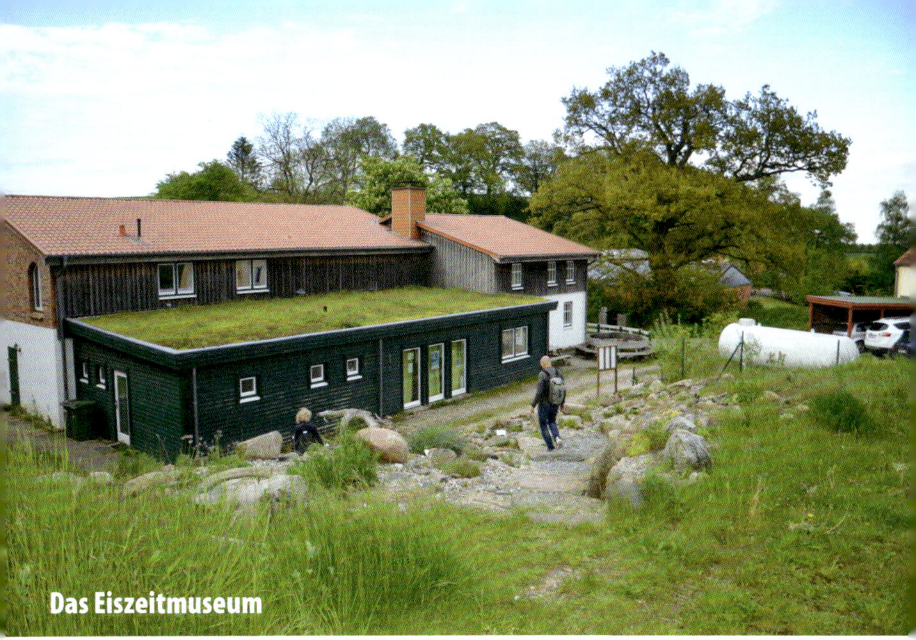
Das Eiszeitmuseum

Zeit zum Seele-baumeln-Lassen. Am Hinweisschild zum Eiszeitmuseum nehmen wir rechts kurz die Hinwegroute. (Abkürzung: Geradeaus geht es direkt zum Museum, Ersparnis 650 Meter.) Nach 50 Metern nehmen wir rechts einen Feldweg. Er eröffnet fantastische Weitblicke. An einer Wegbiegung lockt eine Bank zur Rast mit Fernsicht. Im Frühsommer leuchten bis zum Horizont gelbe Rapsfelder. Wir gehen auf dem ausgeschilderten Wanderweg nach Nienthal bis zu einer Obstbaumallee, der wir links folgen, einen Rechtsabzweiger ignorieren wir.

30 Meter vor dem ersten Haus führt vor einer alten Eiche links ein Feldweg nach oben, wir folgen ihm und biegen sofort rechts ab in einen Graspfad, der auf eine Backsteinscheune zuführt. Wir laufen rechts in einen **Steinkundegarten,** in dem zwischen Küchenschellen, Veilchen und Sedum Gesteinsarten zu sehen sind: Kalksandstein mit versteinerten Muschelschalen, Granit, porphyrischer Basalt. Windkanter heißen die Kolosse, deren Kanten der Wind über Jahrtausende scharf schliff. Hier befindet sich auch das **Museumscafé im Eiszeitmuseum 9.**

Wir biegen hinter dem Museum links ab und passieren ein Mammut. Na, fast. (Abkürzung: Rechts ab

Der **Eiszeitgarten** zeigt die Flora, die sich nach der letzten Eiszeit ansiedelte: An extreme Kälte und karge Böden angepasste Pflanzen prägten eine Tundra-Landschaft, wie sie heute in Grönland, Nordskandinavien oder auch hochalpinen Bereichen anzutreffen ist.

geht es zum Startpunkt, 700 Meter kürzer.) Die Tiersilhouette ist Verkleidung für eine Spielplatzrutsche. Ein echtes Tier wäre zwischen 2,80 und 3,75 Meter groß und hätte 4 bis 6 Tonnen auf die Waage gebracht.

Wir passieren nach Infoschildern riesige Flintsteine, mit einem Alter von 1,85 Milliarden Jahren die letzte Einladung zum Zeitsprung, und bemalte Holzskulpturen. Nach dem **Waldkindergarten Zwergenland** biegen wir rechts in Richtung Darry in einen Feldweg ein. Nach 100 Metern erreichen wir ein Bienenhotel, danach biegen wir rechts vor einem rot markierten Zaunpfahl in einen Grasweg mit Panoramablick ein. Nach 300 Metern treffen wir auf den Pfad, der uns rechts zum Parkplatz führt.

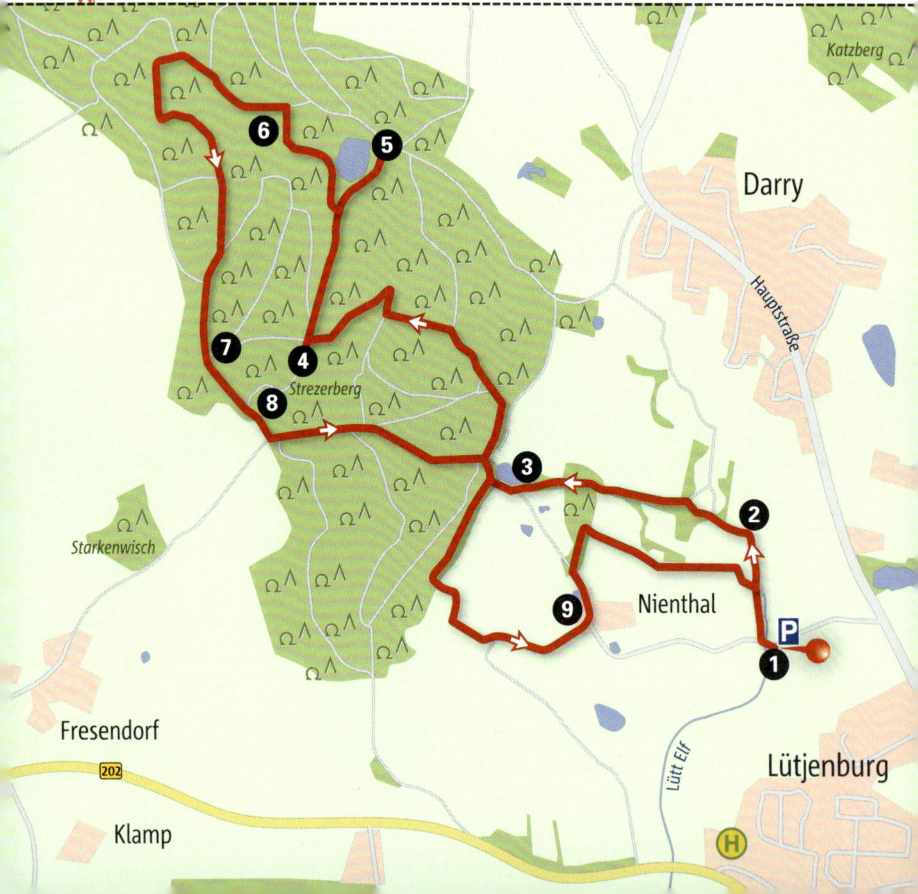

Alles auf einen Blick

WIE & WANN:
Naturpfade, Wiesen- und Waldwege; ganzjährig möglich, zur Rapsblüte im Mai/Juni besonders schön, dann blühen auch Veilchen, Scharbockskraut und Leberblümchen im Wald, nach Regen sind feste Schuhe ratsam, Waldwege können matschig sein.

Entspannung ★★★★★
Genuss ★★★☆☆
Romantik ★★★☆☆

HIN & WEG:
Auto: Parkplatz Nienthal, 24321 Lütjenburg (GPS: 54.302535, 10.571314)
ÖPNV: Bus 315, 310 bis Schulzentrum (400 Meter über Kieler Straße und Hochmode)

ESSEN & ENTSPANNEN:
Museumscafé im Eiszeitmuseum ❾ Nienthal 7, 24321 Lütjenburg,
Tel. (0 43 81) 41 52 10, www.eiszeitmuseum.de

ENTDECKEN & ERLEBEN:
Turmhügelburg Lütjenburg ❶ Nienthal 10, 24321 Lütjenburg,
Tel. (01 71) 2 06 06 30, www.turmhuegelburg.de
Wilde Weide ❷
Froschkonzertlaube ❸
Strezerberg ❹
Grundloser See ❺
Megalithgräber ❻
Grabhügel aus der Bronzezeit ❼
Schutzhütte ❽

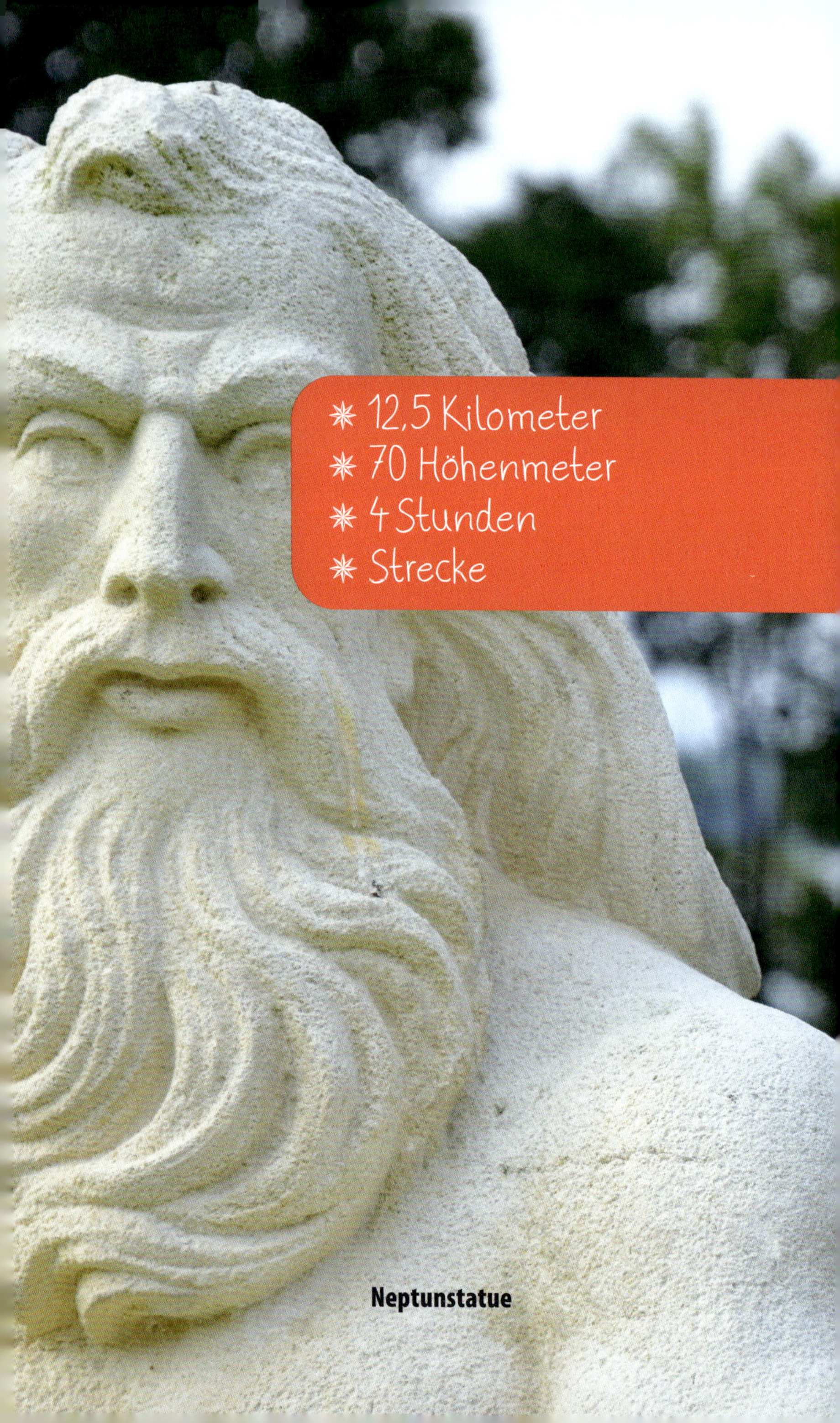

Neptunstatue

Zur schönen Aussicht könnte der **Bahnhof** ❶ am Großen Plöner See heißen. Wegen seiner Lage kaum 20 Meter vom Ufer entfernt, sind seine Aussteigerqualitäten enorm. Er zählt zu den schönsten in Deutschland. Mit dem See und dem Gebäude zur Rechten starten wir unsere Wanderung, gegenüber bietet eine

Seen-Sechser

Von Plön nach Bad Malente

Reihe von Imbissen Proviant an. Wir biegen sofort rechts ab in die Unterführung, am Stein „Berlin 354 Kilometer" vorbei, in Richtung Lütjenburg.

Wir ignorieren einen Abzweig rechts und biegen hinter einem Toilettenhäuschen rechts ab in die **Eutiner Straße,** unter alten Ahornbäumen spazieren wir an einem Friedhof mit Kapelle vorbei. Rechts locken **Fischbrötchenstand** und das **Alte Fährhaus** ❷ zum ersten Stopp mit Blick auf den glitzernden See mit der Insel **Olsborg.**

__Olsborg__ wurde Mitte des 10. Jahrhunderts erstmals von Wagriern, einem slawischen Stamm, besiedelt. Spätere slawische Siedler benannten die Insel wohl Plune, aus dem der Name Plön wurde.

Wir passieren Villen und biegen rechts in die **Rosenstraße.** Auf einer Grünfläche sind große Becken mit ökologischen Experimenten des in Plön ansässigen **Max-Planck-Instituts für Evolutionsbiologie** ❸ zu sehen. Vor dem Wasserwerk Plön, Holsteiner Wasser, biegen wir rechts in den mit einem weißen Kreuz markierten **Mönchsweg** und folgen dem Uferweg. Bänke mit Seeblick laden zum Träumen ein: Wie wohl das Leben vor 1000 Jahren am größten schleswig-holsteinischen See aussah?

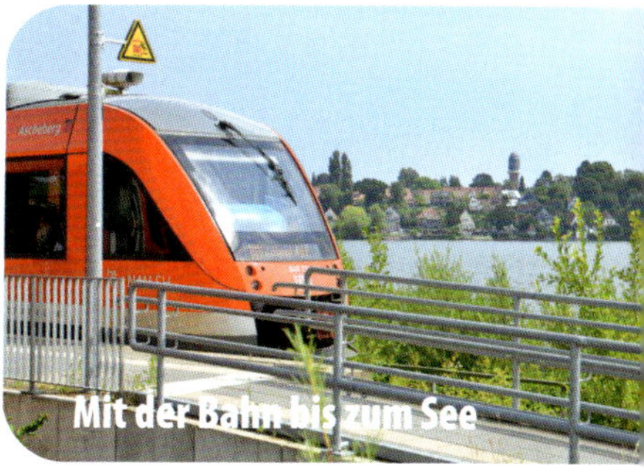
Mit der Bahn bis zum See

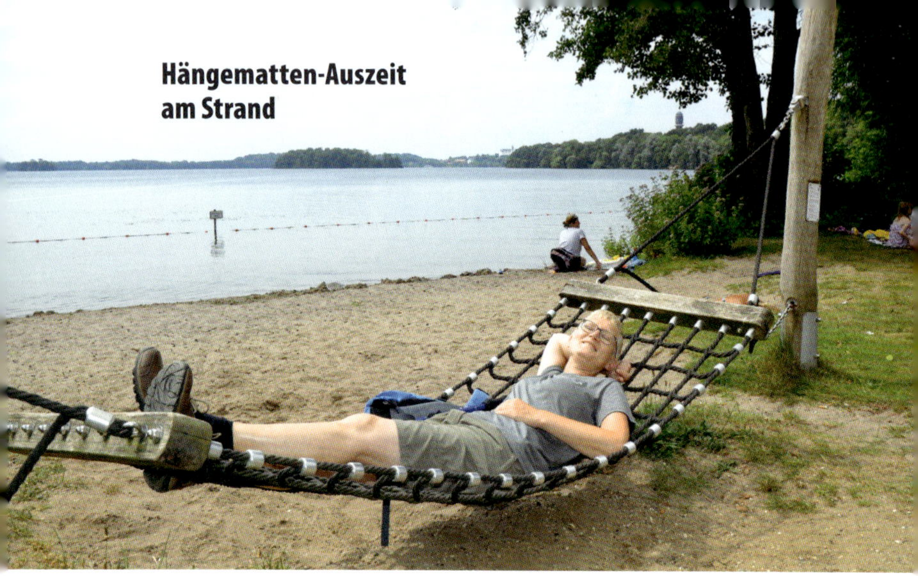

Hängematten-Auszeit am Strand

Wir folgen dem Uferweg bis zur **Badestelle Fegetasche.** Eine Hängematte verführt zum Ausstrecken. Einmal nur in den Himmel sehen, dann einmal umdrehen. Für die Landmarken Wasserturm, Hochhaus und Plöner Schloss lohnt es sich. Nach der Hängematte gehen wir links, nach 40 Metern noch mal links zwischen einem Tennisplatz und einer Minigolfanlage hindurch. Rechts laufen wir Richtung Fünf-Seen-Fahrt und Hallenbad, unterqueren die Bundesstraße B 76. Neben uns strömt die **Schwentine,** mit Glück entdecken wir Fische. Wir nehmen die Treppe links, machen eine 180-Grad-Kehre und gehen über die Brücke. Hinter dem **Anleger der Fünf-Seen-Fahrt** **4** (Abkürzung: Das Boot könnte uns bis nach Malente bringen.) glitzert der **Edebergsee.** Die sanften Hügel der Moränenlandschaft lenken unseren Blick vom Verkehr und der Marineunteroffiziersschule ab.

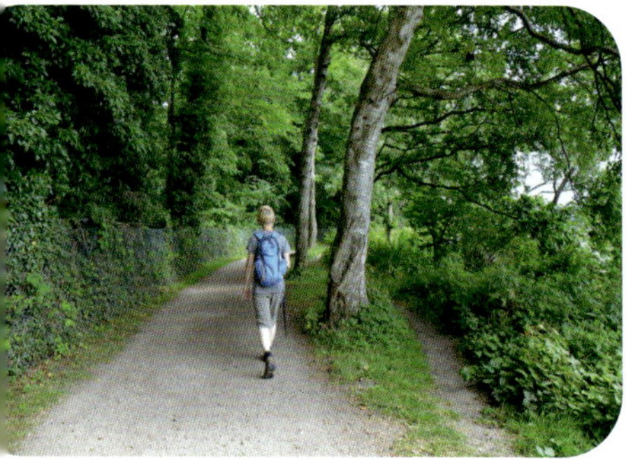

Gegenüber vom **Restaurant Kim Son** **5** mit dem rot-gelben Leuchtturm biegen wir links in den Kieler Kamp, ein verwittertes Schild weist nach Bad Malente-Gremsmühlen. Wir ignorieren einen Rechtsabzweig und folgen den Wegmarkierungen blau-grüne Welle und weißes X. Nach dem **Caritashaus Sankt Walburg** links nehmen wir 50 Meter weiter rechts einen Fußweg. Eine Buche streckt riesige Wurzeln aus, sie markiert mit einem efeuberankten Zaun den Weg ins Naturschutzgebiet Suhrer See und Umgebung. Nach Ausblicken auf den **Großen Madebrökensee** mit 3,9 Hek-

Für die Seele

Vom Stadttrubel geht es in stille Wälder und blütenreiche Wiesen. Malerische Seeufer und kühle Quellen verlocken zum Erfrischungsbad.

tar Wasserfläche gehen wir an einer Kreuzung geradeaus, an der nächsten Gabelung ebenfalls geradeaus und überqueren eine Holzbrücke. Bei feuchtem Wetter gleiten Weinbergschnecken an den Stämmen hoch – wir könnten einen Entschleunigungswettkampf starten. Wer schafft es, ihr Tempo zu unterbieten?

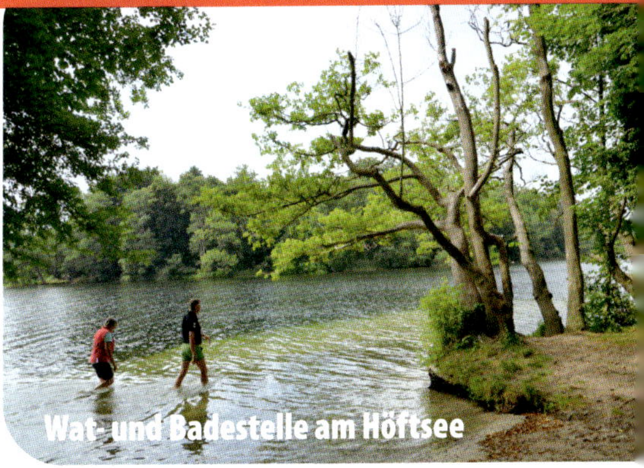
Wat- und Badestelle am Höftsee

Wir nehmen den als Wanderweg markierten Abzweig links. Holztipis eines Waldkindergartens und ein Mountainbiketrail sind zu erkennen. Eine Bank lädt zum Waldluftgenuss ein. Tief einatmen. Stille umfängt uns inmitten von Ahorn, Linden und Birken. Links leuchtet der 18 Hektar große **Höftsee.** Wir passieren auf einem breiten Waldweg einen Wasserbrunnen. Eine sandige Badestelle verlockt zu einer Wat-Runde im glasklaren Wasser. Wir beschreiten hier den Übergang vom Höftsee in den 2,77 Quadratkilometer großen **Behler See.** Die Gewässer sind hier durch die

Schwentine ⑥ verbunden. Wir ignorieren einen Rechtsabzweig und folgen der blau-grünen Welle. An der nächsten Gabelung biegen wir links auf den markierten Wanderweg, Buchen begleiten uns an den Hängen zur Rechten. Wir ignorieren einen Rechtsabzweig und folgen der grün-blauen Markierung. Zwei Bänke am Ufersaum laden zu einer Seelenrast ein. Umgestürzte Baumstämme ruhen im Wasser, die Anhöhe gegenüber leuchtet grün wie eine Alm, ein winziges Haus mit rotem Dach steht mitten im Wald am Ufer. Ein Märchenmotiv zum Wegträumen.

Wir ignorieren den Linksabzweig zum Zeltlager Adlerhorst und gehen rechts an einem Jägerzaun vorbei, leicht bergan. Uralte Buchen, Ahornbäume und eine Kiefer markieren den Weg. Direkt nach einem Parkplatzabzweig öffnet sich der Blick auf den 137 Hektar großen **Suhrer See.** Nach einer weiß-rot-blauen Schranke biegen wir links in den Fußweg neben

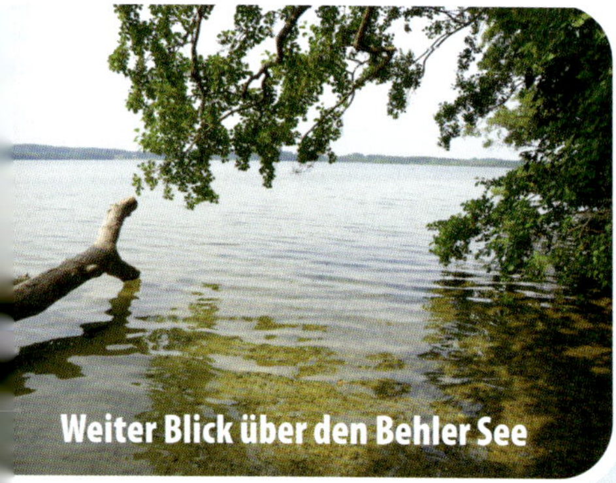

Weiter Blick über den Behler See

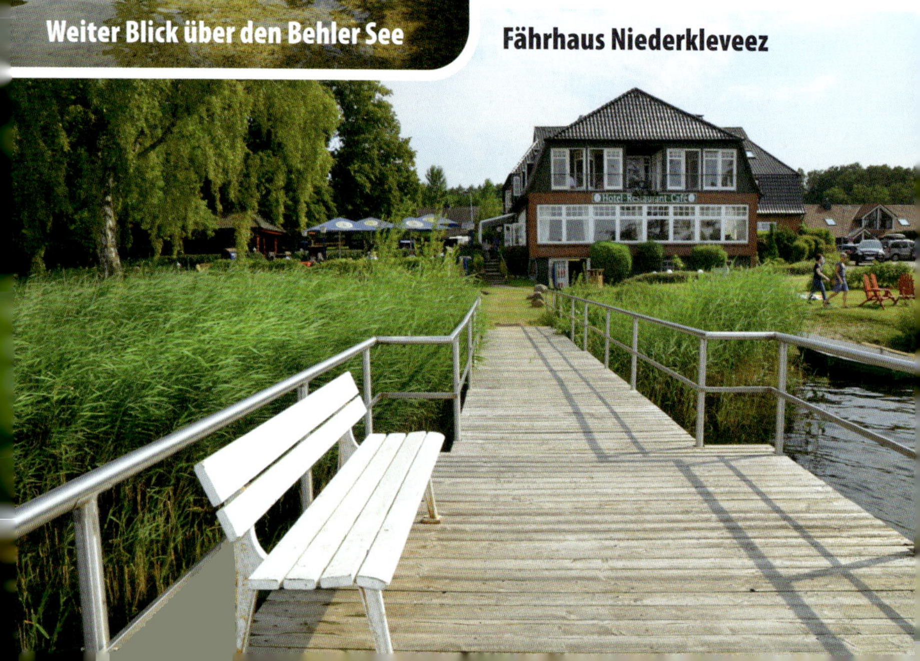

Fährhaus Niederkleveez

der Fünf-Seen-Allee, die in die Straße Am Dieksee übergeht. Wir überqueren eine Brücke und folgen dem weißen X. Hagebutten, Klee, Weißdorn, Eiche, Ahorn, Haselnuss stehen am Wegesrand. Wir überqueren den Timmdorfer Weg nach Niederkleveez. Der Blick auf den mehr als 3,7 Quadratkilometer großen **Dieksee** ist von der Terrasse des **Fährhauses Niederkleveez** ⑦ verlockend idyllisch. (Abkürzung: Vom Anleger bei der Fünf-Seen-Fahrt zusteigen.)

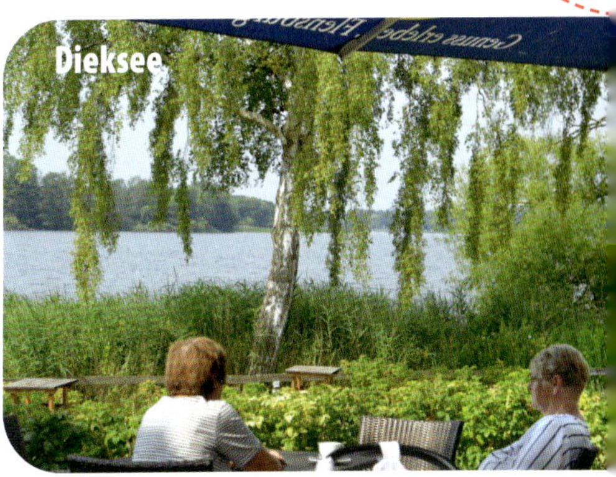
Dieksee

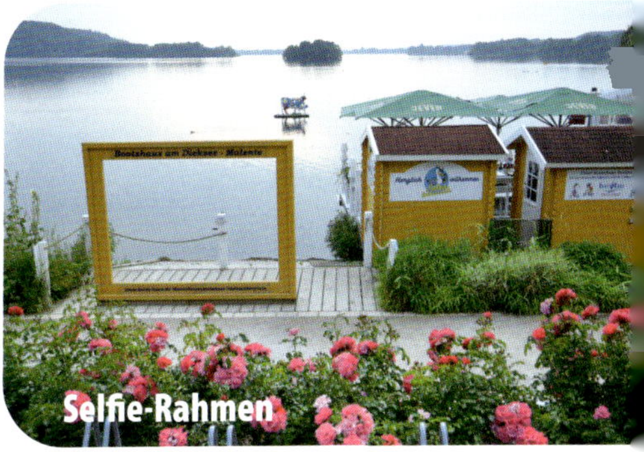

Selfie-Rahmen

Nach dem Fährhaus gehen wir links in den Holmweg, am ehemals hochherrschaftlichen **Haus Osterberg** vorbei. Die heute überwucherte Ruine ist als Lost Place ein Geheimtipp unter Fotofreunden. Eine Obstwiese mit Heuraufen und Blühstreifen leitet den Blick zu einer Kuppe mit einer Wassermannskulptur. Der Blick zurück ist phänomenal. Hinter sanft gewellten Schafweiden leuchtet der **Dieksee.** An einer Gabelung im Wald nehmen wir links den blau-grün, weiß-blau-weiß und mit einem weißen X markierten Weg zu einem Waldhöhenweg entlang des Sees. Von Uferbänken aus weitet sich der Blick zum Seepanorama. Ein Moment, um durchzuatmen und Natur aufzunehmen.

*Das gemütliche **Fährhaus Niederkleveez** bietet im Sommer mit Seeblick von der Terrasse regionale Fleisch- und Fischgerichte an. Der mit Liebe gebackene Kuchen wird gerühmt.*

Wir gehen an einem Rechtsabzweig und an einer Kreuzung weiter geradeaus. Links ist ein Ausflug zu einem Aussichtspunkt möglich. Die ersten Häuser von Bad Malente sind zu sehen, wir gehen weiter auf der mit X markierten Route. Nach einem Spielplatz mit Wippe, Schaukeln und Rutschen laufen wir links zu den glasklaren **Spiegelteichen** ⑧.

Panoramatour 8

*Die **Spiegelteiche** gehörten zu einer Fischzuchtanstalt. 1955, als Malente-Gremsmühlen Kneippheilbad wurde, wurde die Wassertretstelle für Kneippsche Anwendungen in einen der Teiche gelegt.*

An der Kreuzung gehen wir links auf die Promenade in Richtung Malente und nehmen links die Treppen abwärts bis an den See. Auf einem Stein grüßt eine von Karl Grafen erschaffene kleine Meerjungfrau. Nach dem Schlösserherz und dem **Fischbüdchen** ⑨ biegen wir rechts ab und gehen auf der Diekseepromenade geradeaus bis zur **Hindenburgallee.** Vor der alten Wassermühle biegen wir links ab.

Wir passieren den Anleger der Fünf-Seen-Fahrt, die **Villa Colonial** ⑩ und erreichen den **Bahnhof Bad Malente-Gremsmühlen.** Für Neugierige mit Wartezeit vor der Rücktour im Zug: Am Bahnhofvorplatz führt eine Treppe in den malerischen Kurpark.

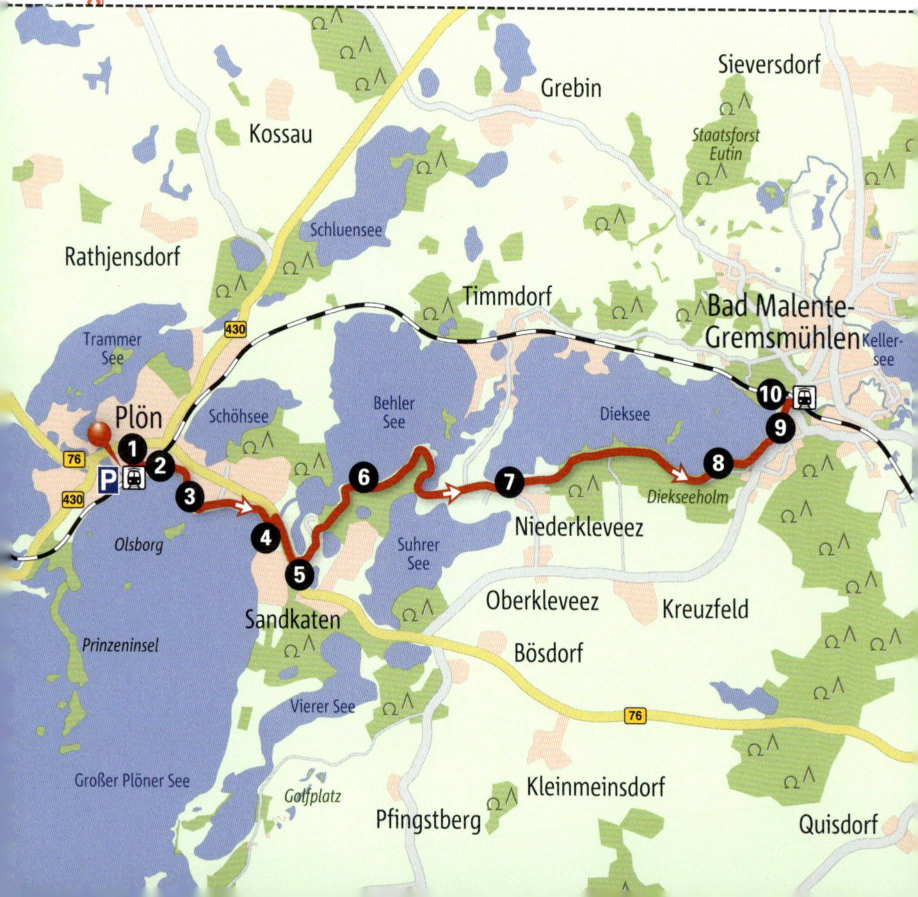

Alles auf einen Blick

WIE & WANN:
Bürgersteige in Plön und Malente, Sand- und Waldwege; ganzjährig möglich, im Juli blühen Rosen, Malven, Kornblumen, Schafgarbe und Calendula betörend üppig, Vögel zwitschern in den Bäumen, Frösche hüpfen auf der Wanderroute.

Entspannung ✱✱✱✱✱
Genuss ✱✱✱✱✱
Romantik ✱✱✱✱✱

HIN & WEG:
Auto: Parkplatz Plöner Bahnhof, Bahnhofstraße 5, 24306 Plön (GPS: 54.159508, 10.422147)
ÖPNV: Ab Lübeck RE83, RB84 bis Bf. Plön

ESSEN & ENTSPANNEN:
Altes Fährhaus ❷ Eutiner Straße 4, 24306 Plön, Tel. (0 45 22) 7 98 34 35, ww.altes-faehrhaus-ploen.de
Restaurant Kim Son ❺ Missionsweg 1, 24306 Bösdorf
Fährhaus Niederkleveez ❼ Am Dieksee 6, 24306 Niederkleveez, Tel. (0 45 23) 9 84 89 89
Fischbüdchen am Dieksee ❾ Diekseepromenade 13, 23714 Bad Malente-Gremsmühlen, Tel. (01 52) 57 36 71 53
Villa Colonial ❿ Hindenburgallee 2, 23714 Malente, Tel. (0 45 23) 20 78 15, www.villa-colonial.de

ENTDECKEN & ERLEBEN:
Bahnhof Plön ❶ Bahnhofstraße 5, 24306 Plön
Station vom Max-Planck-Institut für Evolutionsbiologie ❸ www.evolbio.mpg.de
Fünf-Seen-Fahrt ❹ Anleger Fegetasche, Fegetasche 1, 24306 Plön, Tel. (0 45 23) 22 01, www.5-seen-fahrt.de
Schwentine ❻
Spiegelsee ❽

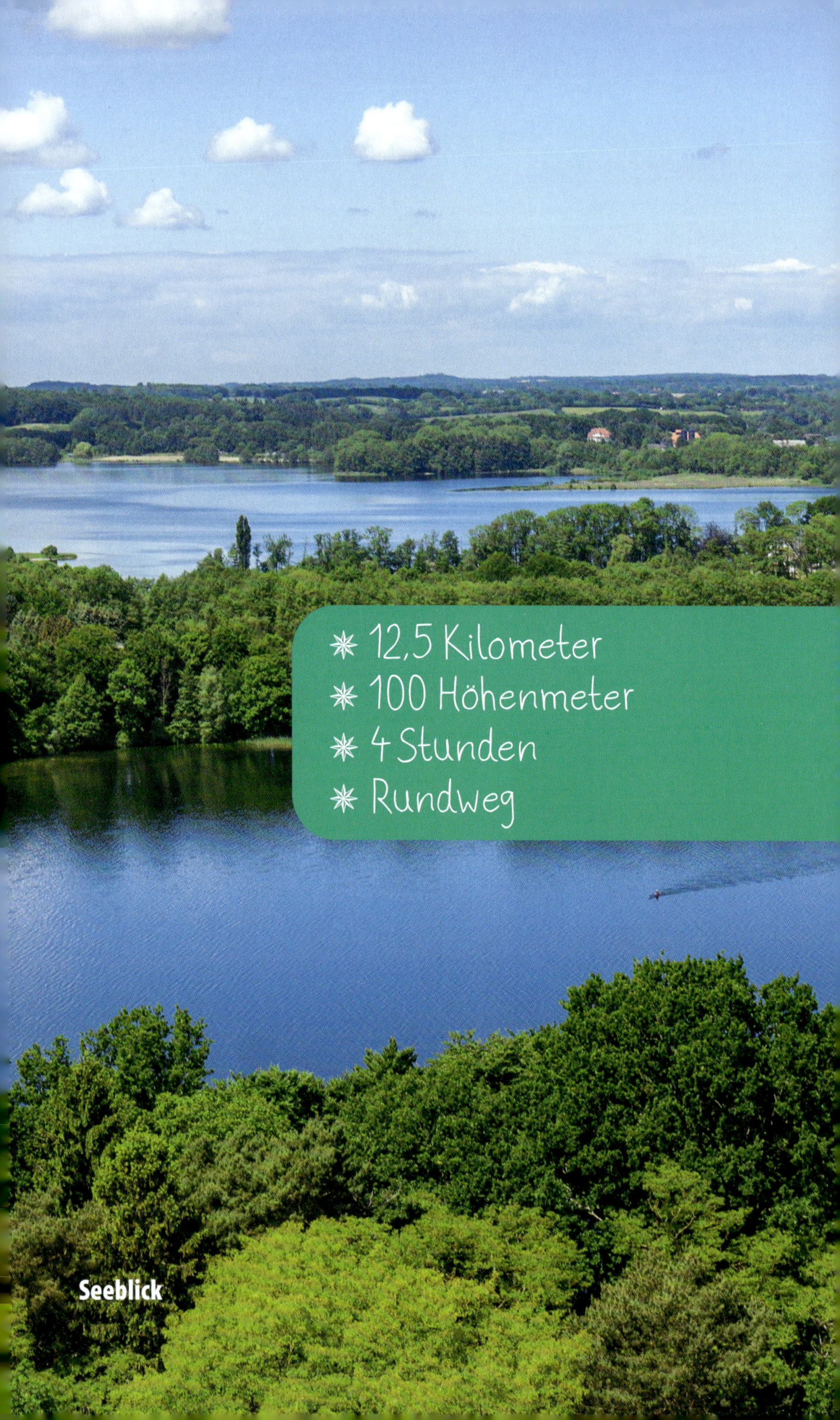
✳ 12,5 Kilometer
✳ 100 Höhenmeter
✳ 4 Stunden
✳ Rundweg
Seeblick

Gegenüber der Einfahrt von Parkdeck 3 an der **Eutiner Straße** steigen wir über Stufen in Richtung Mühlenberg Klinik. Wir biegen an einer Gabelung vor dem Gebäude rechts ab und nehmen für den Erstkontakt mit dem **Dieksee** den rechten Weg zu einem holzvertäfelten **Aussichtsturm ①.** Der Dieksee liegt uns malerisch und 386 Hektar groß zu Füßen.

Wir gehen zurück zur Gabelung, nehmen den nächsten Abzweig rechts und laufen um das Gebäude herum. An Parkplätzen vorbei geht es rechts ab zur Frahms Allee, in die wir links einbiegen. Wir laufen rechts in die Seestraße, die uns zur **Diekseepromenade** führt. Zwischen einem weißen Holzkiosk und der Marmorskulptur „Kindertor" gehen wir über Stufen

Tour der Herzen

Vom Dieksee zum Holzbergturm

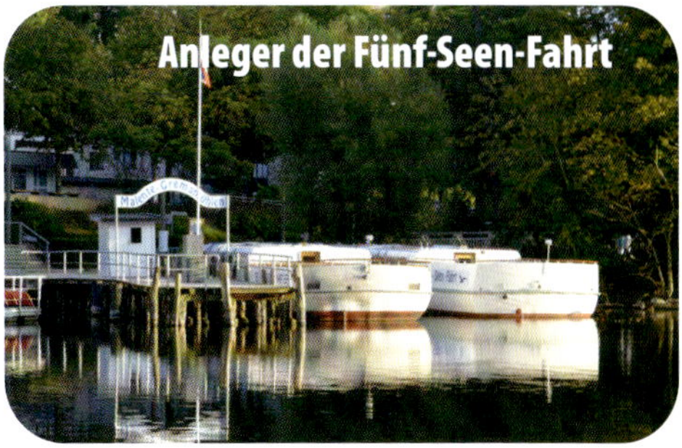
Anleger der Fünf-Seen-Fahrt

zur Uferpromenade und biegen rechts ab.

Ein großes **Stahlherz ②** mit Hunderten Schlössern weckt die Fotografierlust. Wer sich da wohl ewige Liebe geschworen hat? An einem lebensgroßen Bilderrahmen für Selfies mit Seekulisse gehen wir vorbei, am **Fischbüdchen am Dieksee ③** entlang, zwischen Restaurants und Hotels hindurch und weiter über eine Holzbrücke.

Wir biegen links ab und passieren den **Anleger der Fünf-Seen-Fahrt ④.** (Alternative: Die Dampfer würden uns schnell nach Timmdorf bringen. Von dort geht es

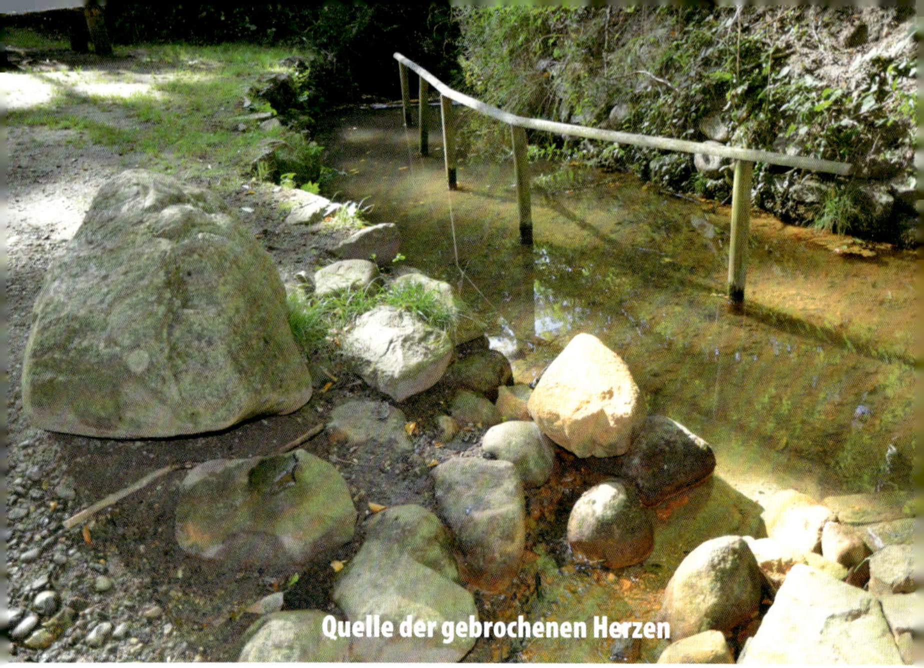

Quelle der gebrochenen Herzen

Kleiner Geheimtipp: Am Strandbadgebäude vorbei führt ein Weg bis zu einer lauschigen **Einstiegsstelle** in den Dieksee.

nach Niederkleveez). Wir spazieren auf die **Villa Colonial** 5 zu. Unter dem höher gelegenen Restaurant mit Panoramaterrasse sind in den Uferhang Etagen mit Bänken gebaut – zum Picknicken und Genießen von Sonnenuntergängen wie gemacht. An der Gabelung nach der gepflasterten Promenade halten wir uns links. Zwischen Buchen gehen wir links an roten Tennisplätzen vorbei. Ein Abzweig nach links führt leicht abwärts zu einem romantischen Uferpfad, der bei einer alten Eiche beginnt. Eine Bank lädt zur kleinen Romanze am See ein.

Vor dem **Strandbad** 6 mit dem Sprungturm gehen wir rechts elf Betonstufen zu einem Waldweg und wenden uns nach links.

Wir nehmen den ersten Weg rechts leicht bergan. Vor einem Stahltor an einer Bahnlinie gehen wir rechts ab, ignorieren einen Rechtsabzweig und laufen bis zu einer Stahlbrücke, die uns links über die Gleise führt. Wir biegen links in den Weg parallel zur Bahn. Rechts stehen neben alten Eichen, Birken und dornigen Brombeeren Buchen. In glatte Rinden eingeritzte Herzen halten alte Liebesschwüre wach.

Die **Quelle der gebrochenen Herzen** 7 lädt auch im Winter zur Kneipppause ein. Der rötlich-braunen Farbe des Wassers, die durch Gesteinsauswaschungen entsteht, verdankt der Ort seinen Namen. Ein paar Schritte in der milde gluckernden Flut wecken „Panta rhei"-Gedanken. Alles ist im Fluss, ob Kurschattenflirts oder große Liebe – mit wassergekühlten Waden am schattigen Ort stellt sich ein kühler Kopf automatisch ein.

Wir folgen dem grün-blau markierten Wanderweg zwischen Wald und Gärten zur **Kreisstraße 2/Dorfstraße** und wenden uns nach links. In der Ferne erkennen wir über Baumwipfeln die **Aussichtsplattform** vom Holzbergturm, den wir noch erklimmen wollen. Der

Für die Seele

Romantische Quellen, rostige Liebesschlösser, weite Ausblicke und ein Männerlabyrinth versprechen Wanderern weise Gedanken in Herzensangelegenheiten.

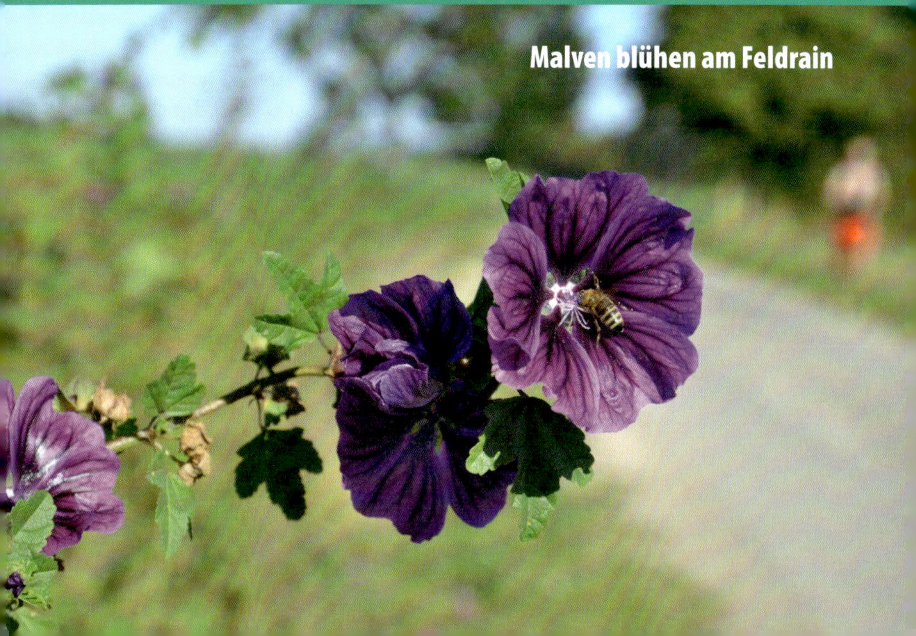

Malven blühen am Feldrain

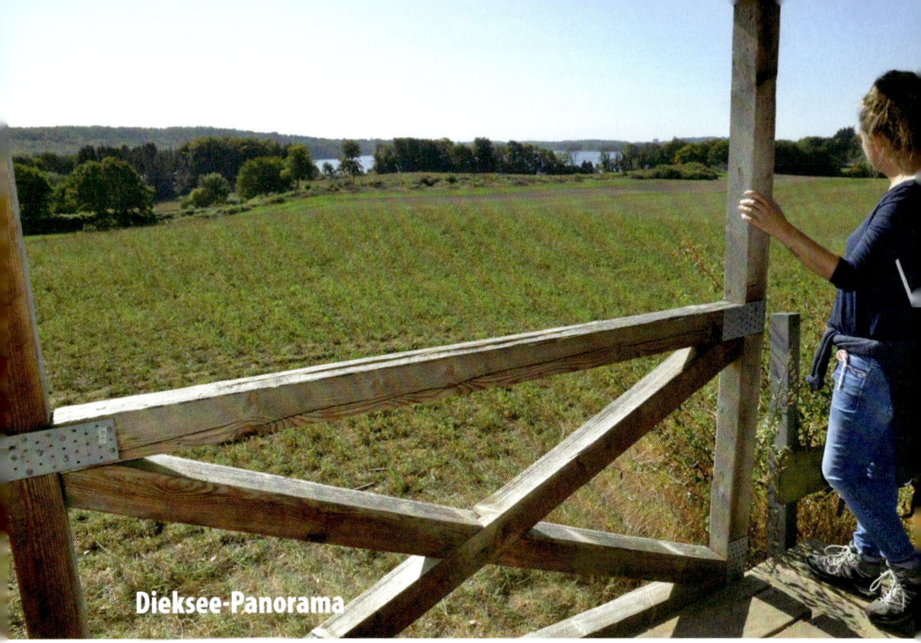

Dieksee-Panorama

breite Fußweg lädt zum regelmäßigen Wanderschritt ein. Wir spüren die regelmäßige Atmung, den ruhigen Herzschlag. An einer Infotafel über Photosynthese und dem Stein „Pro Natur – Sei dankbar für den Weg, er bringt dich ans Ziel“ führen 13 Stufen zu einer **Aussichtshütte ❽**. Ein perfekter Ort für eine Rast. Gänse ziehen übers Feld. Wild grast auf den Wiesen vor dem glitzernden See, rechts ist das Hotelhochhaus in Plön als kantiger Block zu sehen.

Mit 5 Prozent Gefälle gehen wir an der Kreisstraße entlang, streckenweise hinter einem Knick. Im Sommer klopft ein Specht im Wald, Amseln singen. Zeit, um über Naturschutz und Wildschutz zu meditieren: Wir passieren ein **Survival Camp** mit Weiher und Nadelbäumen. Kurz hinter einem Meilenstein mit der Nummer 2 und einem Postkasten mit der Aufschrift Dorfstraße 1A biegen wir an einer Kreuzung rechts in einen Weg mit dem Hinweis „Neversfelde 3,3 Kilometer“. (Abkürzung: Links ab führt der Weg nach Timmdorf und zum Anleger der Fünf-Seen-Fahrt. Die Dampfer bringen uns zurück nach Malente. Alternative: Geradeaus eine Rundtour um den Dieksee.)

Wir laufen zwischen Knicks bergan und folgen dem Hauptweg durch den Wald, ohne auf Abzweigungen zu achten. Wer in Ruhe wandert, hört Amseln, Meisen, Spechte, manchmal einen Uhu. An einer T-Kreuzung mit einer alten Eiche gehen wir rechts in Richtung **Ferienhof Radlandsichten.** Liegt Schnee auf den Feldern, können Spurenleser an Abdrücken von Hasenpfoten, Hufspuren von Dam- und Rehwild die Wege der Wildtiere erkennen. An der nächsten Kreuzung gehen wir rechts, an alten Birken vorbei. Links ist ein Ausflug zum Hofladen des Ferienhofs Radlandsichten möglich, daneben liegt der **Hochseilgarten Malente 9.**

Nach 750 Metern, kurz nach einer 90-Grad-Rechtskurve, können wir in der Wegalternative 1 rechts aufwärts in der Böschung einen undeutlichen Trampelpfad erklimmen. Er führt links von einem Knick auf einen Wald zu. Vom Waldrand verläuft links von ein paar alten Findlingen unser Weg schräg in den Wald. An der Gabelung nach 15 Metern gehen wir rechts bergab, nach 30 Metern an der nächsten Ga-

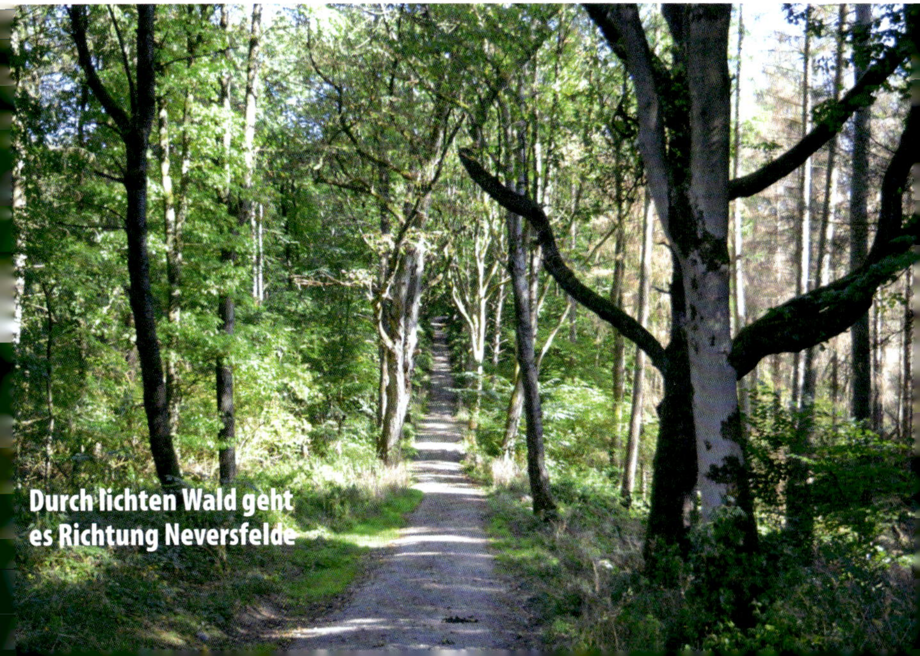

Durch lichten Wald geht es Richtung Neversfelde

belung geradeaus weiter bergab. Vor einem Teich biegen wir links ab und wandern am Waldsaum bergan. An einer T-Kreuzung – vor uns sind die roten Dächer von **Neversfelde** zu sehen – laufen wir rechts bergab und biegen nach 30 Metern auf einem Rasenpfad links bergauf in Richtung Dorf. Wir gehen geradeaus über einen gepflasterten Platz bis zum Ende der Straße **Am Holzberg.** Eine Holzbank lädt zur Rast ein, wir biegen rechts in den zweiten, deutlich abwärts führenden Sandweg vor dem Grebiner Weg. Ein Schild weist ihn aus als „Fußweg nach Malente". (Wegalternative 2: Bis zur Kreuzung **Grebiner Weg** gehen und dort rechts abbiegen. Eine Bank lädt zur Rast mit Aussicht auf geschwungene Hügel und weites Land. In den 1950er-Jahren waren sie natürliche Filmkulisse für die Immenhof-Filme. Am Ortsschild Neverfelde verlassen wir die ausgeschilderte Wanderroute, biegen rechts aufwärts in einen Feldweg ein. Links liegen Häuser und Gärten, wir gehen im Bogen auf einen Wald zu. Wir ignorieren alle Abzweige, hinter dem Wald erreichen wir den Rasenpfad.)

In Buchenrinde eingeritzte Herzen weisen uns den Weg. Der erste Abzweig links führt zum Ausflug auf den **Holzbergturm ⑩.** Wir überqueren vorsichtig den Grebiner Weg und den Parkplatz. Hier startet der Weg

Fernsicht bis nach Fissau

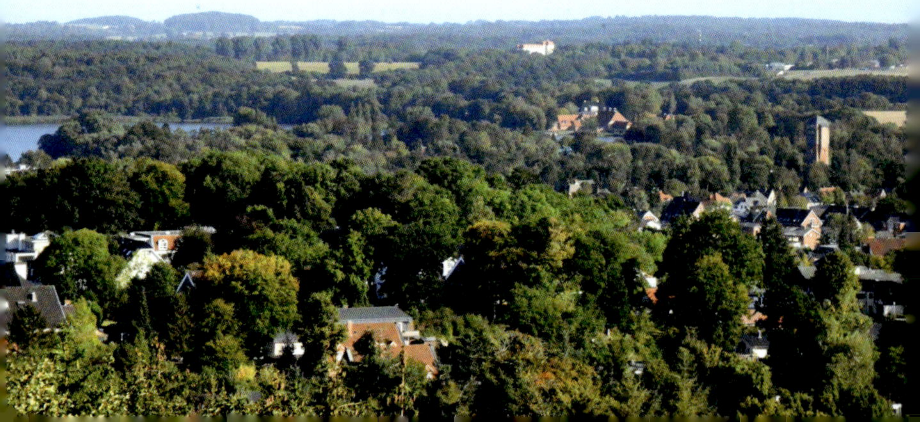

zum Panoramablick über Felder und Seen. 30 Meter hoch ist der Turm auf dem 90 Meter hohen Holzberg. 147 Stufen aufwärts – ein schönes Training für den Herzmuskel. Wir kehren auf gleicher Strecke zum Wanderweg im Wald zurück und folgen dem Weg weiter. Nach 100 Schritten erreichen wir eine Wegkreuzung. Geradeaus durch ein Holztor kommen wir zum **Labyrinth der Männer ⑪.** Selbst bei Schnee werden die Trampelpfade zwischen den Steinen benutzt, die 2008 gelegt wurden. Die Anlage lädt zur Selbsterkundung ein: Dem vorgeformten Weg folgen und spüren, wie leicht es ist. Mal an einer Biegung innehalten und Gedanken ihren Lauf lassen. Über Spurtreue in Beziehungen, Wendepunkte im Lebenslauf oder nonkonformistische Seitensprünge über die vorgegebenen Bahnen hinweg. Hier ist es erlaubt.

Zurück auf dem Wanderweg gehen wir rechts, an der nächsten Gabelung geradeaus und folgen den grün-weißen Markierungen. An der nächsten Gabelung laufen wir geradeaus und klettern über einen kleinen Knickwall. Links, entlang des Knicks, erreichen wir ein offenes Gatter. Wir biegen rechts auf den Weg, der an einem **Waldfriedhof mit Kapelle** vorbeiführt. Wir überqueren die Godenbergstraße vorsichtig zu einem Fußweg mit Holzgeländer, dem wir nach links zu einem Parkplatz folgen. Dort beginnt rechts ein Kiesweg zum **Wildpark Malente ⑫,**

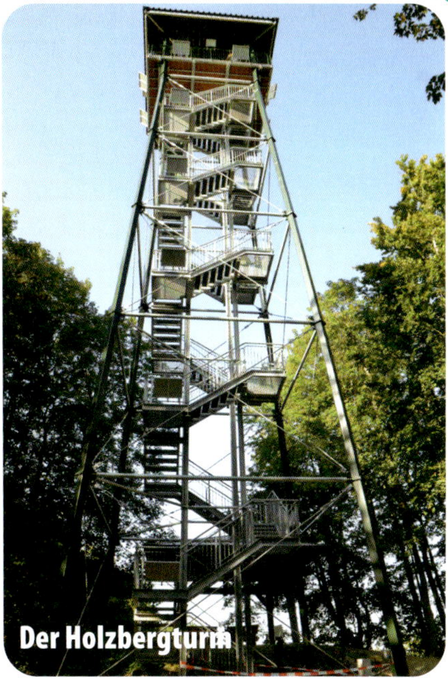
Der Holzbergturm

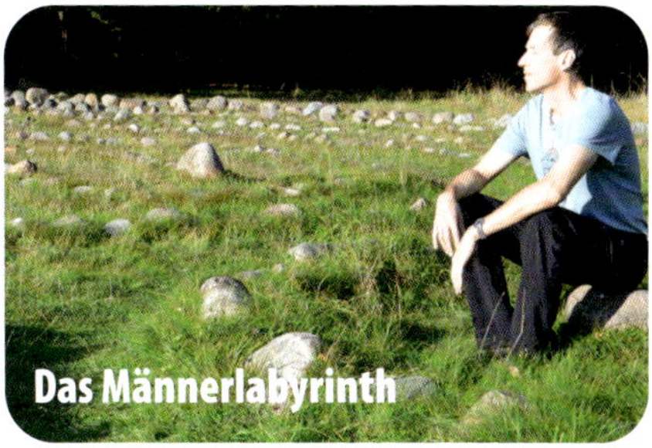
Das Männerlabyrinth

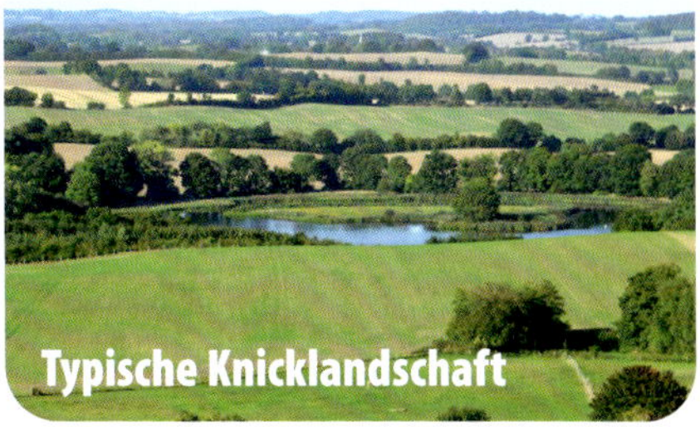
Typische Knicklandschaft

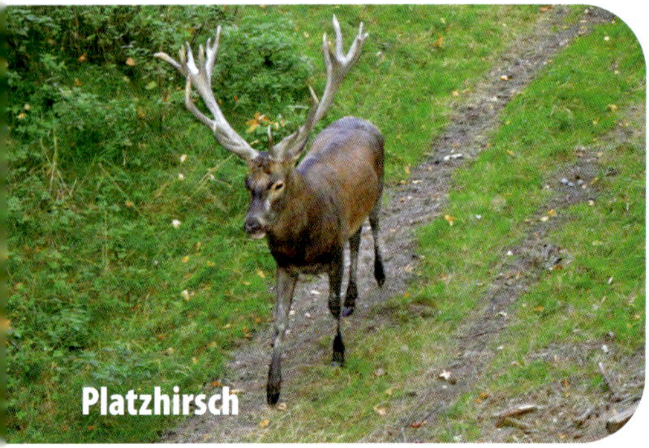

der Elisabethweg. Wir folgen ihm zu einem rustikalen Holztor. Nach dem Tor gehen wir links und bleiben bei Abzweigungen auf dem grün markierten Hauptweg. Der breite Weg zwischen den alten, weit auseinander stehenden Bäumen lädt zum Flanieren ein. Der Stammumfang der Baumriesen ist beträchtlich.

Hinter dem Ausgangstor nehmen wir links eine Treppe aus Naturstein zur **Sebastian-Kneipp-Straße,** überqueren sie schräg nach rechts, gehen rechts an einem Kinderspielplatz treppauf, nach 30 Metern wieder treppab zur Bahnhofstraße mit Geschäften und Restaurants. Wir überqueren sie zum Haus des Kurgastes und zum Haupteingang vom **Kurpark Malente ⑬.**

*Der 5,6 Hektar große **Kurpark Malente** wurde 1962 bis 1969 auf dem Brahmberg und in den Schwentinewiesen angelegt und steht seit 2003 unter Denkmalschutz. 2009 wurde er zu einer der schönsten Gartenanlagen Norddeutschlands gekürt.*

Wir gehen durch das Tor auf eine Piazza. Zwischen Liegehalle und Freilichtbühne nehmen wir eine Treppe, die uns in Etappen zum höchsten Punkt bringt, einem Plateau mit weiter Aussicht: Zwischen den Blättern leuchten in der Ferne der Kellersee und der Dieksee. Wir gehen auf Treppenstufen abwärts und über einen Rasenpfad geradeaus – im Frühling zwischen üppig blühenden japanischen Zierkirschen. Rechts unten sind offene Kaminhäuser zu sehen. Der Gartenarchitekt Carl Plomin und der Architekt Peter Arp hatten die großartige Idee, überdachte Feuerstellen mit Sitzplätzen zu bauen, die heute für jedermann offen sind. Oft liegt kostenlos Brennholz zum Einheizen für ein romantisches Tête-à-Tête bereit. Bei einem zweiten Plateau entdecken wir nach einem Baum mit riesigen Wurzeln wieder einen Stamm mit einem eingeritzten Herz als ewigen Liebesgruß in der Rinde.

Am Ende der Treppe laufen wir scharf links ab unter einer Brücke hindurch. Eine **Fotowand** zeigt Blühzeiten der Parkpflanzen. Vom abschüssigen Asphaltweg ist einer der acht kreisrunden Teiche zu sehen. Über Holzstege, die der rührige Verein „Freunde des Kurparks" 2014 entsprechend alter Planungen anlegte, überqueren wir Feuchtwiesen. Uralte Bäume säumen unseren Weg. An einer Kreuzung, an der ein Backsteinthron an Kunstaktionen erinnert, wählen wir den Steg links mit dem Pfeil **Schwentine.** In der Blühperiode gehen Spaziergängern angesichts der Blütenpracht in der gepflegten Anlage die Herzen auf. Bei Schnee verraten links vom Steg die gen Himmel wachsenden Wurzeln der Sumpfzypressen die botanische Vielfalt.

Wir folgen dem Steg geradeaus bis zu einer Plattform an der Schwentine. Mit Blick auf den stillen Fluss zur Rechten folgen wir dem Weg bis zu einem Tor links neben einem weißen Toilettenhäuschen. Wir biegen rechts in den **Luisensteig** ein. Nach 50 Metern laufen wir geradeaus in die Auguststraße, an der nächsten Kreu-

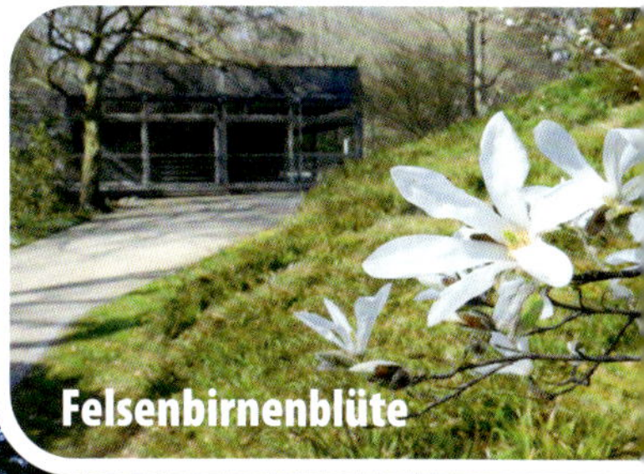

Felsenbirnenblüte

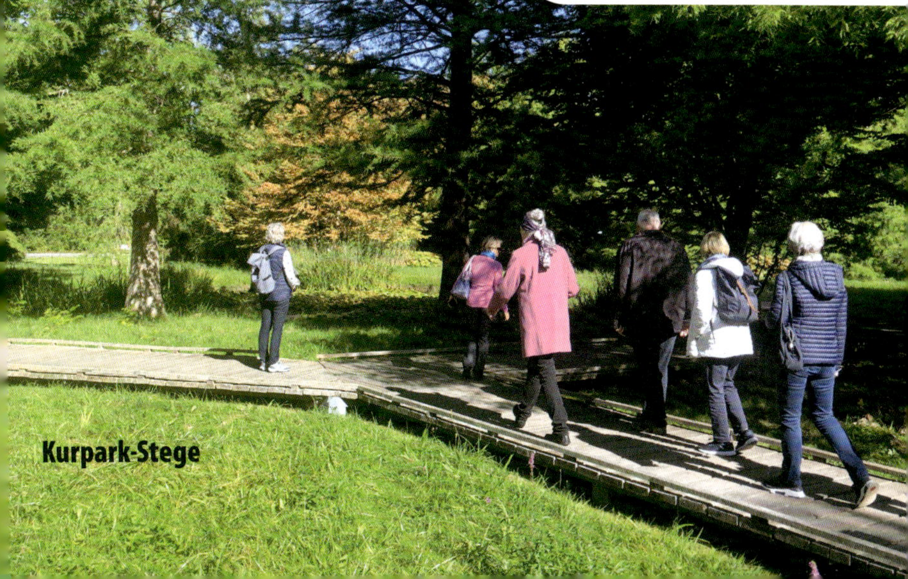

Kurpark-Stege

Verwöhntour 9

zung rechts in die Rosenstraße, die in die Voßstraße übergeht. Gegenüber der Einmündung Ringstraße biegen wir rechts in den Fußweg **Kattenstieg,** der uns zwischen Wohnhäusern zu Bahnschienen bringt, die wir vorsichtig überqueren. Neben dem Sport- und Bildungszentrum an der Eutiner Straße 45 biegen wir rechts ab.

An Jugendstilvillen vorbei laufen wir bis zu einem Park, den wir neben einem verschlossenen Jägerzaunholztor betreten und flanieren durch eine Allee, die uns im leichten Rechtsbogen über einen Wendeplatz zu einer Ausfahrt mit zwei berankten Steinsäulen führt. Wir biegen rechts ab und sind beim Parkdeck.

*Bad Malente war über Jahre Trainingsstandort für die Nationalelf – die Talentschmiede **Uwe-Seeler-Fußballpark** liegt wenige Meter entfernt in der Straße Am Stadion.*

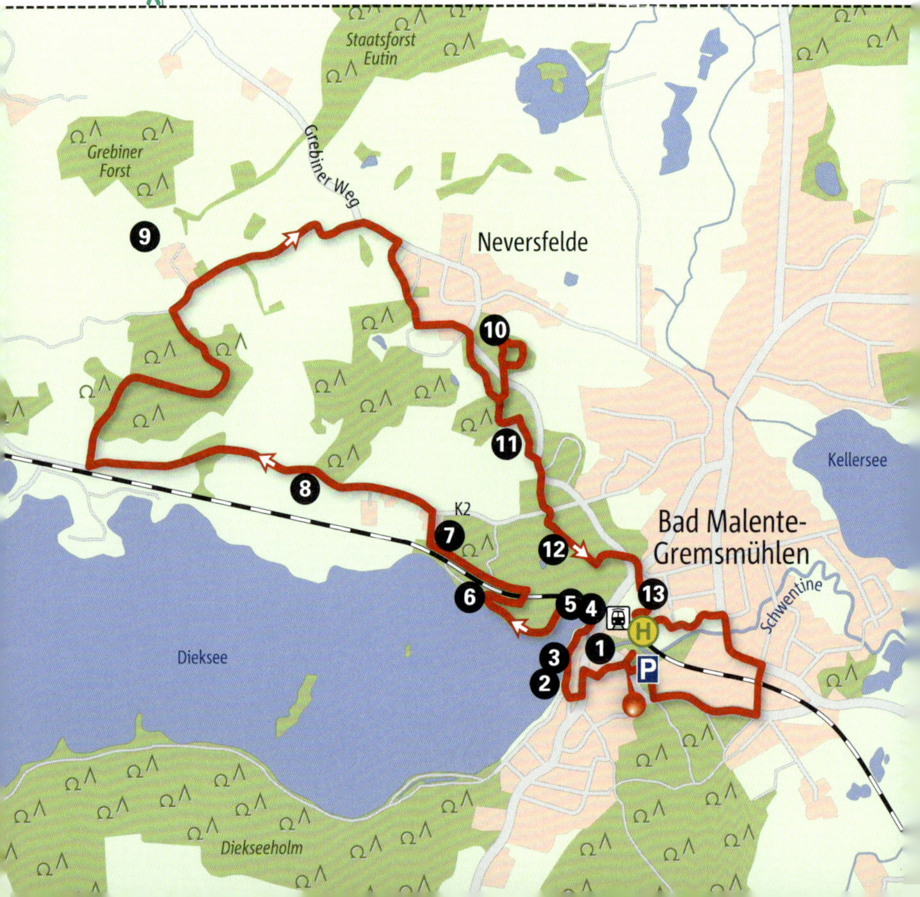

Alles auf einen Blick

WIE & WANN:
Ufer- und Waldwege, Asphaltwege, Bürgersteige; ganzjährig möglich, im Sommer Blütenpracht im Kurpark, in den Abendstunden Wildbegegnungen auf den Feldwegen.

HIN & WEG:
Auto: Parkdeck P3, Eutiner Straße, 23714 Malente (GPS: 54.165569, 10.551344)
ÖPNV: Bürgerbus Malente, Südstrecke bis Mühlenberg-Klinik (www.buergerbus-malente.de); Bahn bis Bf. Malente-Gremsmühlen (Toureinstieg ab dem Anleger Fünf-Seen-Fahrt)

ESSEN & ENTSPANNEN:
Fischbüdchen am Dieksee ❸ Diekseepromenade 13, 23714 Bad Malente-Gremsmühlen, Tel. (01 52) 57 36 71 53

Entspannung ★★★★★
Genuss ★★★★☆
Romantik ★★★★★

Villa Colonial ❺ Hindenburgallee 2, 23714 Malente, Tel. (0 45 23) 20 78 15, www.villa-colonial.de

ENTDECKEN & ERLEBEN:
Aussichtsturm ❶
Stahlherz ❷
Fünf-Seen-Fahrt ❹ Anleger Gremsmühlen, Tel. (0 45 23) 22 01, www.5-seen-fahrt.de
Strandbad ❻ Am Dieksee, 23714 Malente, Tel. (0 45 23) 16 33
Quelle der gebrochenen Herzen ❼
Aussichtshütte ❽
Hochseilgarten Malente ❾ Radlandsichten, 23714 Malente
Holzbergturm ❿
Labyrinth der Männer ⓫
Wildpark Malente ⓬ Elisabethweg, 23714 Malente
Kurpark Malente ⓭ Bahnhofstraße 4, 23714 Malente

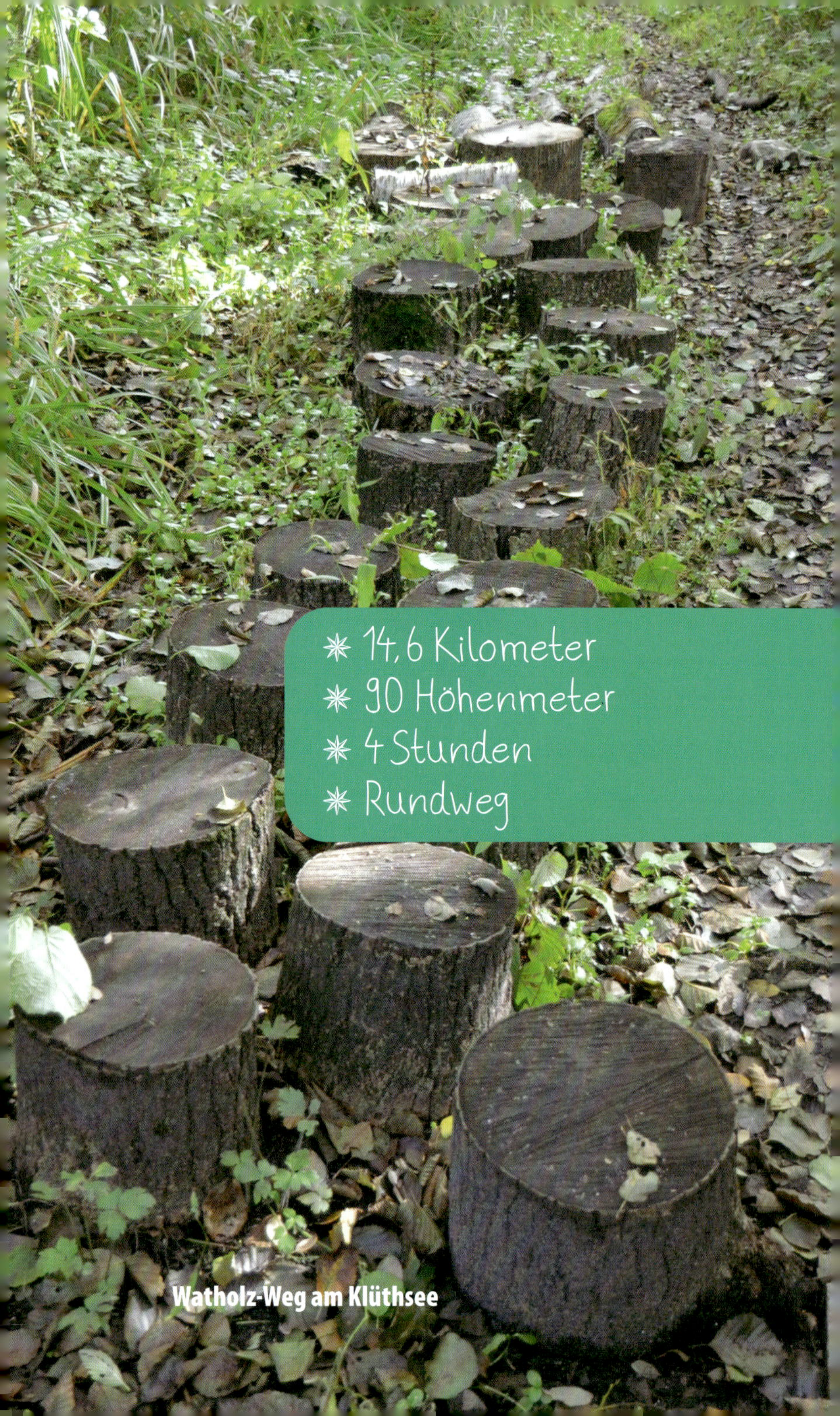

- 14,6 Kilometer
- 90 Höhenmeter
- 4 Stunden
- Rundweg

Watholz-Weg am Klüthsee

Winnetous Pfade

Von Segeberg bis zum Klüthsee

Wir verlassen den Parkplatz **An den Kirchhöfen** über einen breiten Sandweg in Richtung Großer Segeberger See. Zwischen Fitnessgeräten und einem Kletterfelsen verlockt ein Tafelkreis mit Gedichten zum Jahreszyklus zum ersten Innehalten. Wir gehen zur **Seepromenade.** Bei einer Edelstahlspirale, die per Handkurbelbetrieb Seewasser himmelwärts transportiert, lohnt sich ein Blick zurück. Fünf Betonstelen schieben sich aus dieser Distanz zu einem Indianergesicht mit üppigem Federschmuck zusammen. Das Vexierspiel der **Skulptur „Alte Welt – Neue Welt“ 1** von Klaus Kammerichs erinnert an die legendären Karl-May-Festspiele, die seit 1952 jedes Jahr Tausende Zuschauer in die Stadt locken. Wir wenden uns nach links und passieren auf einem gepflegten Parkweg links die Villa mit dem **Café Goldmarie am See 2** und wenden uns rechts zur Seepromenade.

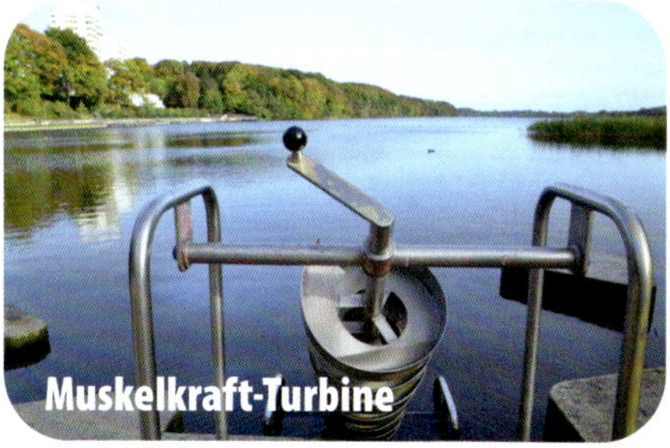
Muskelkraft-Turbine

Links erheben sich lang gestreckte weiße Hochhäuser – die Kurklinik, die der Stadt den Zusatz „Bad“ einbrachte. Kneippbecken für die Arme und – im See – für die Beine laden zum Erfrischungsbad ein. Von den Liegestühlen auf der Stegterrasse ist das Seepanorama phänomenal. Ein Genießerblick auf die Aussicht, einmal tief einatmen vor der 2-Kilometer-Strecke am Ufer.

*Am 1. Oktober 1924 erhielt **Segeberg** per Verordnung des Regierungspräsidenten die amtliche Bezeichnung „Bad“. Der Kurbetrieb begann 1884 mit dem Bau des Kurhauses am Großen Segeberger See durch den gebürtigen Segeberger Heinrich Wickel.*

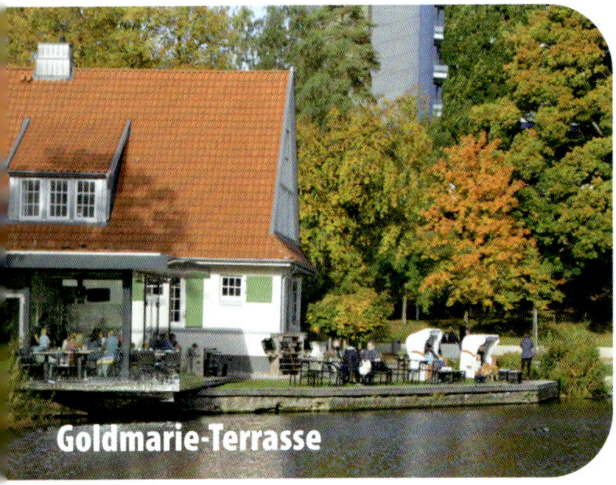
Goldmarie-Terrasse

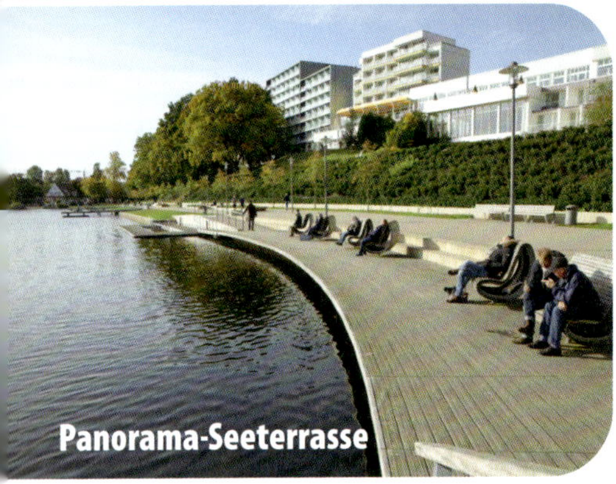
Panorama-Seeterrasse

Der Weg ist eben, das Wasser glasklar. Immer wieder ergeben sich weite Blicke auf den See. Gegenüber sind Wälder, Bootsstege und die Badeanstalt zu erkennen, der bewaldete Kagelsberg und der Moosberg. An einem **Aussichtspunkt** ③ lädt ein drehbarer Schalltrichter vom Fledermaus-Infozentrum Noctalis zum Erlauschen von Tierstimmen ein. Tagsüber steht Entenquaken und Gänseschnattern auf dem Hörprogramm. Hinter einem Reetdachunterstand wird der Sandweg breiter. Rohrkolben wiegen sich im Schilf. An einem Abzweig zur Jugendakademie Segeberg entdecken wir nach 950 Metern links in einer Feldsteinmauer die verwitterten Buchstaben **Frieda Quelle.** Eine Entspannungsminute lang können wir mit den Augen den feinen Tropfen auf ihrem Weg ins Moosbett folgen.

An einer robusten Steinbetontreppe verlassen wir den Uferweg und steigen aufwärts. Auf dem ersten Absatz lohnt sich ein Blick zurück: Der See liegt uns zu Füßen. Am Ende der Treppe ignorieren wir einen Waldpfad links und gehen geradeaus auf einem Kiesweg zwischen Feld und Knick leicht bergan. Giebel von Einfamilienhäusern weisen den Weg nach **Klein Rönnau.** Wir folgen in der Wohnsiedlung der Straße **Rahland** bis zur T-Kreuzung, biegen rechts ab. Das Geschäft **Likörille** ④ auf der rechten Straßenseite bietet regionale Spirituosen und Mitbringsel an. An der nächsten Kreuzung geht es links ab. An der Eutiner Straße biegen wir rechts ab. Nach 100 Metern kommt das **B432 Diner** ⑤ in Sicht. Amerikanische Nummernschilder an den Parkplätzen, 1950er-Jahre-Milchbar-Look und eine Karte mit Pancakes verlocken zur Pause. 350 Meter weiter verspricht an der Ecke Schulstraße **Weinbar und Restaurant Achtzehn29** ⑥ erlesene Gaumenfreuden.

Ein halber Mühlstein weist uns nach 100 Metern den Weg rechts zur Wassermühle. Hinter zwei Fachwerkhäusern überrascht der **Mühlenteich** Wanderer mit wechselnden Wasserständen. Nach Regengüssen spiegelt er malerisch das Bild der alten Mühle. Nach Trockenphasen dagegen ist der Teichboden grasgrün. Wir passieren rechts das wechselvolle Gewässer und Gärten von Einfamilienhäusern, an einem Fußwegabzweig biegen wir rechts ein. Wir ignorieren alle

*Im **Achtzehn29** werden italienische Leckereien, handfeste Steaks und leckere Kuchen in einem stimmig modernisierten Fachwerkhaus serviert – ein Genuss.*

Für die Seele

Die Mikwe, der Wasserlauf für die rituelle Reinigung, fließt hier wie ein optimistischer, ewiger, nicht aufzuhaltender Strom.

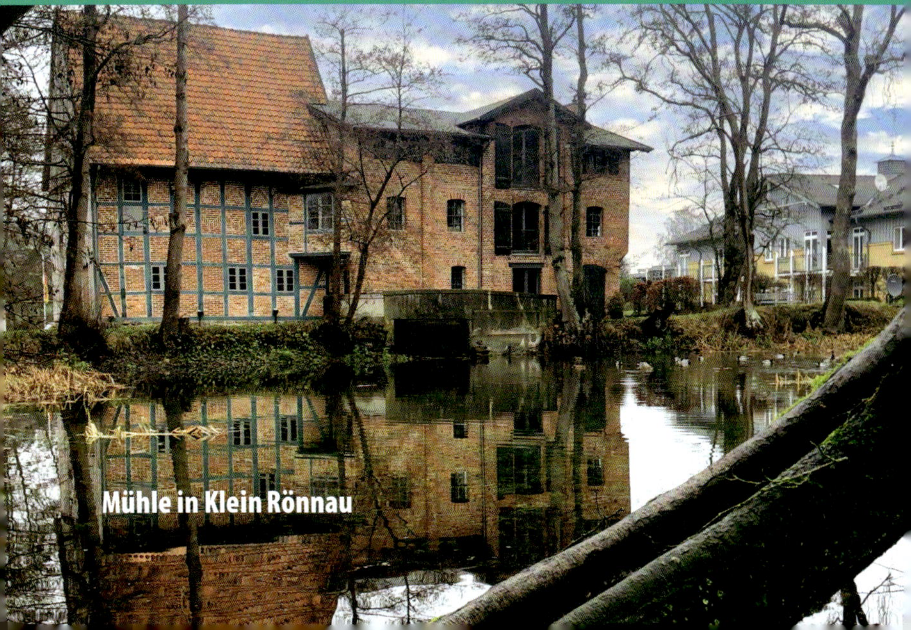

Mühle in Klein Rönnau

Terrasse und Biergarten im Sommer, ein knisternder Kaminofen im Winter – im ***Restaurant Zum Klüthsee*** *wird Entschleunigen leicht. Ob Kuchen oder Sauerfleisch – selbst gemachte, deutsche Gerichte mit Pfiff verheißen Gaumenfreuden.*

Abzweigungen und gehen parallel zum Bachlauf bis zum **Uferweg** am Segeberger See.

Ein paar Schritte nach rechts bieten Wurzeln eines umgestürzten Baums einen natürlichen Rahmen für ein Selfie. (Abkürzung: Von hier aus ist auf gleicher Strecke der Rückweg möglich.) Zum Weiterwandern passieren wir die Backsteinbrücke und zwei Bänke mit sagenhaftem Seeblick. Nach 850 Metern, vorbei an Eichen und dem Rönnauer Bootsclub, überqueren wir die Wiese der Badestelle. (An der Badestelle ist eine Abkürzung möglich: Rechts verläuft der 8,7-Kilometer-Rundweg um den See.)

Wir laufen auf eine rot-weiße Stahlschranke zu, überqueren den Stipsdorfer Weg und gehen in die Straße **Klüthseehof** auf das **Restaurant Zum Klüthsee 7** zu.

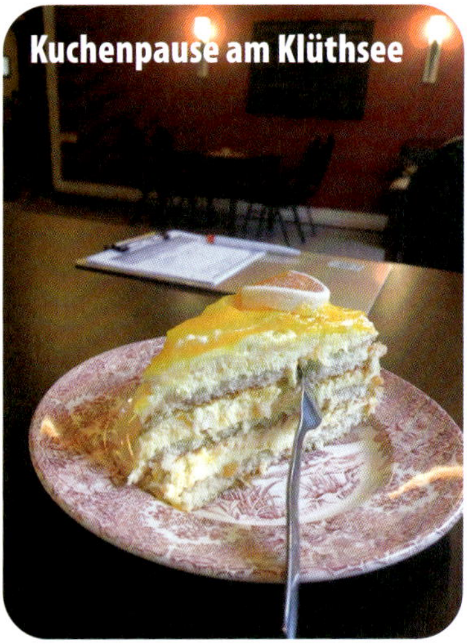
Kuchenpause am Klüthsee

Wir passieren das Gebäude rechts, kurz vor dem Ende des Hauses wenden wir uns im 90-Grad-Winkel nach rechts und entdecken neben einem Stahlgatter und einem Apfelbaum einen Waldpfad. (Geradeaus am Haus vorbei erreichen wir Aussichtspunkte auf den Klüthsee.) Der schmale, urige Weg durch das sumpfige Gelände ist teils über runde Tritthölzer passierbar. Er mündet in ein Feld, dort biegen wir links ab. Neben Obst- und Kastanienbäumen geht es am Feldrand weiter bis zum Wald, der den 89 Meter hohen **Kagelsberg 8** einhüllt. Farne und Brombeersträucher säumen den Weg.

An einer T-Kreuzung gehen wir links auf einen breiteren Waldweg. Der **Klüthsee** schimmert in einer Kurve links durchs Unterholz. Wir ignorieren dort einen Pfad, der links zur Badestelle führt. Wir folgen dem steil bergan strebenden, breiten Forstweg durch teils umzäunten, duftenden Nadelwald und Schonungen mit jungen Laubbäumen bis zu einem Feldrand. Wir biegen rechts ab. Rund 30 Meter vor einem grün-

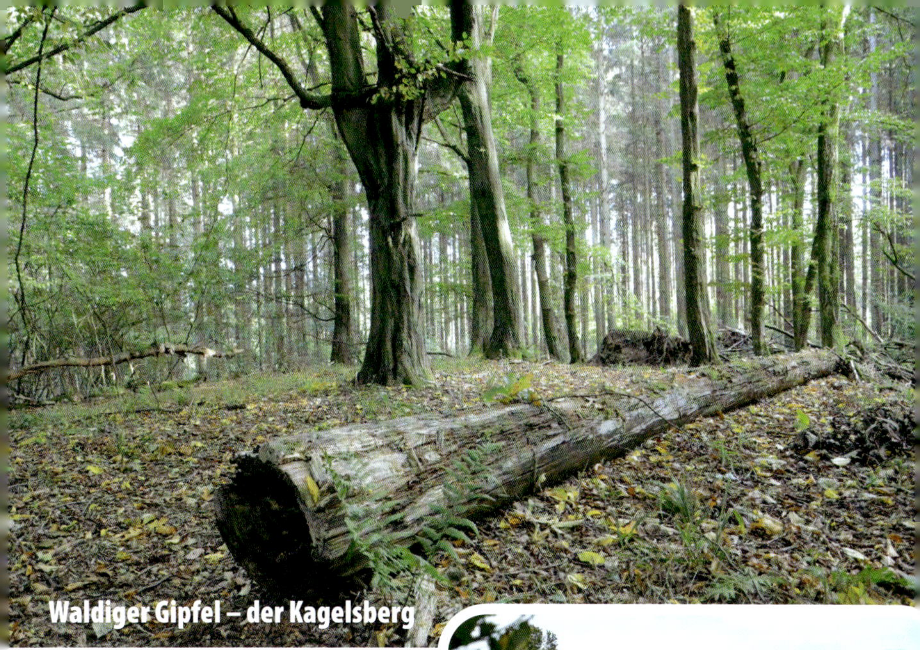

Waldiger Gipfel – der Kagelsberg

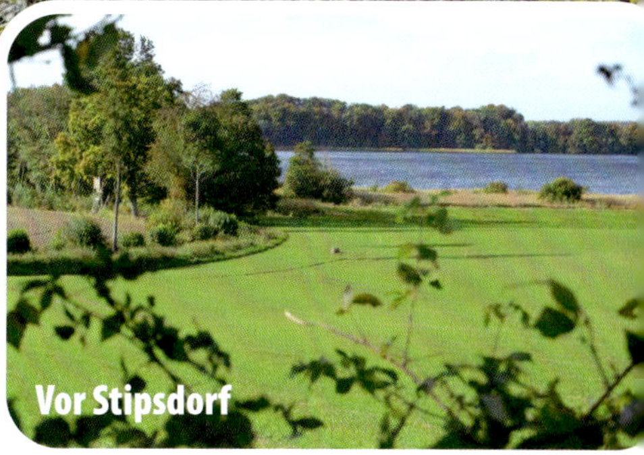

Vor Stipsdorf

weißen Stahlgatter und dem asphaltierten Stipsdorfer Weg biegen wir scharf rechts ab in den Wald. Taglichtnelken blühen. Im Herbst stehen Pilze auf dem Weg. Beim zweiten Abzweiger biegen wir rechts ab und suchen links bergauf einen der unauffälligen Pfade zur nicht ausgeschilderten Bergkuppe des Kagelsbergs. Hoch aufragende Laubbäume gliedern den Blick. Ein Hauch von Magie umweht den stillen Ort. Einmal still stehen und die Atmosphäre aufnehmen.

Bei zwei alten Buchen am Kuppenrand ragt der helle **Gipfelstein** nur wenige Zentimeter aus dem Boden. Zwischen den Buchen führt senkrecht bergab der direkte Weg zurück auf den Wanderweg um die Kuppe. Bei nassem Wetter ist im rutschigen Lehmboden ein sanfterer Abstieg rechts des Steins empfehlenswert. Auf dem Weg unter der Kuppe wenden wir uns nach links, ignorieren einen Abzweiger nach links, und biegen wenige Meter weiter in den zweiten Weg rechts ein. Er führt uns im Bogen abwärts, wir überqueren eine Kreuzung und biegen links ab. Wir passieren drei runde Stahlfundamente. Sanft geht es abwärts. Im Schwung einer leichten S-Linie erreichen wir den Stichweg zum **Stipsdorfer Weg.** Wir wenden uns auf dem asphaltierten Weg nach links.

Zwei Gehvarianten sind möglich. Die **Herbstroute**: Nach der Heuernte ist 50 Meter weiter das Einbiegen in einen Feldweg möglich. Der insgesamt 700 Meter lange Streckenabschnitt durch die Felder führt zunächst auf einem Grasweg rechts an einer Hügelkuppe vorbei bis zu einem von Bäumen bestandenen Bachlauf, dem wir links bergan folgen. Am Feldrand folgt ein Trampelpfad Knickrändern in mehreren Biegungen zu einem Asphaltweg. Wir biegen rechts ab und sind auf der Ganzjahresroute. Ist der Feldweg ver-

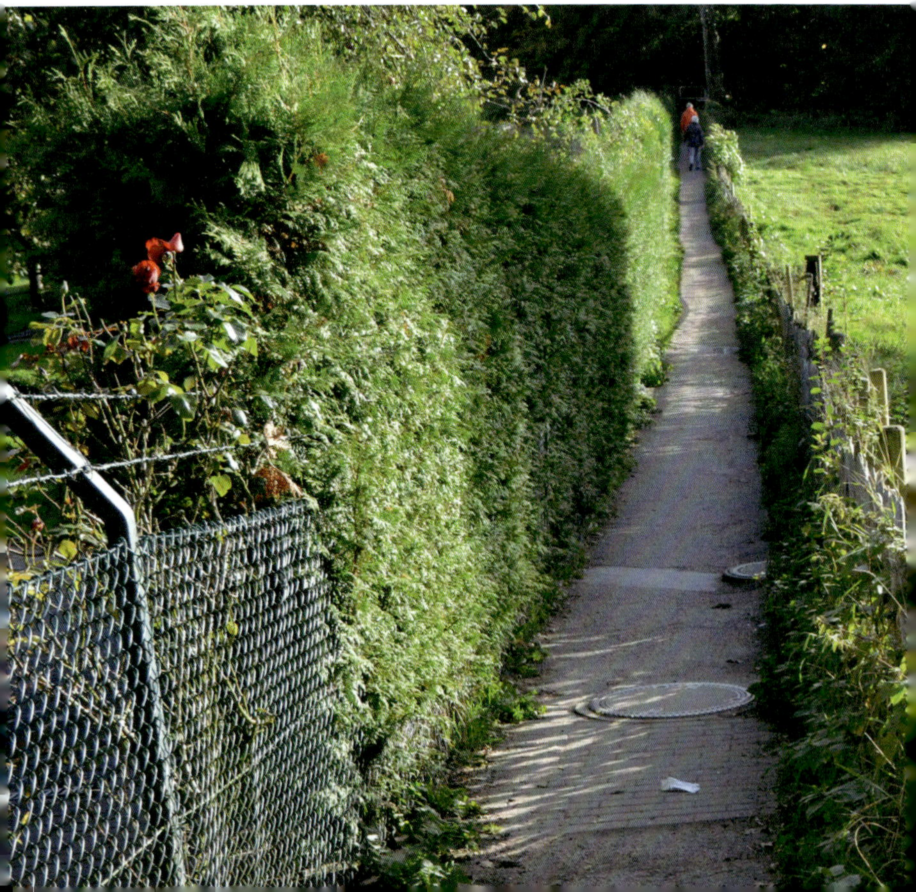

schlossen, gehen wir auf der **Ganzjahresroute** 190 Meter bergan und biegen dann vor einem „Ende Zone 30“-Schild rechts ab in einen Sandweg. Er führt durch eine Reihe von Findlingen auf einen Asphaltweg, der in Schwüngen nach 750 Metern auf den **Rönnauer Weg** trifft.

Der Segeberger See leuchtet zwischen Äckern blau, sanft fällt das Land zum Wasser ab. Gänseschnattern klingt herauf. Eine Bank beim ausgewiesenen Froschgebiet an der Kreuzung lädt dazu ein, die Landschaftsszene in sich aufzunehmen. Wir biegen links in einen mit Hagebutten bestandenen Knickweg ab. Nach 350 Metern führt links ein 200 Meter langer, steiler Pfad zwischen Knicks mit Pfaffenhütchen zum 81,5 Meter

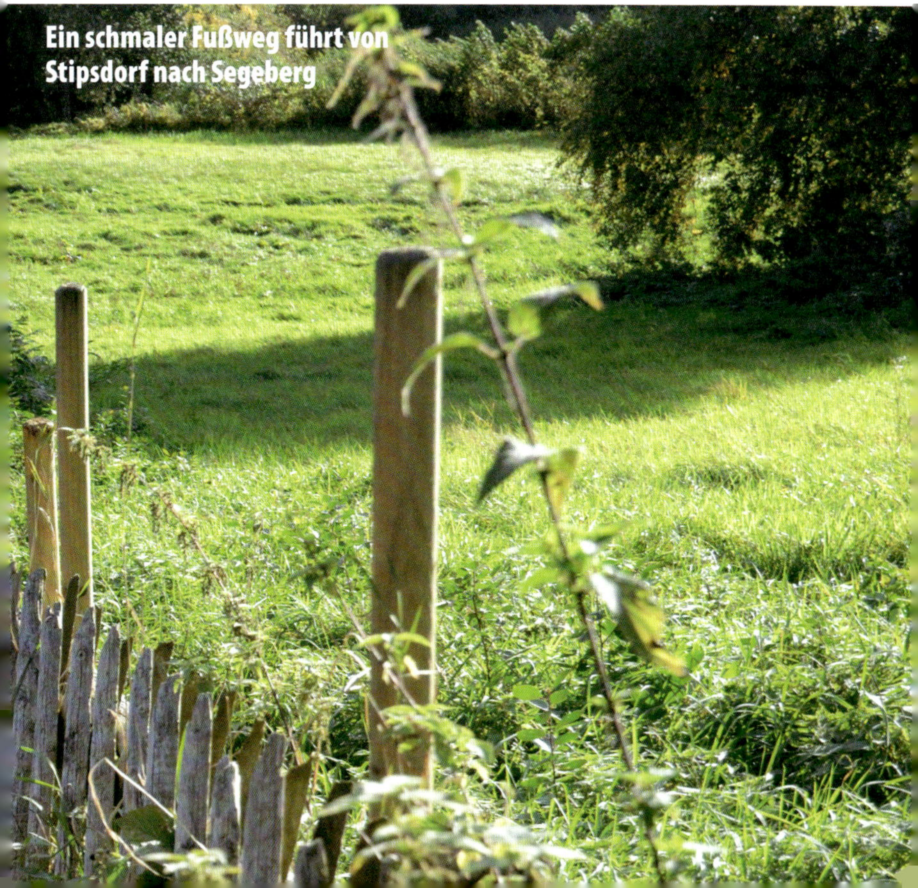

Ein schmaler Fußweg führt von Stipsdorf nach Segeberg

hohen Gipfel des **Moosbergs** ⑨. Zeit zum Atemschöpfen! Der Blick geht weit über Land und See.

Wir kehren auf gleichem Weg zum Rönnauer Weg zurück und laufen links weiter nach Stipsdorf und folgen in der Dorfstraße den Schildern. An einer Kreuzung mit einer knorrigen alten Eiche mit einer Rundbank gehen wir die zweite Straße links abwärts in den Seeweg. Am Ende der Sackgasse biegen wir vor dem Hof Rolf links abwärts in einen schmalen Fußweg ein. Nach wenigen Metern auf Augenhöhe mit dem Großen Segeberger See erreichen wir durch ein Metallgatter und über eine Holzbrücke den **Ernst-Wittmark-Park.** An der ersten Kreuzung laufen wir geradeaus bergauf zwischen Bäumen. (Abkürzung: Rechts ab geht es zur Seepromenade und weiter zum Parkplatz.)

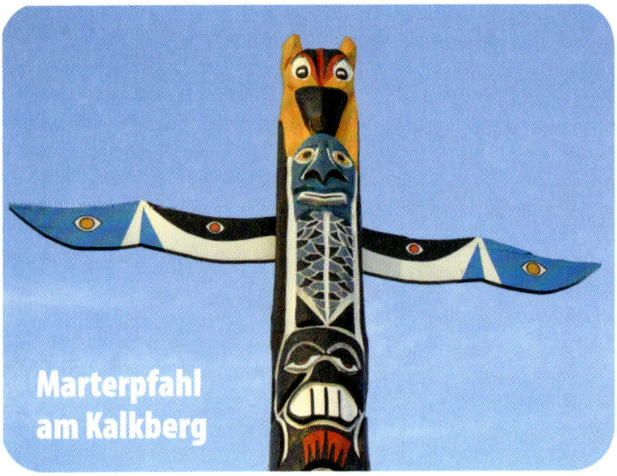
Marterpfahl am Kalkberg

Vor der Gartenkolonie Stipsdorfer Berg schwenkt der Weg 10 Meter nach rechts, dann wieder nach links. Der Parkweg entlang der Schrebergärten mündet in eine asphaltierte Straße, die geradeaus zum **Kastanienweg** führt. Wir gehen bei der Einfahrt zum Seecamping Segeberg weiter geradeaus bergan. (Abkürzung: Rechts führt der Kastanienweg zum Startpunkt.) Am Wegrand liegt der mit blühenden Sträuchern und Blumen reich bepflanzte Schmetterlingsgarten des Naturschutzbundes. Wir halten uns an der Gabelung links und überqueren die Lübecker Straße zu einer Treppe mit weißem Geländer.

Die Stufen führen uns zur Straße **Am Kalkberg,** in die wir rechts abbiegen. An der nächsten Gabelung halten wir uns rechts. Eine Westernstadtkulisse mit Saloons und Totempfählen überrascht Erstbesucher der **Karl-May-Festspiele** am Kalkberg.

Wir passieren den Festspielbereich schräg nach rechts, gehen links am Karl-May-Brunnen vorbei, biegen hinter dem Ticketbürogebäude aus rotem Backstein rechts ab auf die Asphaltstraße Am Kalkberg. Der erste asphaltierte Weg rechts führt steil aufwärts zum ersten Plateau des **Kalkbergs** ⑩. Die am weitesten entfernte Treppe führt zum höchsten Aussichtspunkt oberhalb der Freilichtbühne. Wie von einem Adlerhorst geht der Blick über die Stadt, ins Land und in die Tiefe der Arena.

Am Plateau nehmen wir hinter einer Beetfläche eine schmale Treppe abwärts. Auf dem Asphaltweg biegen wir rechts ab. Vor dem blau verkleideten **Fledermauszentrum Noctalis** ⑪ zeigen Tafeln regionale Geologie. Wir passieren sie links und nehmen die Treppe mit weißem Geländer zur Lübecker Straße, der wir links folgen, vorbei am seit Jahren im Dornröschen-

In der von 1934 bis 1937 gebauten Freilichtbühne mit 7500 Plätzen werden seit 1952 ***Karl-May-Stücke*** *aufgeführt. Die Bühne wurde am Berg auf einem durch Gipsabbau entstandenen Kessel errichtet – der Berg wurde über Jahrhunderte von 110 auf 91 Meter abgetragen.*

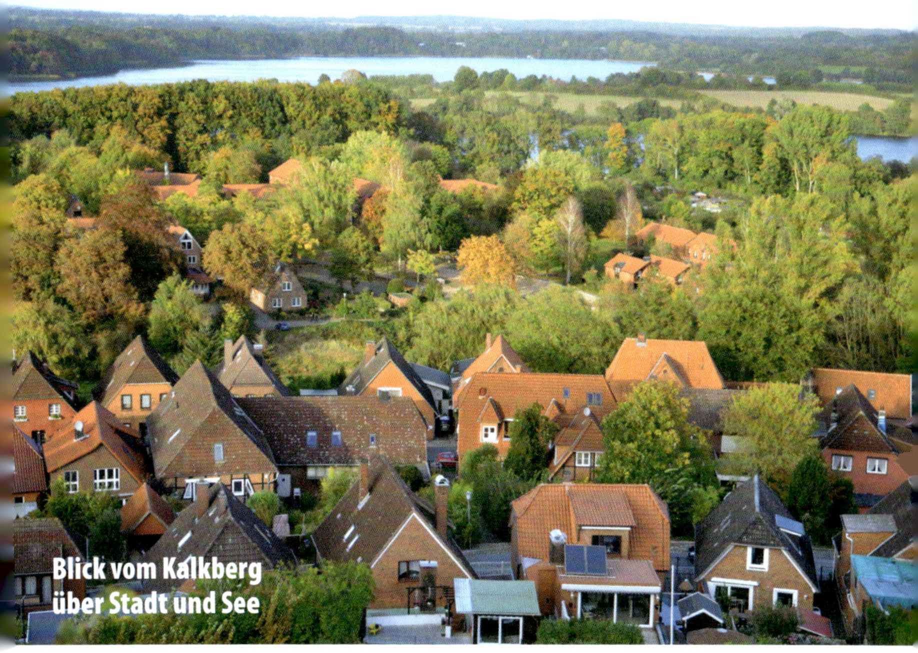

Blick vom Kalkberg über Stadt und See

Verwöhntour 10

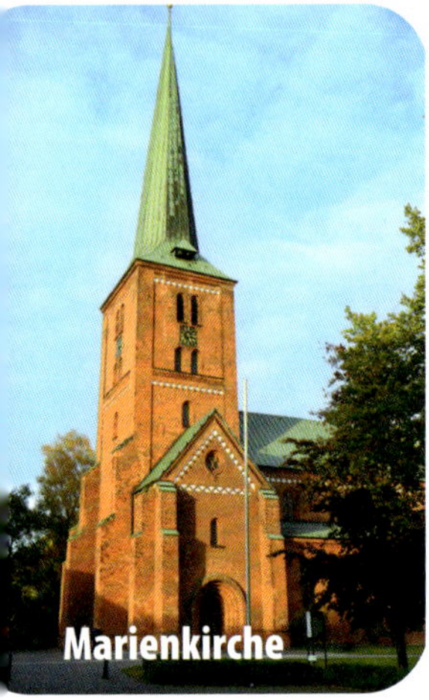

schlaf dämmernden Höhlenkrug, dem urigen **Museum Segeberger Bürgerhaus** ⓬ und der Erinnerungsstätte für die 1962 abgerissene **Synagoge** ⓭ zur Fußgängerzone.

Wir laufen geradeaus in die Kirchstraße. (Abkürzung: Hinter der **Marienkirche** ⓮ rechts führt ein Weg über den Friedhof direkt zum Startpunkt.) Genüsse unterschiedlichster Art verspricht das **Restaurant Einstein** ⓯. An der mit roten Terrakotten geschmückten VR-Bank gehen wir rechts in die Kurhausstraße. Wir laufen an der Kreuzung geradeaus in die Große Seestraße, an der Ecke liegt das **Eiscafé Rialto** ⓰. Der erste Abzweig rechts An den Kirchhöfen führt uns zum Startpunkt.

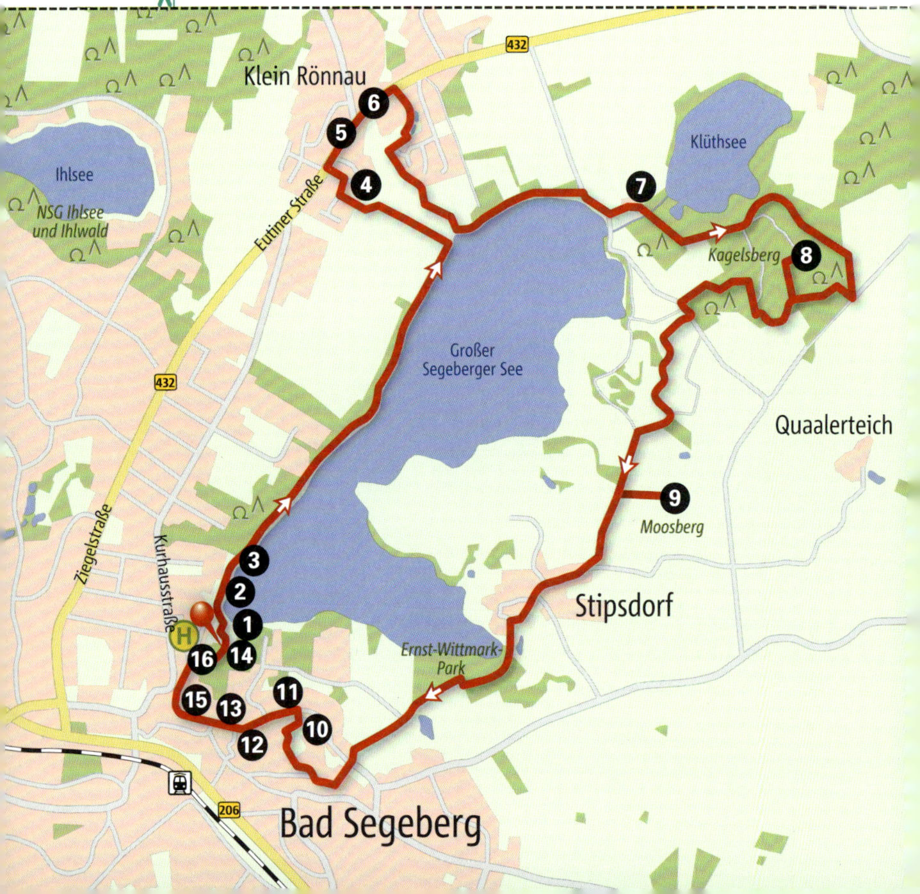

Alles auf einen Blick

WIE & WANN:

Kies-, Feld- und Forstwege, in den Ortschaften Gehwege und Straßen; ganzjährig möglich, ab Herbst etwas abenteuerlichere Wegvariante.

HIN & WEG:

Auto: Parkplatz am See, „Backofenwiese", An den Kirchhöfen, 23795 Bad Segeberg (GPS: 53.939083, 10.310222)
ÖPNV: Bus 7700, 7751 bis Kurhausstraße Süd (250 Meter durch An den Kirchhöfen)

ESSEN & ENTSPANNEN:

Café Goldmarie am See ❷ Große Seestraße 18, 23795 Bad Segeberg, Tel. (0 45 51) 9 08 44 57
Likörille ❹ Rahland 9, 23795 Klein Rönnau, Tel. (0 45 51) 99 94 33
B432 Diner ❺ Eutiner Straße 18, 23795 Klein Rönnau, Tel. (0 45 51) 9 63 85 64

Entspannung ✸✸✸✸✸
Genuss ✸✸✸✸✸
Romantik ✸✸✸✸✸

Weinbar und Restaurant Achtzehn29 ❻ Eutiner Straße 42, 23795 Klein Rönnau, Tel. (0 45 51) 9 99 77 10
Restaurant Zum Klüthsee ❼ Klüthseehof 2, 23795 Klein Rönnau, Tel. (0 45 51) 8 33 23, www.kluethseehof.de
Restaurant Einstein ⓯ Kirchstraße 26, 23795 Bad Segeberg, Tel. (0 45 51) 9 26 68, www.fusion-segeberg.de
Eiscafé Rialto ⓰ Kurhausstraße 19, 23795 Bad Segeberg, Tel. (0 45 51) 76 60

ENTDECKEN & ERLEBEN:

Skulptur „Alte Welt – Neue Welt" ❶ **Aussichtspunkt an der Uferpromenade** ❸ **Kagelsberg** ❽ **Moosberg** ❾ **Kalkberg** ❿ **Fledermauszentrum Noctalis** ⓫ **Museum Segeberger Bürgerhaus** ⓬ **Gedenkstätte Synagoge** ⓭ **Marienkirche** ⓮

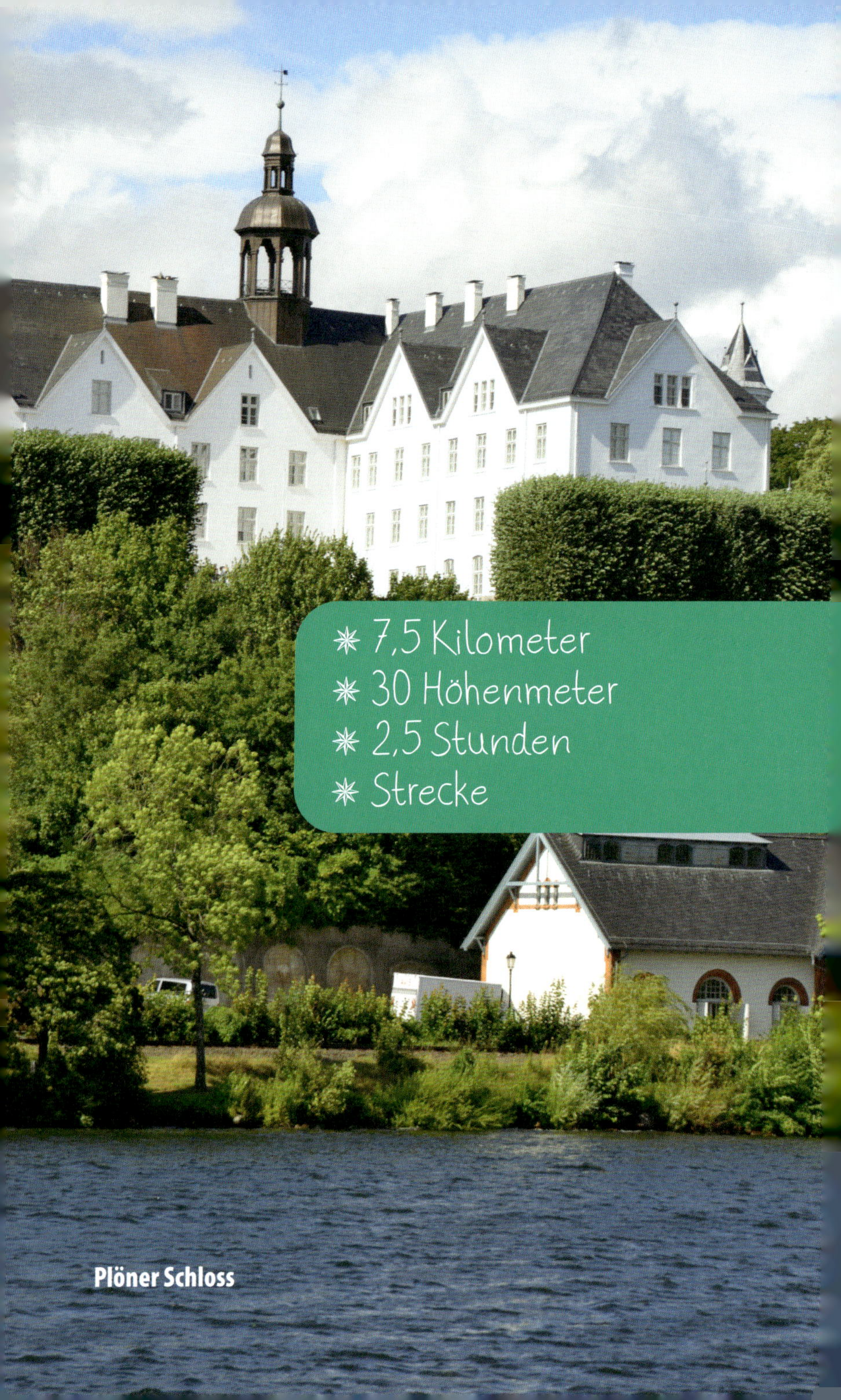

Plöner Schloss

Entspannt beginnt unsere Wandertour, wenn wir an der Bade- und Anlegestelle **Fegetasche** 1 nach einem erfrischenden Bad im **Großen Plöner See** ins Ausflugsboot steigen und mit gemächlichen 10 bis 15 Stundenkilometern auf der „Holsteinischen Schweiz" – so heißt das Boot der Plöner-Seen-Rundfahrt – zur Prinzeninsel schippern (Alternativer Weg zur Prinzeninsel siehe Erfrischungstour 20).

Das **Schloss Plön,** Wahrzeichen der Stadt, leuchtet über der Stadt weiß vom Ufer, rechts daneben der 60 Meter hohe Turm der **Nikolaikirche,** im See fangen bewaldete Inseln, Warder, den Blick. Ein malerisches Bild, das die Seele weitet.

*Der **Große Plöner See** ist mit 28 Quadratkilometern Fläche der größte See Schleswig-Holsteins und der zehntgrößte See Deutschlands. 1992 wurden Teile unter Naturschutz gestellt.*

Kaisers Wege

Prinzeninsel und Schwanensee

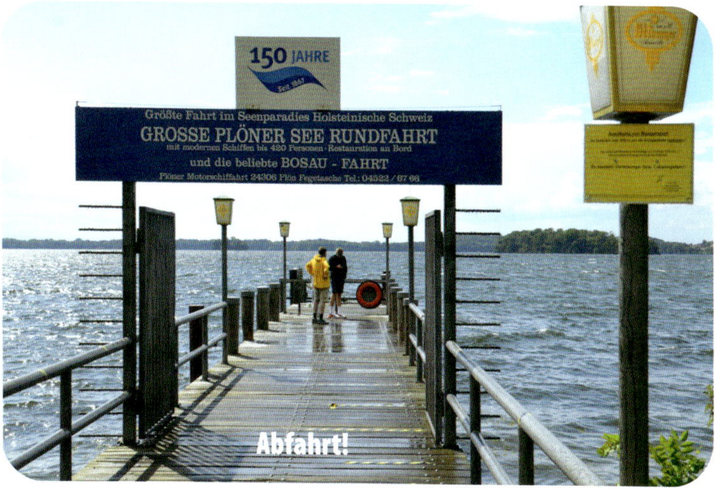

Abfahrt!

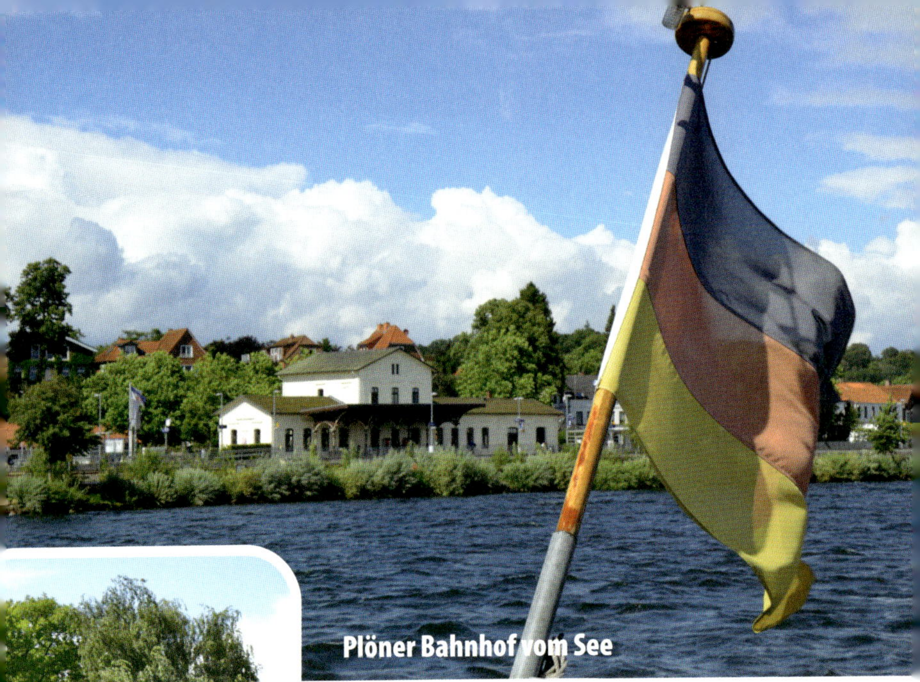

Plöner Bahnhof vom See

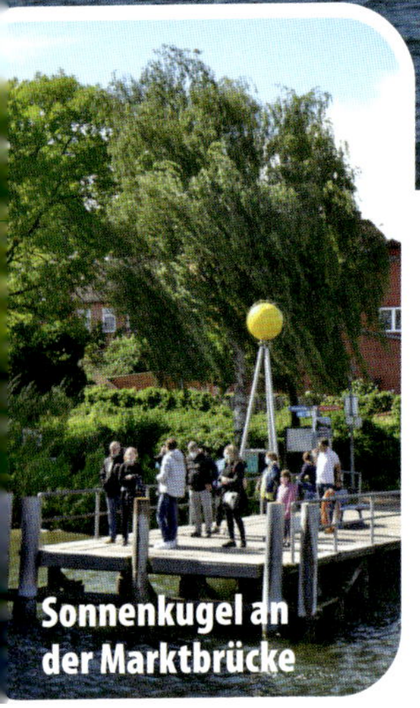

Sonnenkugel an der Marktbrücke

Auf der Anlegerbrücke **Prinzeninsel ❷** erwartet uns zum Tourstart Neptun. Der Gott der Meere entsteigt jedoch nicht den Fluten, ein Erklärungsschaukasten zum Himmelskörper ist eine Station des **Planetenpfads ❸.**

Geradeaus lockt das in einem niedersächsischen Bauernhaus von 1693/94 etablierte **Restaurant Prinzeninsel ❹.** Das Fachwerkhaus hat eine royale Vergangenheit: Kaiser Wilhelm II. und Kaiserin Auguste Viktoria ließen dort zwischen 1896 und 1910 ihre sechs Söhne in der Landwirtschaft ausbilden, weiteren Unterricht genossen die Prinzen in der Kadettenschule in Plön. Der Funktion als Erziehungsort verdankt die 2,5 Kilometer lange und an der schmalsten Stelle 30 Meter breite Landzunge ihren Namen.

Wir wenden uns links zum weiß-gelb-weiß ausgeschilderten **Lieblingsplatz der Kaiserin ❺.** Romantisch ist der Blick aus dem Reetdachpavillon und von Bänken über den See und auf das bewaldete Lange Warder. Ein Ornitho-QR-Code an einem Infoschild verrät aktuell am See beobachtete Vogelarten. Wir folgen dem markierten Weg, den See zur Linken, und errei-

!

Planetenpfadstationen *zeigen an einem Wanderweg entlang des Sees die Abstände der Planeten im Sonnensystem im Maßstab 1:2 Milliarden. Auf Schautafeln findet man Informationen zu den Planeten, ihren Umlaufbahnen und physikalischen Eigenschaften.*

chen das **Prinzenbad.** Eine Runde schwimmen wie einst die Royals, dann am Kiosk den grandiosen Seeblick genießen – ein erfrischender Seelenmoment.

Hinter dem **DLRG-Häuschen** wählen wir links den weiß-gelb-weiß markierten Weg zum Schlossgebiet und zum Bahnhof. Wir nehmen links den schmalen Uferweg, der uns unter Bäumen romantische Ausblicke auf den See, die kleine Insel Zappen Warder, zur Halbinsel Spitzenort und in die Rohrdommelbucht bietet. An der Einmündung in den Hauptweg biegen wir links ein und überqueren eine Brücke, danach rechts in Richtung des denkmalgeschützten Kadettenfriedhofs, den wir durch ein Tor betreten und geradeaus durch ein großes Baumtor aus Linden zum **alten**

Für die Seele

Schwelgezeit für Badenixen vor der Prinzeninsel, im Apfelgarten und in alten Alleen, Historie am Schloss und an der Insel Olsborg – Genießerzeit pur!

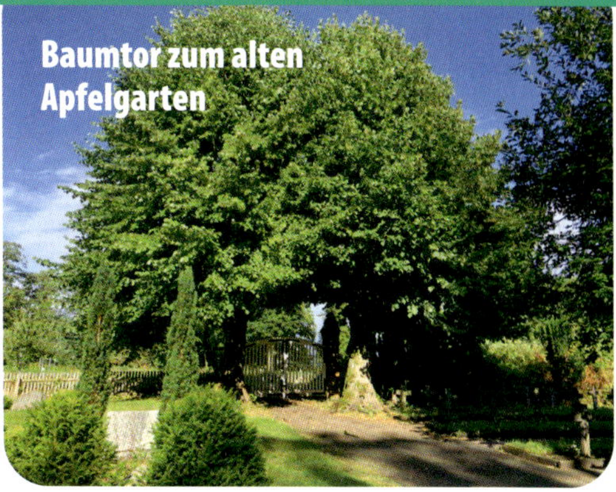

Baumtor zum alten Apfelgarten

Apfelgarten hin verlassen. Sich beim Spaziergang im historischen Gartendenkmal die Sortennamen auf der Zunge zergehen zu lassen, ist ein Vergnügen. Wir gehen vor dem Aussichtspavillon rechts und treffen den Roten Jonathan, die Oberlausitzer Muskatrenette, den Kalvill, den Roten Winterstettiner, den Erdbeerapfel, den königlichen Kurzstiel und Filippa. Rechts von einem Bienenhotel führt ein Pfad mit grandiosem Blick aufs Plöner Schloss sanft bergab. Links geht es weiter, an der nächsten Gabelung rechts, dann links. Eine Bank unter einem Ahorn lädt zur Rast mit Seeblick ein.

Wir nehmen im **Schlosspark** die zweite rechts ab zum Siebenstern im Wald, dort die zweite rechts, gehen an einer Kreuzung geradeaus und überqueren auf einer Brücke mit rotem Geländer eine Bahnlinie. Auf weiß-gelb-weiß markiertem Weg gehen wir danach rechts. Rechts von einem Fußballplatz flanieren wir, wie einst Kaiser und Kaiserin, durch eine breite Lindenallee. Rechts grüßt der Plöner See.

*Das **Prinzenhaus Plön** zählt zu den bedeutendsten Rokokogebäuden Schleswig-Holsteins, es wurde 1744 bis 1751 vom Plöner Hofbaumeister Johann Gottfried Rosenberg errichtet. Heute ist ein Museum dort untergebracht, die Räume werden für kulturelle Veranstaltungen genutzt.*

Wir passieren das **Prinzenhaus Plön** ❻. Den Söhnen des Kaisers verdankt das als Lustschloss angelegte Gebäude seinen Namen. Es erhielt für die Prinzen zwei Extraflügel. Sie sollten während der Kadettenausbildung nicht in der Kadettenschule leben.

Durch eine weitere Lindenallee verlassen wir den Schlossgarten. Vor dem schmiedeeisernen Tor geht es rechts zur **Alten Schlossgärtnerei** ❼ mit herzoglichem Melonengarten, duftenden Kräutern und kleinen Läden. Wir gehen geradeaus, rechts am Uhrenhaus vorbei, folgen einer einseitigen Lindenallee am Pförtnerhaus vorbei zum Schlossberg. Links lockt das **Restaurant Alte Schwimmhalle** ❽ am Fuß des Schloss-

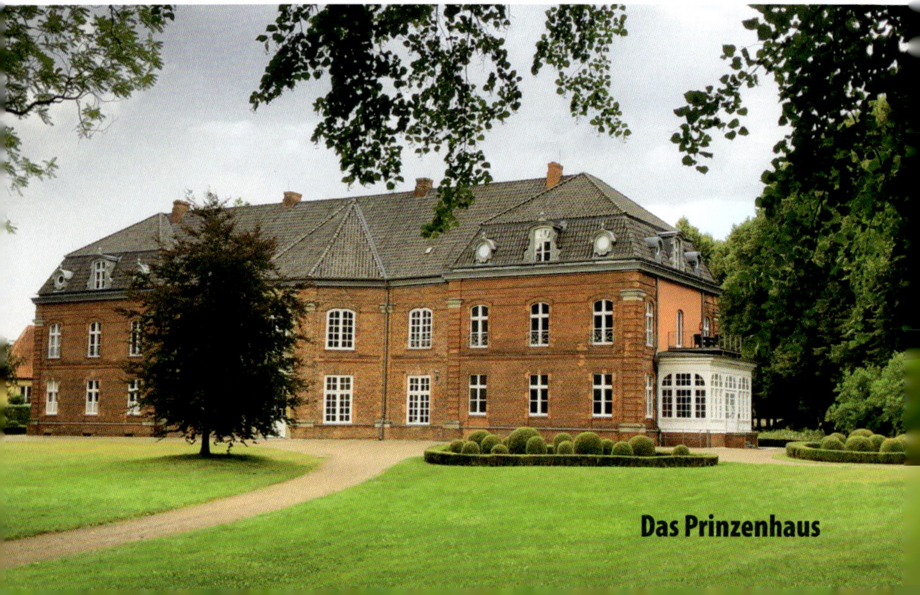

Das Prinzenhaus

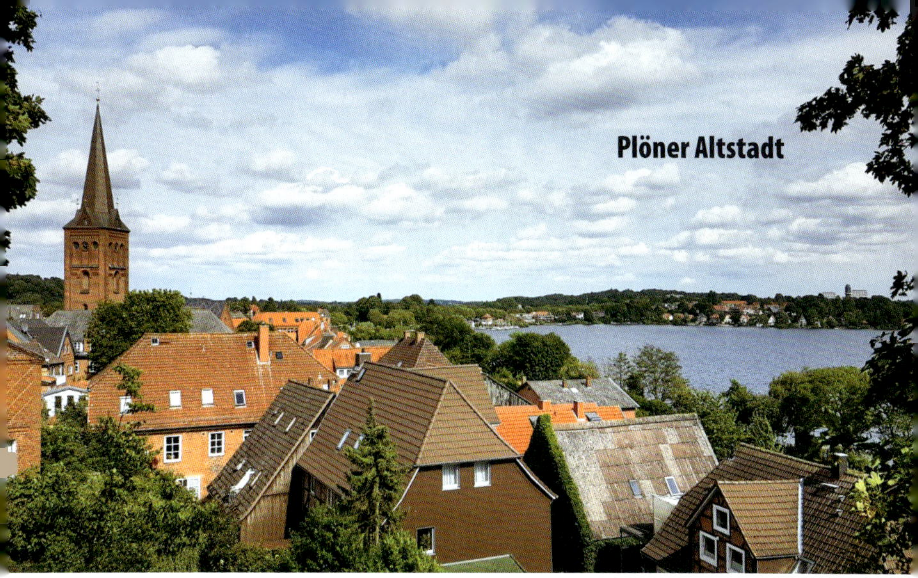

bergs zu einer Genießerpause. Das **Plöner Schloss** ⑨ empfängt uns strahlend weiß getüncht und großartig, der Seeblick ist atemberaubend. Wir genießen, was schon der letzte Kaiser Deutschlands sah.

Wir gehen auf Katzenkopfpflaster in die Altstadt (Abkürzung: An der Kreuzung rechts geht es zum Strandweg, der uns zur Fegetasche führt). Links führen uns Treppenstufen in die Rathaustwiete. Vorbei an den Tischen vom **Restaurant Eisenpfanne** ⑩ durchschreiten wir einen Backsteintorbogen mit dem Plöner Wappen und gehen in der Langen Straße links in Richtung Kreismuseum und rechts in die Kinopassage.

*Das **Residenzschloss** wurde 1633 bis 1636 erbaut. Seit 2003 sorgt die Fielmann Akademie als Besitzer für den Erhalt.*

Wir überqueren die **Stadtgrabenstraße** zu einem Buswartehäuschen und biegen davor rechts in einen schmalen Pfad. Links begleitet uns ein Zulauf zum Schwanensee, nach einer halbrunden Backsteinpergola lädt uns eine Bank zur Rast an der Schwentine, der wir folgen. Eine weiße Holzbrücke mit schönem Dach lassen wir links liegen. Auf schmalen Treppen und Gittern spazieren wir direkt über dem von Mauern eingefassten Flusslauf geradeaus bis zur Straße Markt, überqueren sie, laufen weiter am Fluss bis zur Straße Am Bootshafen, in die wir links einbiegen.

Nach dem Bahnhof gehen wir beim Stein „Berlin 354 Kilometer" rechts in eine Unterführung und laufen Richtung Strandweg. Am Seeufer biegen wir links ein, rechts in die **Eutiner Straße.** Fischbuden, die Restaurants **Altes Fährhaus ⑪** und **Alte Kate ⑫** legen eine kleine Rast nahe. Wir biegen nach der alten Allee rechts ab in die **Rosenstraße,** vor dem Wasserwerk biegen wir rechts in einen Sandweg, der uns wieder in direkten Kontakt zum See bringt. Vom Ufer ist die rund 2 Hektar große **Insel Olsborg ⑬** zu erkennen, der Ort, an dem für Plön im 10. Jahrhundert alles begann.

Wir biegen nach rechts ab zur Badestelle, vor dem Fußballplatz nehmen wir den Weg schräg links über die Wiese. Am Knick führt eine Betontreppe zum Parkplatz. Einmal umdrehen! Der Blick auf den Plöner See ist grandios.

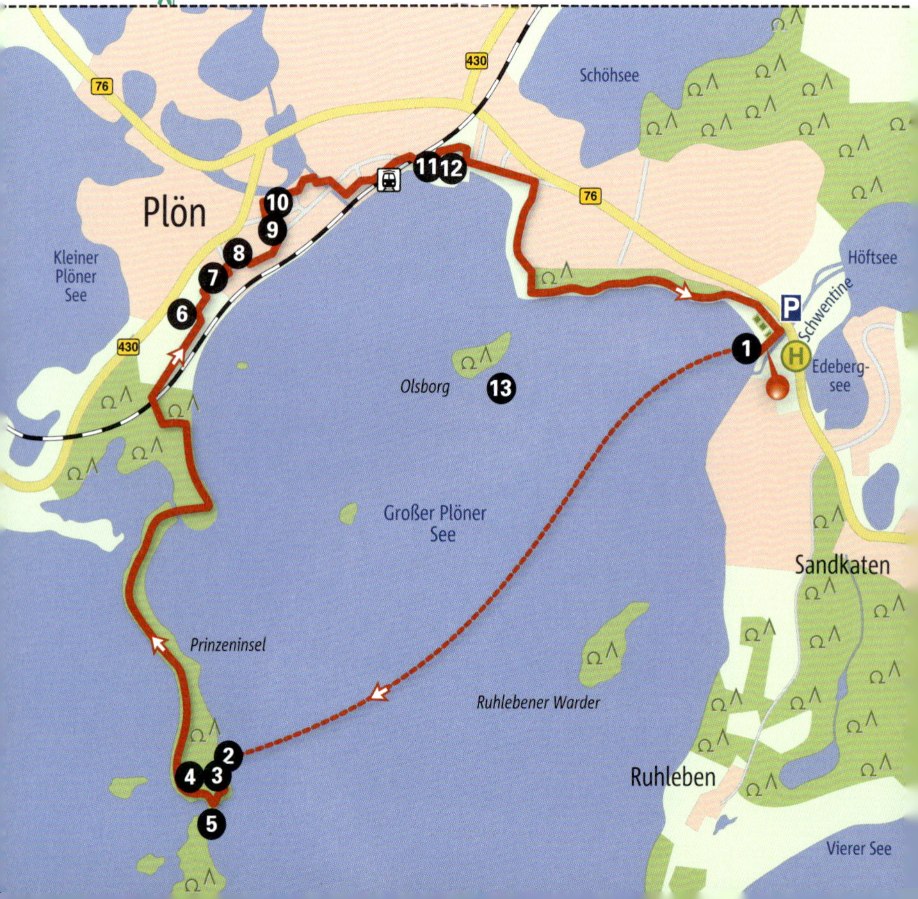

Alles auf einen Blick

WIE & WANN:
Parkwege, Bürgersteige; ganzjährig möglich, im Sommer Badesachen mitnehmen, an stillen Tagen Rehbeobachtung möglich, zur Apfelblüte oder -reife besonders schön, von Mai bis Oktober Fahrt mit der Großen-Plöner-Seen-Rundfahrt zum Startpunkt.

HIN & WEG:
Auto: Parkplatz Fegetasche, Fegetasche 99, 24306 Plön (GPS: 54.154290, 10.448187) ÖPNV: Bus 331, 353 bis Fegetasche Plön, Rückkehr von der Prinzeninsel: Shuttleservice vom Restaurant Prinzeninsel (www.prinzeninsel.de)

ESSEN & ENTSPANNEN:
Restaurant Prinzeninsel ❹ mit Kiosk Prinzenbad, Große Insel 1, 24306 Plön, Tel. (0 45 22) 50 87 00, www.prinzeninsel.de

Entspannung ★★★☆☆
Genuss ★★★★★
Romantik ★★★☆☆

Restaurant Alte Schwimmhalle und Kulturforum ❽ Schloßgebiet 1 a, 24306 Plön, Tel. (0 45 22) 59 36 30, www.restaurantalteschwimmhalle.de
Restaurant Eisenpfanne ❿ Lange Straße 47, 24306 Plön, www.goldnebel-event.de, Tel. (0 45 22) 22 90
Altes Fährhaus ⓫ Eutiner Straße 4, 24306 Plön, Tel. (0 45 22) 7 98 34 35, www.altes-faehrhaus-ploen.de
Alte Kate ⓬ Eutiner Straße 6, 24306 Plön, Tel. (0 45 22) 98 59, www.altekate-ploen.de

ENTDECKEN & ERLEBEN:
Bade- und Anlegestelle Fegetasche Großer Plöner See ❶ Tel. (0 45 22) 67 66, www.grosseploenersee-rundfahrt.de **Prinzeninsel ❷** www.prinzeninsel.de
Planetenpfad ❸ **Lieblingsplatz der Kaiserin ❺**
Prinzenhaus Plön ❻ www.prinzenhausploen.de
Alte Schlossgärtnerei ❼ www.alte-schlossgaertnerei-ploen.de **Schloss Plön ❾**
Insel Olsborg ⓭

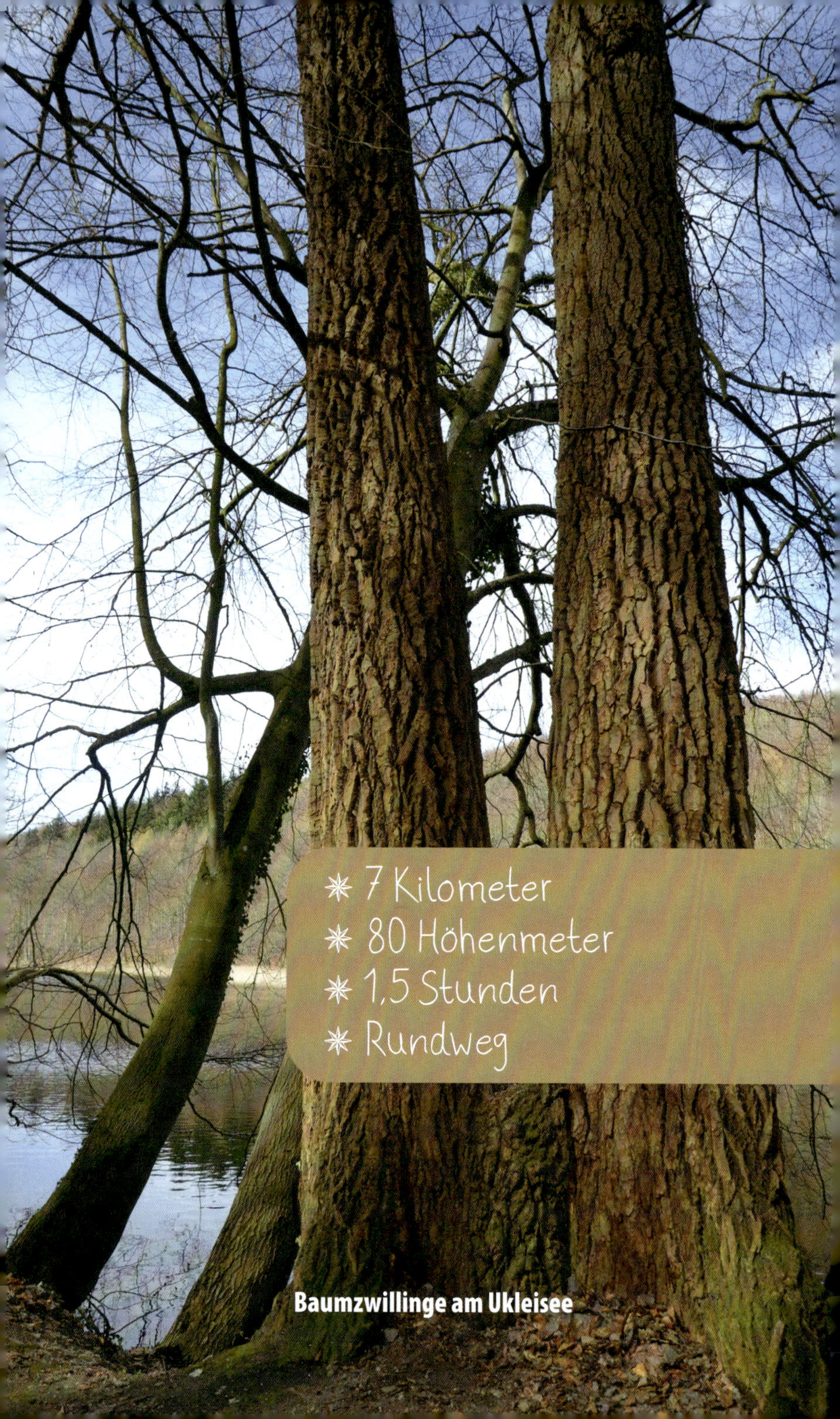

- 7 Kilometer
- 80 Höhenmeter
- 1,5 Stunden
- Rundweg

Baumzwillinge am Ukleisee

Die Wanderung beginnt am ersten Parkplatz. Wir gehen zwischen zwei mannshohen Granitsäulen in den Wald. Mit den Inschriften „Uklei" und „1776" führen sie uns in Gedanken schon zum malerisch gelegenen **Jagdschloss am Ukleisee** ①. Wir erreichen es nach wenigen Metern über den Höhenpfad. An einer Reihe alter Buchen vorbei, gehen wir direkt auf das architektonische Kleinod zu, ignorieren dabei alle Abzweige zum See, der zwischen den Stämmen unten leuchtet. Wilhelm von Humboldt geriet 1796 über das bemerkenswert wohlproportionierte „Lusthaus zu Sielbeck" inmitten sanfter Waldhügel ins Schwärmen. „Göttlich" nannte der Gelehrte enthusiastisch das idyllische Natur-Gebäude-Ensemble. Zur Zeit des Gelehrten bot sich von der Anhöhe noch das spektakuläre Doppelpanorama auf den Kellersee im Westen und den Ukleisee im Osten.

*Klassische oder moderne Musik klingt heute bei Konzerten aus dem **Jagdschloss** weit über den Ukleisee. Infos gibt es unter www.holsteinischeschweiz.de*

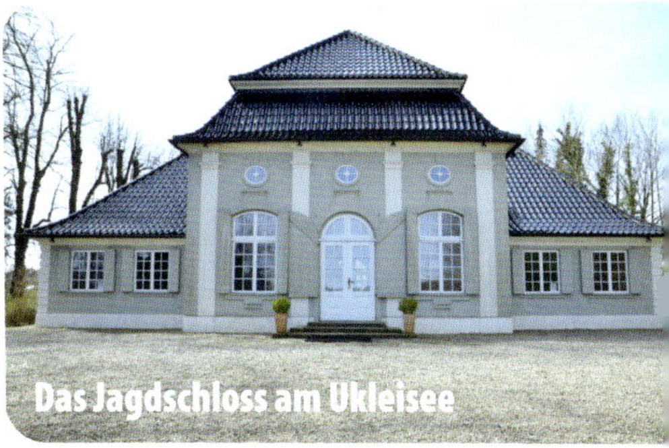
Das Jagdschloss am Ukleisee

Göttliches Idyll

Vom Ukleisee zum Kellersee

Ein Ort, um die Welt zu vergessen. See und Gebäude sind von alten Bäumen eingefasst. Von Bänken auf der Terrasse lässt sich das Schlösschen mit den ovalen Ochsenaugenfenstern unterm Mansarddach ebenso in aller Ruhe bewundern wie der gerade 32 Hektar kleine See. Über eine breite Treppe gelangen wir zu einer

Aussichtsplattform am Ufer. Von der Terrasse führt ein Waldweg mit Stufen zum Seerundweg. Wir nehmen einen der beiden abwärts führenden Wege, biegen links ab und überqueren den **Nücheler Graben.** (Tipp: Im Frühjahr begleitet uns ein Blütenmeer aus weißen Buschwindröschen und sattgelben Sumpfdotterblumen an der Nordseite des Sees.)

Die ursprünglich geplanten Spazierwege sind bis heute erhalten und laden zu Ausflügen ein. Wir bleiben auf dem Uferweg. Der 17 Meter tiefe **Ukleisee** ist von mit Buchen und Eichen bewaldeten Hängen umgeben. Im Wasser tummeln sich Plötze und Barsch, Hecht und Zander, Moderlieschen und Rotfeder, Karpfen und Aal. Und der Weißfisch Ukelei.

*Der **Ukleisee** ist ein Toteissee, der während der Weichseleiszeit entstand. Diese begann vor rund 115.000 Jahren und endete vor ungefähr 11.600 Jahren. Beim Rückzug der Gletscher blieben Eisblöcke in Senken. Aus ihrem Schmelzwasser entstand der See.*

Umgestürzte Stämme ruhen am Ufer und im See, Enten sonnen sich auf dem silbern ausgeblichenen Holz. Wir passieren einen runden Wetterunterstand. Ein Wasserlauf begleitet uns links. Die Wellen reflektieren das Sonnenlicht von unten an die Zweige.

Im 18. Jahrhundert schätzten Dichter und Denker aus dem Eutiner Kreis das Ensemble aus Gebäude und

Ukleisee-Blick

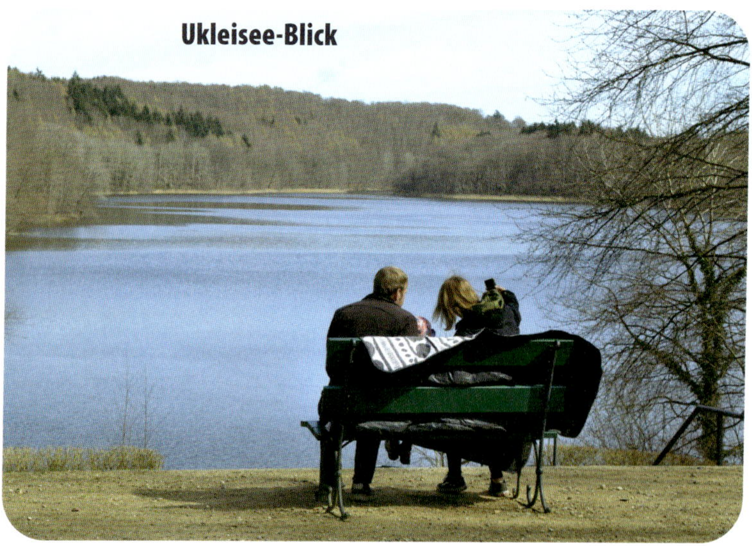

Natur. Baumstammbänke laden uns zum Nachsinnen darüber ein, wie Lyriker Emmanuel Geibel an schwärmerischen Reimen über die Schönheit des Ukleisees feilte. Stand er an der gleichen Stelle wie wir? Waren die alten Bäume am Weg vielleicht stille Zeugen der Streitgespräche von Homer-Übersetzer Johann Heinrich Voß und Dichter Friedrich Leopold Graf zu Stolberg über die Französische Revolution?

Nach einem zweiten Unterstand werden die Waldhänge steiler. Wie sagenhafte Urzeittiere mit dicker

*Der **Eutiner Kreis** bestand von 1776 bis 1829. Intellektuelle, Dichter und Künstler waren darin vereint. In seiner Blütezeit entstanden zahlreiche Dichtungen zum Ukleisee. Der Zusammenschluss brachte Eutin den Namen „Weimar des Nordens" ein.*

Stämme wie Urzeittiere

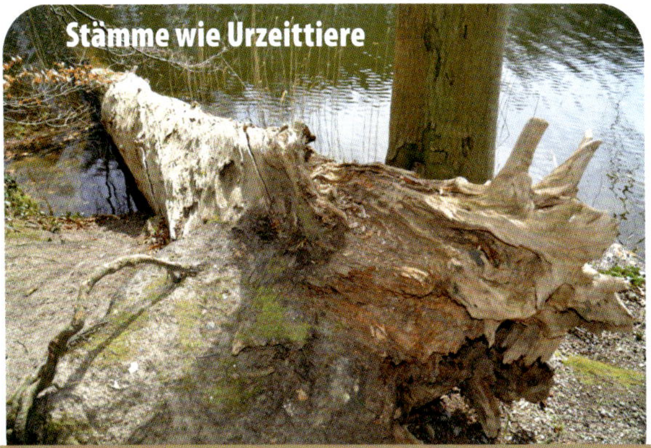

Für die Seele

Geschützt von Wald und Hängen verzaubern die Gestade des Ukleisees seit Jahrhunderten jeden Gast. Der Kellersee prunkt mit Weitblick und Strand.

Schuppenhaut lagern bemooste Baumstämme am Wasser. Wir folgen dem Wanderweg, der mit einer grünblauen Welle und weiß-grün-weiß markiert ist, ein Abzweig nach links führt zu den Wällen einer Burg aus frühslawischer Zeit, aus dem 8. bis 9. Jahrhundert. An einer weiteren Wegkreuzung gehen wir geradeaus und erreichen die Überreste einer **Turm-**

hügelburg ❷ aus dem 11. Jahrhundert. Eine Besteigung des steilen Hügelchens wird mit einem schönen Seeblick belohnt.

Wir überqueren den ehemaligen Befestigungsgraben und biegen links ab. Leicht bergan geht es zum **Forsthaus am Ukleisee** ❸. Wir biegen rechts ab und zweigen links in einen breiten Waldweg ein. Nach rund 100 Metern biegen wir an einer Kreuzung rechts in einen breiten Schotterweg ein. Hinter Weiden kommt das heutige Forsthaus Wüstenfeld in Sicht. Wir ignorieren alle Abzweige und gehen bis zur **Eutiner Straße.** Hinter einem grün-weiß gestrichenen Stahlgatter überqueren wir die Straße vorsichtig nach schräg links. Dort beginnt nach 30 Metern der Weg in einen Naturwald. Der ausgewiesene Lebensraum für Tiere und Pflanzen hat positive Folgen: Schwarzspechte haben sich angesiedelt, über den Wipfeln kreisen wieder Seeadler. Rechts zwischen den Bäumen leuchtet der Kellersee. Wir ignorieren einen Rechtsabzweig, der zur neuen Kalkhütte führt. Die gelben Wandsteine des Hauses auf Privatgelände haben regionalen Geschichtswert: Sie wurden aus Wiesenkalk gebrannt,

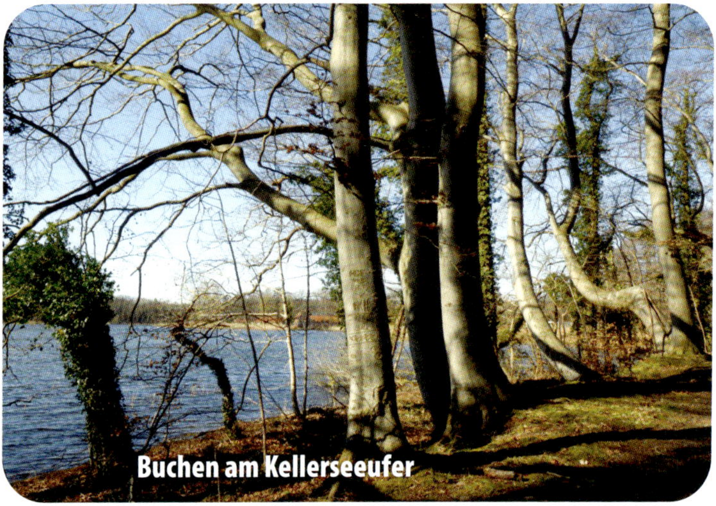

Buchen am Kellerseeufer

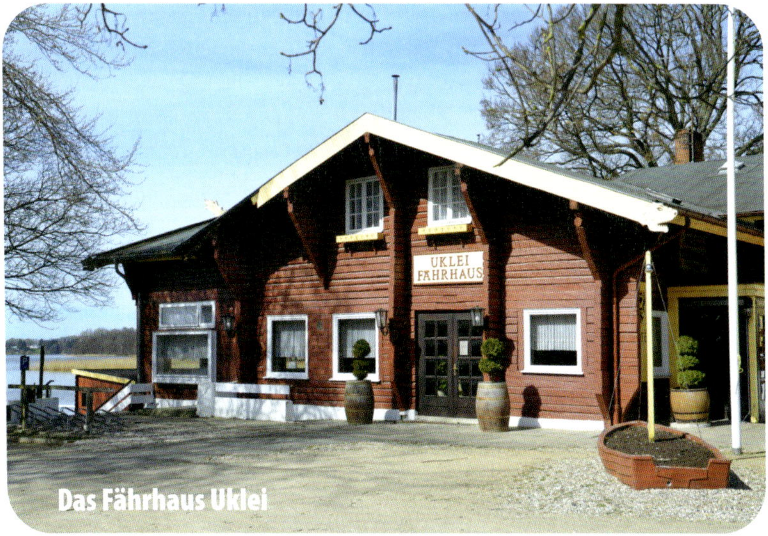

Das Fährhaus Uklei

der wenige Meter entfernt ab dem frühen 18. Jahrhundert am Kellersee abgebaut wurde. Das Material war wie Tuffstein zwischen Fissau und Sielbeck entdeckt worden. Grundstücksbesitzer Fürstbischof Christian August von Schleswig-Holstein-Gottorf trieb den Abbau des Baustoffs voran. Der Kalk aus Sielbeck findet sich in Gebäuden im Eutiner Schlosspark, er wurde auch auf den Gütern Rantzau und Salzau verbaut.

Die alte Kalkhütte ist heute nicht mehr lokalisierbar. Der **Kalkhüttenweg** ❹ zwischen Fissau und Sielbeck erinnert an jene Zeit. Seinen Namen verdankt der romantische Uferweg dem Kunstmaler Johannes Vahldiek. Der kaufte 1885 ein Kalkhüttengrundstück. Bedingung war, dass er einen Uferweg anlegt. Wir danken dem Maler in Gedanken für den Genießerpfad, in den wir rechts einbiegen – links ist ein Abstecher nach Fissau möglich. Wir laufen jetzt auf einem weiß-grün-weiß und weiß-blau-weiß markierten Streckenabschnitt des Kellersee-Rundwegs. Ein Unterstand zwischen mit Efeu berankten Bäumen lädt zum Erlebnismoment ein. Wellen schwappen leise plätschernd träge ans Ufer. Zwischen Röhrichthalmen glitzert das Wasser.

Im Weitergehen wird am gegenüberliegenden Seeufer ein weißer Pavillon mit rotem Dach erkennbar. Der romantische Ausguck gehört einem Privatmann. An einer **Badestelle** **5** mit Sitzbänken und einem Rastunterstand geht der Blick weit über den See. Ein perfekter Ort, um Wellen, Wind und Himmel in die Seele einzulassen. Die schönen Aussichtsterrassen vom **Uklei-Fährhaus** **6** laden zu einem gemütlichen Ausklang der Wanderung ein. Wir biegen vor dem Fährhaus rechts ab, überqueren die Eutiner Straße, gehen in die Straße **Zum Ukleisee.** Nach 200 Metern ist der Parkplatz erreicht.

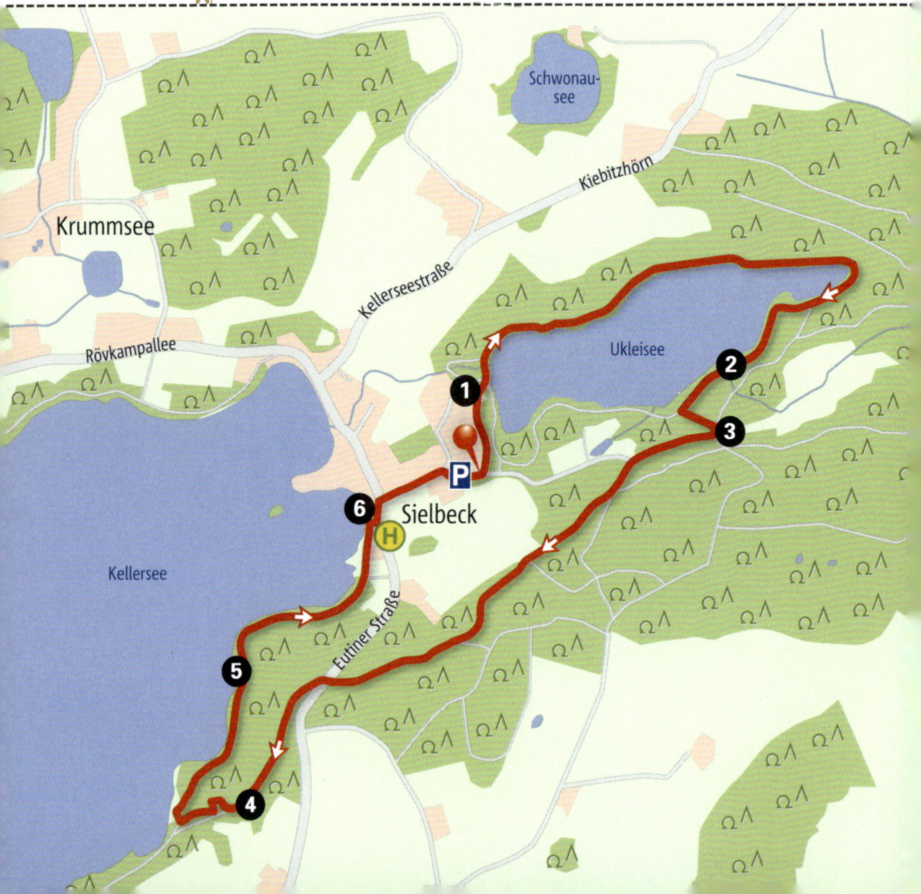

Alles auf einen Blick

WIE & WANN:
Wald- und Uferwege, asphaltierte Wege; ganzjährig möglich, im Frühjahr blühende Buschwindröschen- und Sumpfdotterblumenmeere, bei Tourstart frühmorgens liegt das Jagdschlösschen in der Sonne.

HIN & WEG:
Auto: Wanderparkplatz Zum Ukleisee, 23701 Eutin (GPS: 54.180585, 10.62864)
ÖPNV: Bus 5506, 5507 bis Eutin-Sielbeck Zum Ukleisee (450 Meter zum Startpunkt, über die Straße Zum Ukleisee)

ESSEN & ENTSPANNEN:
Forsthaus am Ukleisee ❸ Zum Ukleisee 23, 23701 Eutin, www.forsthaus-ukleisee.de
Uklei-Fährhaus in Eutin ❻ Eutiner Straße 7, 23701 Eutin, Tel. (0 45 21) 24 58

ENTDECKEN & ERLEBEN:
Jagdschloss am Ukleisee ❶
Turmhügelburg ❷
Kalkhüttenweg ❹
Badestelle ❺

Entspannung ✷✷✷✷✷
Genuss ✷✷✷☆☆
Romantik ✷✷✷✷✷

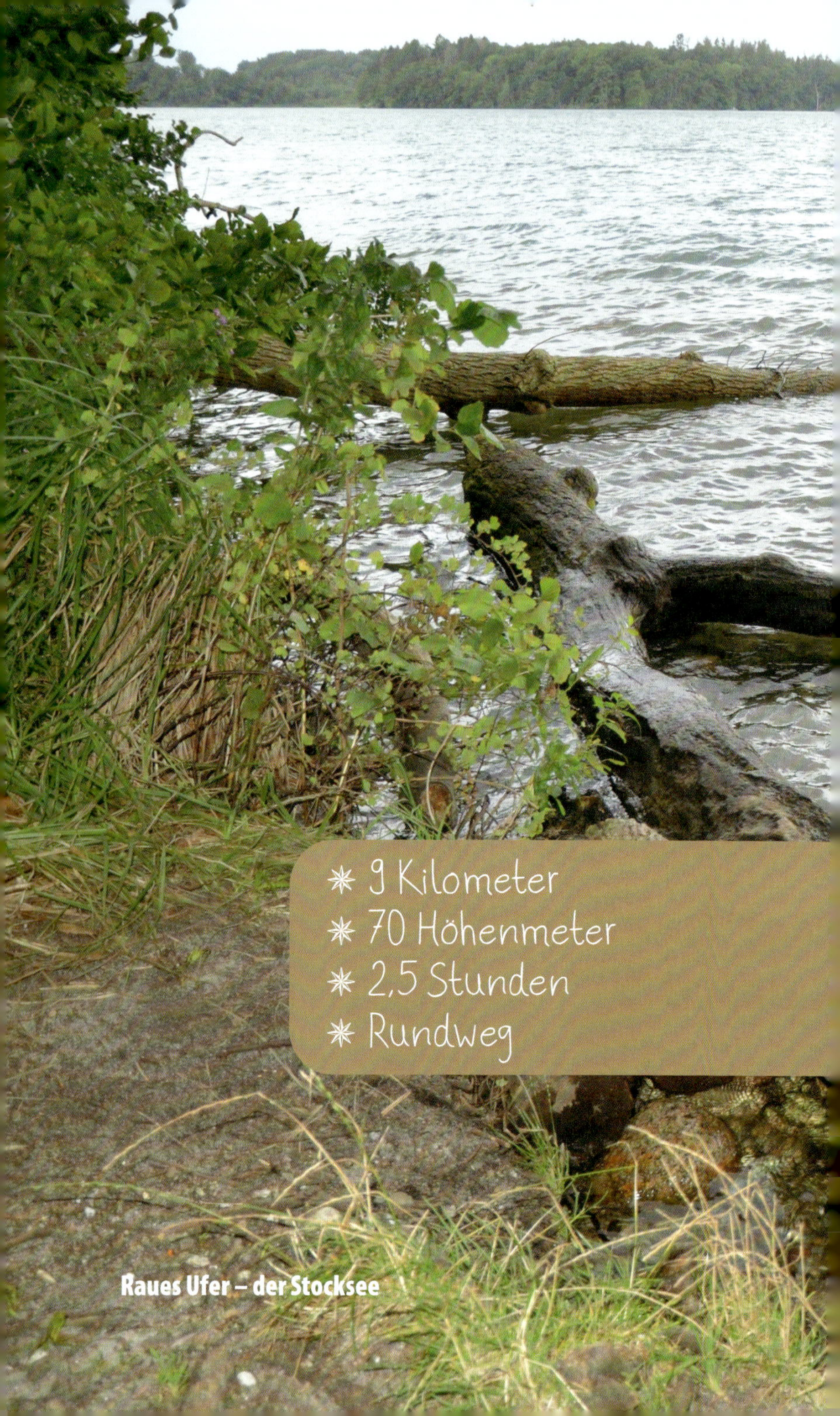

Raues Ufer – der Stocksee

Hinter einer Reithalle reckt das **Gut Nehmten** ❶ seine weißen Giebel aus Baumwipfeln. Aus der Ferne genießen wir die Eleganz des Herrenhauses mit der klassizistischen Fassade. Mit der Zufahrt im Rücken beginnen wir unsere Wanderung in den **Nehmtener Forst** ❷. Mit im Gepäck: ein Proviantvorrat. Es gibt auf der Tour keine Rastmöglichkeit. Nach 200 Metern nehmen wir den Weg rechts ab. Buchenwipfel über uns und Springgrasmeere um die Füße sind Vorboten, die erzählen: Diese Wanderung bringt uns Naturidyllen nahe. Wir wandern leicht bergan und ignorieren einen Rechtsabzweig, links öffnet sich ein kleines Tal, das wir umrunden. Einmal Brombeeren naschen, einen Rechtsabzweig ignorieren und nach 800 Metern an einer Kreuzung rechts einbiegen. Nach 100 Metern gehen wir an der

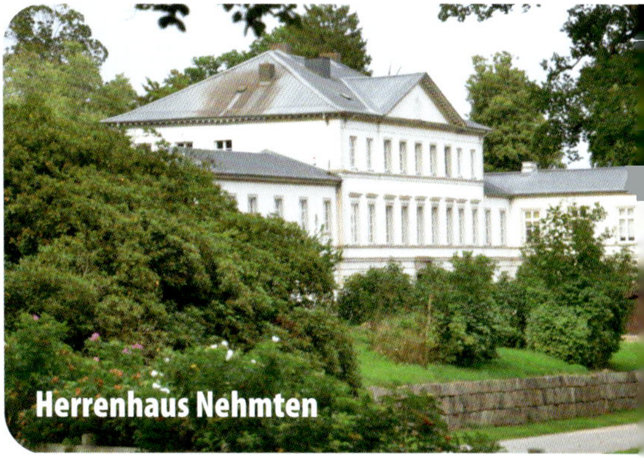

Herrenhaus Nehmten

Swingende Au

Von Gut Nehmten zum Stocksee

nächsten Kreuzung geradeaus und ignorieren einen Linksabzweig, geradeaus geht es zu einem Fünfsprung, wo fünf Wege aufeinandertreffen. Dort nehmen wir den linken Weg, danach geht es zweimal rechts. Alte Nadelbäume begleiten uns.

Wir ignorieren einen Linksabzweig. Am Wegesrand lagernde Stämme laden zu einer ersten Rast im offenen Waldstück ein. Ein Moment der Stille. Einmal durchatmen. Wir biegen links in den Weg Richtung Sportplatz Stocksee und zum Ort **Stocksee** ein. Unter urigen Eichenästen und vorbei an jungen Ahornbäumen, grünem Farn und Springkraut spazieren wir, rechts öffnet sich der weite Blick über ein Feld. Wir ignorieren einen Linksabzweig und gehen geradeaus bis zur Straße **Im Sande,** in die wir links einbiegen. (Alternative: Geradeaus beginnt der Rundweg um den Stocksee.)

*Am anderen Seeufer kommen die roten Häuser vom Ort **Stocksee** in Sicht. Das Gut Stockseehof ist Spielort vom Schleswig-Holstein Musikfestival (jährlich, Juli und August).*

Unter uralten Alleebäumen, an einem Mahnmal entlang, erreichen wir an einem Haus mit vier auf den Stock gesetzten alten Linden die Siedlung Sande mit der Bushaltestelle. Neben einem weißen Fachwerkhaus lädt eine Bank zum Schwelgen ein: Zwischen Weiden hervor grüßt der **Stocksee.** Wir folgen dem Pfad ans Ufer und biegen links ein. Wellenrauschen begleitet uns bei Wind, im August blühender Storch-

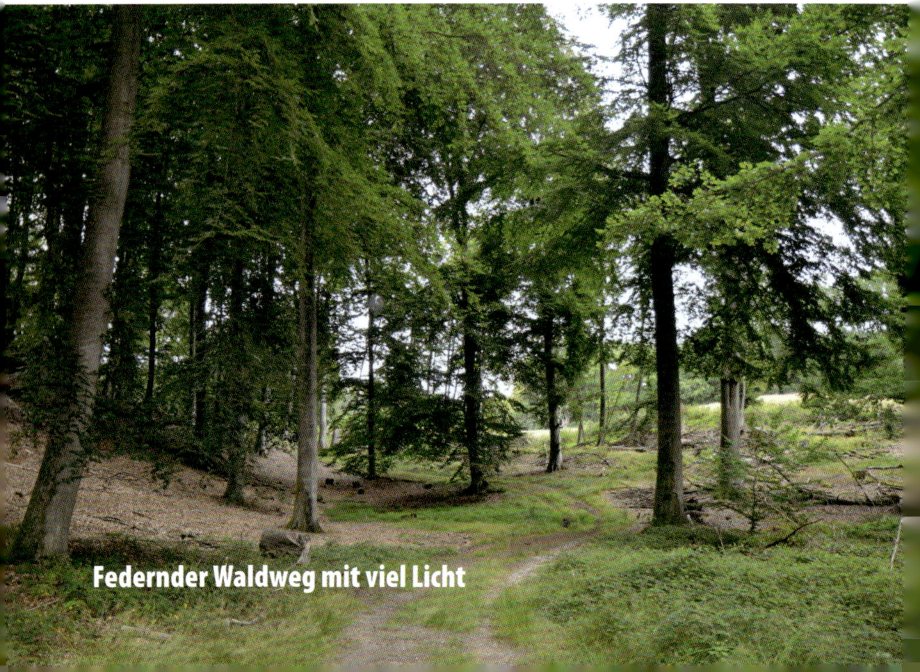

Federnder Waldweg mit viel Licht

schnabel am Wegesrand und nickende Gräser. Viel freie Fläche umgibt die alten Bäume, wir wandern in ihrem lichten Schatten auf dem weiß-blau-weiß und weiß-rot-weiß markierten Weg.

Nach Farn, Rotbuchen, Haselnuss und einem knorrigen Baumstamm kuschelt sich eine Sitzbank aus Holzstämmen in den Wald. Draufklettern! In exponierter Lage genießen wir einen Panoramablick über den See. Bäume rahmen die Aussicht wie in einem Caspar-David-Friedrich-Gemälde. Nach einer Au erreichen wir Weiden, auf denen Pferde grasen,

Ein Reetdachhaus schmiegt sich an die Straße

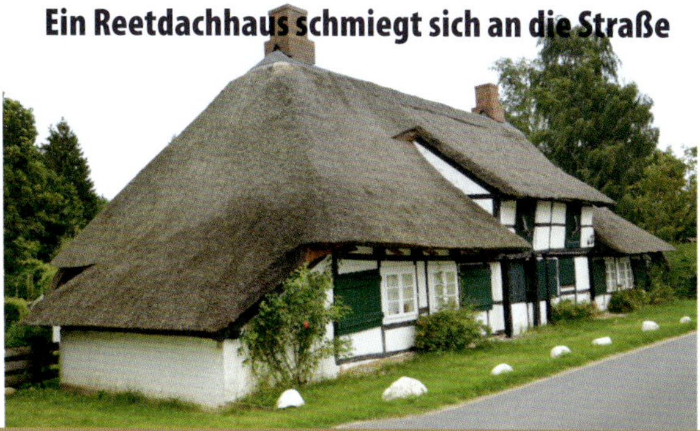

*1974 wurde das **Naturschutzgebiet Mittlerer Stocksee** und Umgebung auf 99 Hektar Fläche am südlichen Seeufer ausgewiesen. Eisvogel und Seeadler leben in teils urwaldartigen Wäldern, im See gibt es bis zu 20 Fischarten.*

Für die Seele

Die heilende Kraft des Waldes erfrischt Wanderer im Nehmtener Forst, der Anblick der quirligen Tensfelder Au belebt. Stockseepanoramen berauschen.

dazu einen Turnierplatz mit Hindernissen aus Holz. Dahinter beginnt das **Naturschutzgebiet Mittlerer Stocksee** ❸ und Umgebung.

Nach einem Bauernhaus mit Reetdach und Zierpferdeköpfen am Giebel biegen wir links ab in die Straße **Ziegelei.** Wir wandern auf dem markierten Weg durch Weiden, in denen im August die Grillen zirpen und tauchen erneut in den Wald ein. Wir ignorieren einen Rechts- und zwei Linksabzweige. Eschen, Schwarzerlen, Buchen, Ebereschen und Haselnuss begleiten uns auf dem markierten Weg, auch mit Efeu berankte Ahornbäume. An einer T-Kreuzung folgen wir rechts 50 Meter dem markierten Weg und gehen dann links in einen unmarkierten Waldweg. Wir bleiben auf dem Hauptweg, ignorieren einen Rechtsabzweig und erreichen die **Tensfelder Au** ❹.

Das Flussbett befindet sich unter Wegniveau. Ein wildes Naturidyll: Umgestürzte Baumriesen liegen als natürliche Brücken über dem Wasser, das nach Regengüssen kräftig strömt. Wie im Mangrovenwald ragen Baumwurzeln offen ins Wasser. Erlenzweige hängen tief über dem Weg, orangefarben leuchten im Herbst die Früchte der Ebereschen, Ahornschößlinge sprießen aus dem Boden. Moosbetten leuchten grün. Wir biegen links ein und verlassen den schwungvollen Strom. Auf einem breiten Weg geht es durch lichten Buchenwald. Ein Moment, um die Gedanken frei

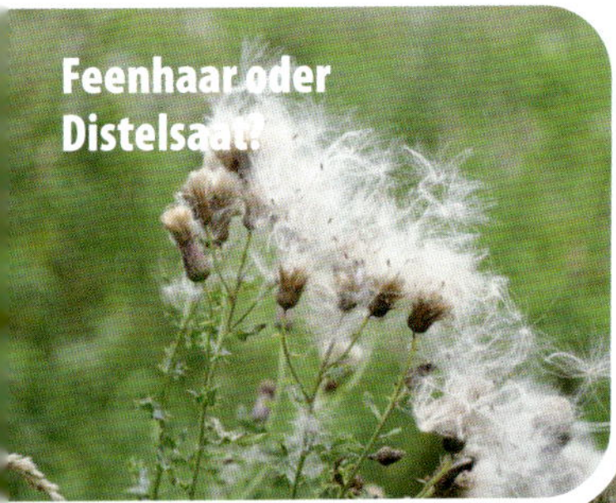

Feenhaar oder Distelsaat?

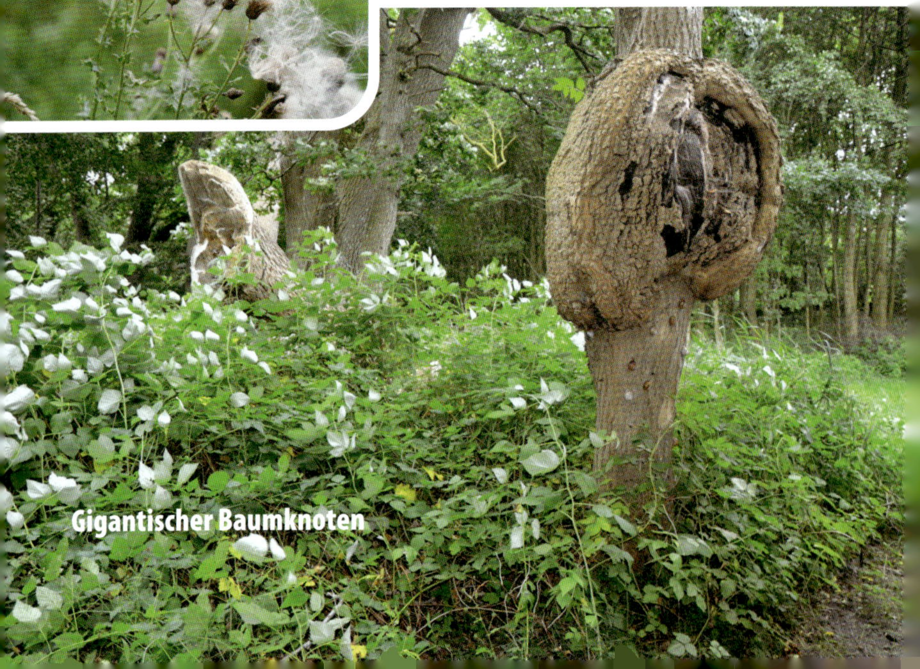

Gigantischer Baumknoten

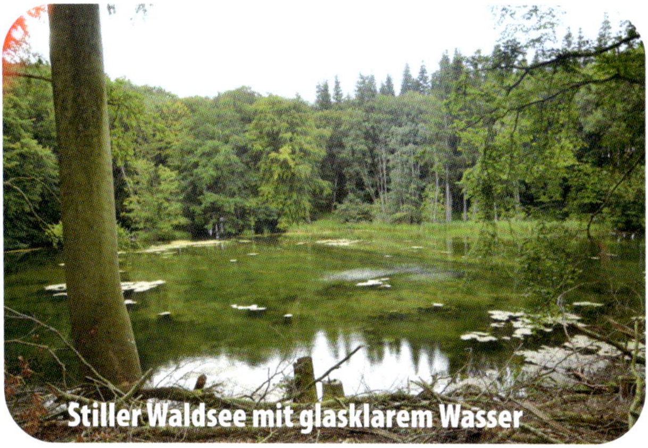

Stiller Waldsee mit glasklarem Wasser

schweifen zu lassen. Wir gehen nach rechts bis zur Straße **Im Sande,** der wir nach einem spiegelnden Teich rechts folgen. Vorher sollte man noch einen Blick auf die beiden idyllischen Teiche auf der gegenüberliegenden Straße werfen.

Wir nehmen links den weiß-rot-weiß markierten **Wiesenweg** nach Sepel und Nehmten und überqueren die jetzt deutlich friedlicher fließende Tensfelder Au auf einer Betonbrücke mit grünem Stahlgeländer. Nach Holunderbüschen und Weißdorn, alten Ahornbäumen, Erlen und Linden und der Tensfelder Au als Begleiterin zur Linken, führt unser Weg durch weite Felder. An einer Bank und einem Betonpfeiler mit weiß-rot-weißer Markierung lohnt ein kurzer Abstecher links über eine Brücke: In der Ferne leuchtet der Große Plöner See. Zurück auf dem Weg passieren wir einen Erlenbruch, in extensiv bewirtschafteten Ackerflächen duften die Blumen. Wir überqueren erneut die Tensfelder Au. Nach Weiden, auf denen Schafe grasen, kommt rechts der **Große Plöner See** in den Blick, das weiße Gutshaus leuchtet malerisch im Grün.

Vor einem Stahlschlagbaum biegen wir links ab. Unter den ausladenden Ästen einer alten Eiche gehen wir an Pferdeweiden vorbei. An der nächsten Gabelung wandern wir geradeaus auf der Asphaltstraße

Richtung Schloss weiter. Greift der Wind die Äste einer uralten Linde, knarzt uns der Baum einen Gruß zu. Wir passieren links eine Obstbaumwiese und erreichen den Startpunkt. Im etwas entfernt gelegenen **Hofcafé Brüne** ⑤ können wir mit Aussicht auf den Großen Plöner See das Bad im Grünen ausklingen lassen.

Geheimtipp: Dem Weg Alte Försterei noch 450 Meter weiter geradeaus folgen bis zur Alten Försterei. Das Fachwerkhaus, vor dem ein Baum mit miteinander verwachsenen Zweigen als Wahrzeichen steht, liegt wie verwunschen am **Plöner See.** Auf dem Rückweg ist links ein Blick in den Herrenhauspark möglich. Alte Solitärbäume breiten ihre Äste weit über gepflegten Rasenflächen.

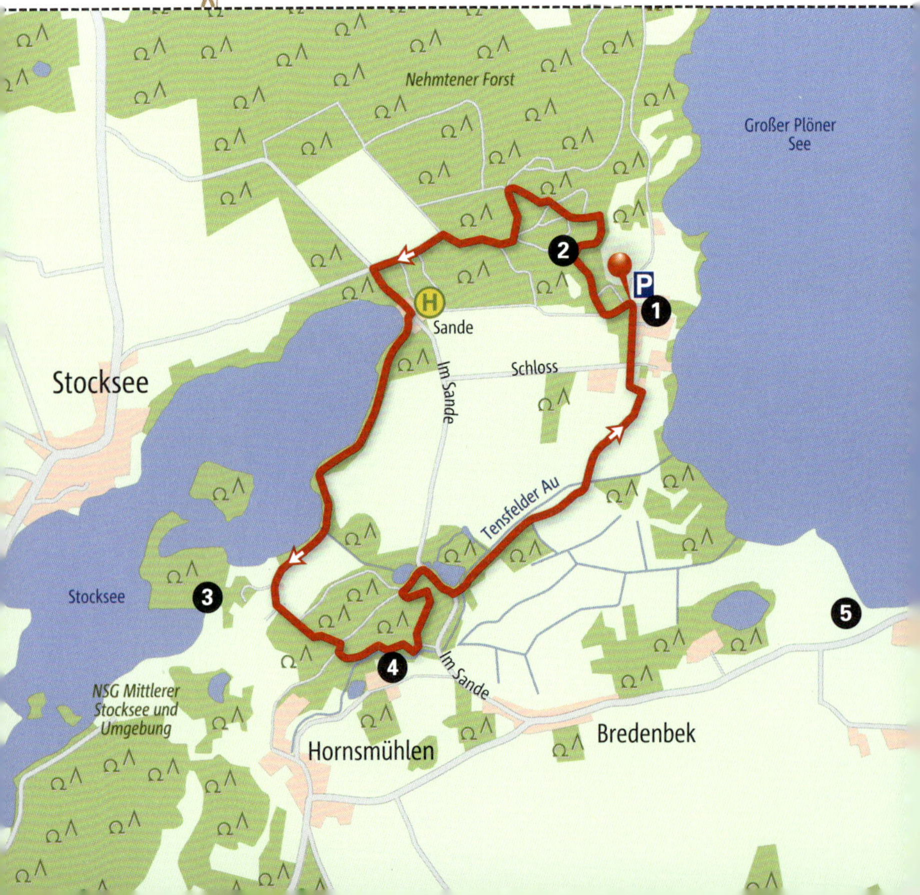

Alles auf einen Blick

WIE & WANN:
Wald-, Wiesen- und Wirtschaftswege, Straßen; ganzjährig möglich, nach Regen morastige Wege, im August betörende Grillenkonzerte und Blütenaromen in den Wiesen, blühende Springkrautmeere im Wald.

HIN & WEG:
Auto: Parkplatz Schloss, 24326 Nehmten (GPS: 54.096359, 10.391265)
ÖPNV: Bus 362 bis Im Sande

ESSEN & ENTSPANNEN:
Hofcafé Brüne ❺ Pehmerhörn, 24326 Nehmten (5 km vom Start), Tel. (0 45 55) 10 75

ENTDECKEN & ERLEBEN:
Gut Nehmten ❶ Alte Meierei 1, 24326 Nehmten
Nehmtener Forst ❷
Naturschutzgebiet Mittlerer Stocksee ❸
Tensfelder Au ❹

Entspannung ✱✱✱✱✱
Genuss ✱✱
Romantik ✱✱✱✱

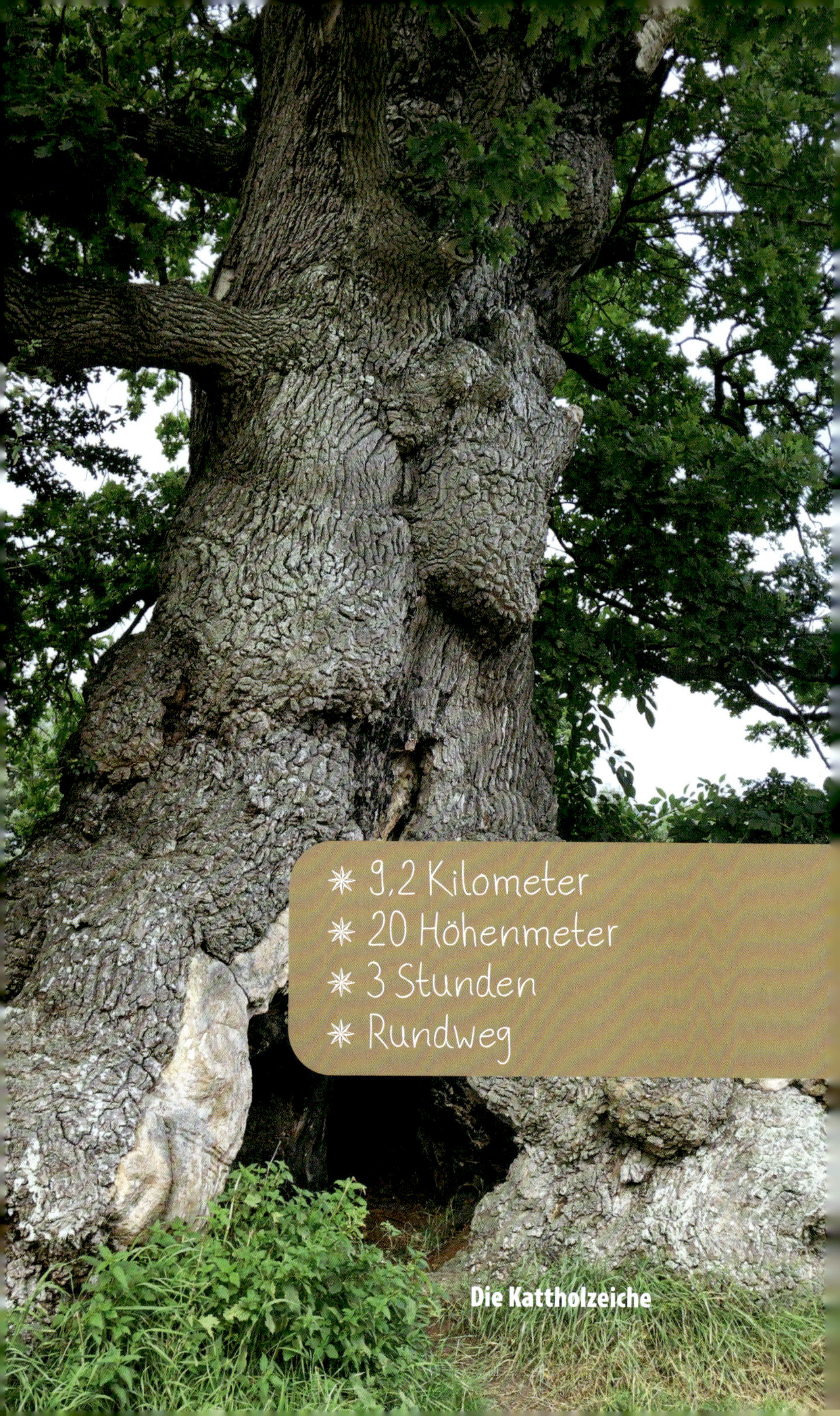

- 9,2 Kilometer
- 20 Höhenmeter
- 3 Stunden
- Rundweg

Die Kattholzeiche

Wir beginnen die Wanderung auf einem breiten Sandweg, mit den Reetdachhäusern der **Perdoeler Mühle** 1 im Rücken, auf dem Parkplatz des Cafés und Restaurants. Vorher checken, wie lang das Café geöffnet hat! Es ist die einzige Gaststätte auf der Tour. Obstbäume säumen den Feldweg, nach wenigen Metern kommt die **Kattholzeiche** 2 in den Blick. Ein Naturmonument der Sonderklasse. Kraftvoll und urig. Der innen angekokelte, hohle Stamm wirkt wie eine geheimnisvolle Höhle, ein magischer Schutzort. Einmal die Rinde berühren! Vielleicht raunen die raschelnden Blätter aus der Krone ein Lied aus uralten Zeiten zu uns herab.

Gegenüber vom Fachwerkhaus mit der Nummer 19 am Einfahrtstor biegen wir links auf einen Pfad am Feldrand, der parallel zu einer stillgelegten Bahnlinie verläuft. Bäume einer großartigen Allee grüßen, sie markieren den Weg zum **Gut Perdoel.** Wir können Brombeeren naschen, passieren einen jungen Eichenhain und biegen links in die Allee. 100 Meter weiter, am Ende eines Parkplatzes, wandern wir rechts an einem grün-weißen Tor vorbei in einen Weg am Waldrand. Links zieht die Allee unseren Blick über die Felder in die Ferne. Wir gehen geradeaus in den Wald, nach 300 Metern vor einer Nadelbaumschonung links. Bei Sonnenschein hüllen uns die Bäume in ätherische Düfte. Einmal tief einatmen und die Freundlichkeit des Waldes genießen.

*Die Eiche wurde nach einer heute nicht mehr vorhandenen Siedlung **Kattholz** benannt. 13 Meter Umfang misst der Stamm in 1 Meter Höhe, ihr Alter wird auf mindestens 450 Jahre geschätzt. Das schwarze Holz im Inneren stammt von einem in den 1970er-Jahren gelegten Feuer.*

*Auf dem Hof **Altekoppel** wuchsen im 19. Jahrhundert Ludwig, Karl und Gustav Ross auf. Ludwig machte sich als Archäologe einen Namen, Karl „Charles" Ross war Landschaftsmaler, Gustav Ross machte das touristische Potenzial von Sylt bekannt.*

Den ersten Abzweig rechts gehen wir abwärts zum Uferpfad des **Schierensees.** Vor einem Bootshaus biegen wir links in einen Weg in Flanierbreite ein. Gemütlich spazieren wir unter urigen Bäumen am Ufer entlang. Erlen lassen ihre Zweige ins Wasser hängen. Eine imposante doppelstämmige Rotbuche erwartet uns zwischen Eichen und Ahorn an einem romantischen Fleck direkt am Ufer. Baumstümpfe verleiten zur Rast mit idyllischem Blick auf den See, zum Soundpanorama gehören Vogelgezwitscher und rauschende Baumwipfel.

Wir erreichen die **Badestelle Ruhwinkel** ❸ – und die Chance auf Entspannung beim Baden mit Seerosen. Wir ignorieren einen Linksabzweig und gehen weiter geradeaus. Nach einer Brücke mit Waschbetonplatten und grünem Stahlgeländer biegen wir links in die Straße **Alte Koppel.** Sie führt zwischen einem Feld und einem Knick mit leckeren Brombeeren und Haselnüssen zu einer Brücke mit

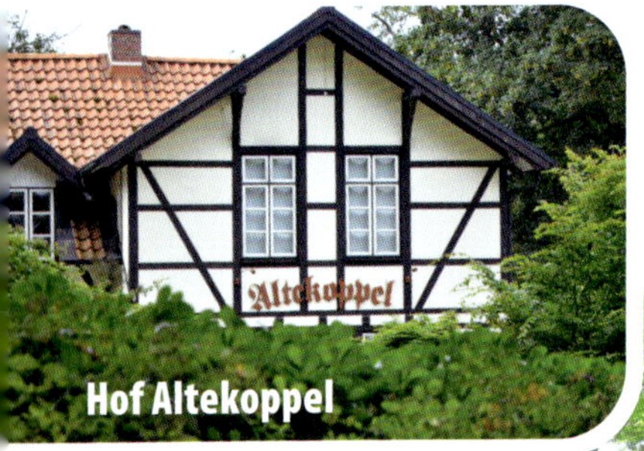

Hof Altekoppel

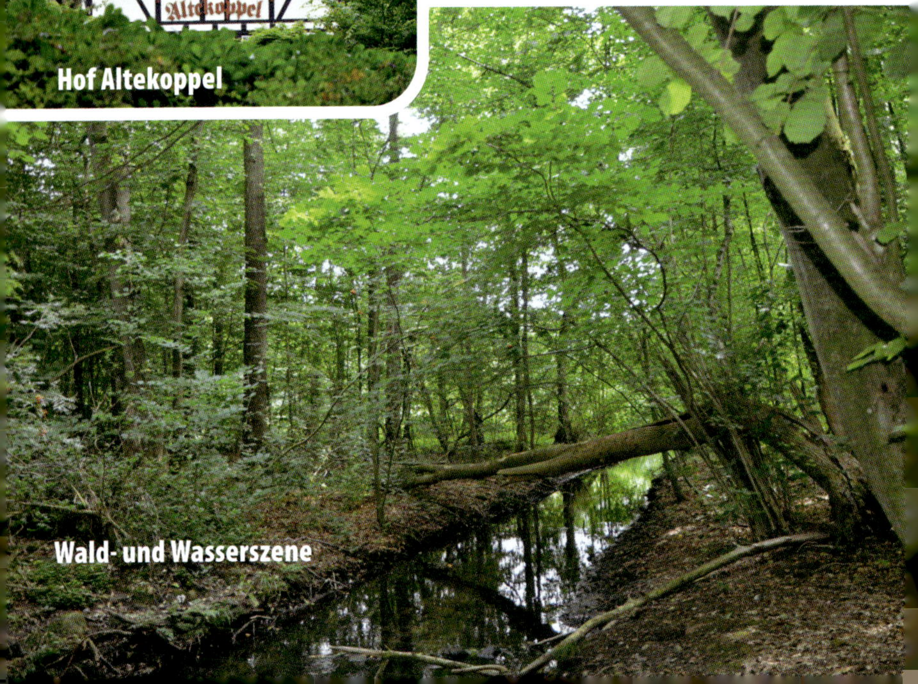

Wald- und Wasserszene

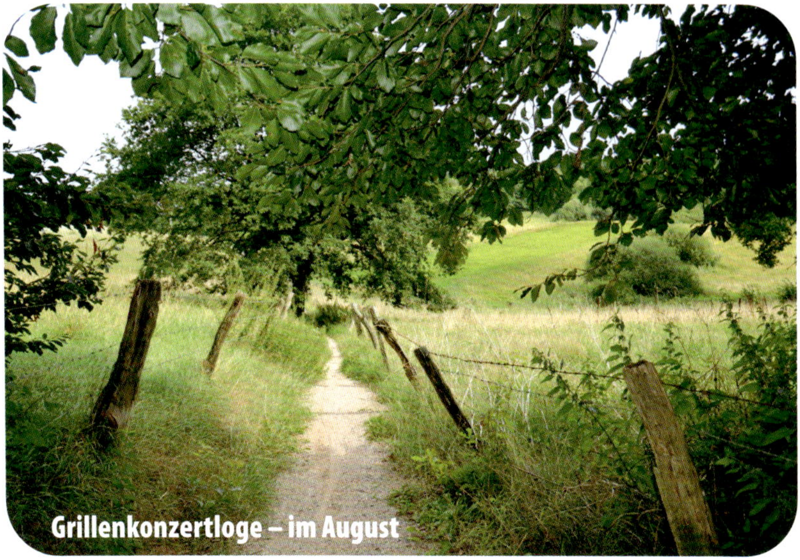
Grillenkonzertloge – im August

rot-weißem Stahlgeländer zu alten Fachwerkhäusern. Eines trägt auf dem Giebel den Namen **Altekoppel.**

Direkt danach genießen wir den Blick auf eine alte Lindenallee, biegen aber vorher rechts ab. Der mit

Für die Seele

Einen Baum aus uralten Zeiten, Naturgewalten als Landesgrenze und liebliche Seeufer vereint die Wanderung zu einem sagenhaften Krafterlebnis.

Springkraut umstandene Weg kann leicht matschig sein. Wir bleiben auf dem **Hauptweg,** erreichen ein Gatter, gehen links weiter am Feldrand entlang und ignorieren zwei Linksabzweige im Wald aus Haselnuss, Rotbuchen und schlanken Espen. Der **Fuhlensee** **4** im Naturschutzgebiet verbirgt sich in der Ferne hinter

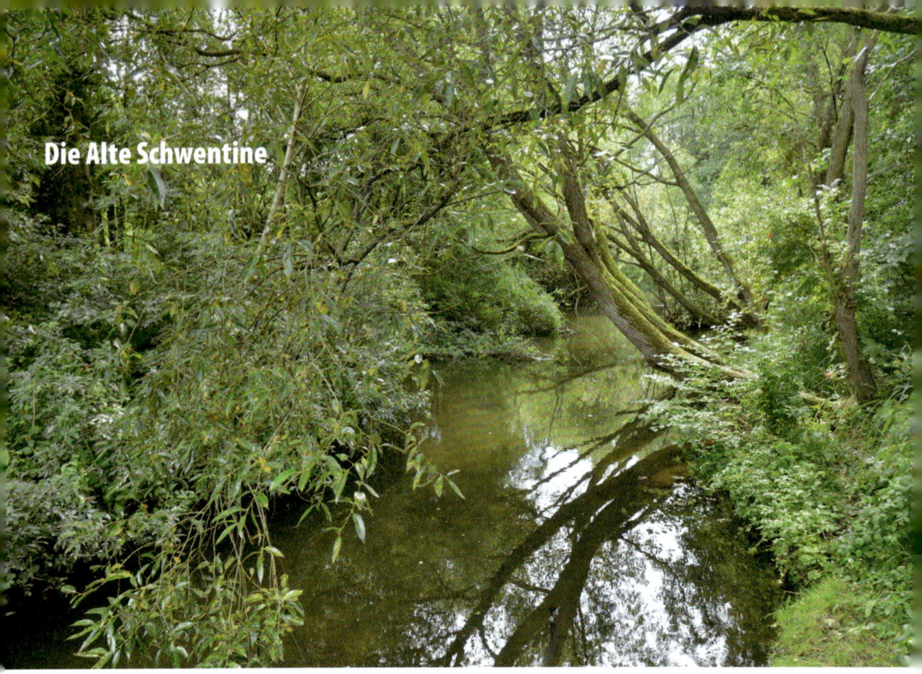
Die Alte Schwentine

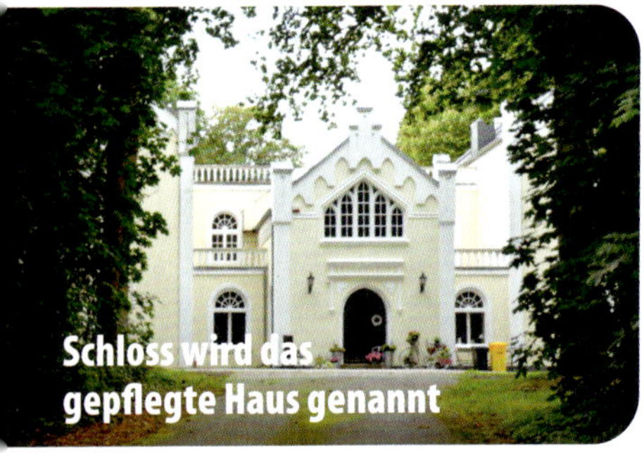
Schloss wird das gepflegte Haus genannt

einem Kranz aus Röhricht, Erlen, Buchen, Birken und Büschen.

Wir biegen links in einen Betonplattenweg. Es geht sanft bergauf. Wir ignorieren einen Linksabzweig und biegen an der Asphaltstraße für 5 Meter nach links, dann gegenüber rechts in einen mit zwei Feldsteinen markierten Wanderweg, der zwischen Wiesen abwärts führt. Im August erwartet uns quirliges Wiesenleben. Libellen umtanzen, Grillen umspringen uns und geben ein Zirpkonzert. Ein Fest der Natur! Wir biegen links auf einen Betonspurpfad, passieren ein Storchennest auf einem Mast und überqueren eine Brücke mit grün-weißem Geländer. Unter uns zieht, umsäumt von Weiden, die **Alte Schwentine.** Wir wandern an einem heiligen Fluss: Der Name Schwentine stammt vom slawischen Begriff „Sventana“ und dem baltischen Wort „Sventa“ ab und bedeutet: die Heilige.

Wir gehen auf dem **Vierer Weg** durch saftig grüne Weiden. Eine Bank lädt zur Rast ein. Dahinter erstre-

Historiker streiten, ob es den ***Limes Saxoniae*** *überhaupt gab. Um 809 soll Karl der Große die Grenze festgelegt haben. Sie war ein Streifen schwer überwindbares Sumpf- und Waldland. Ältere historische Karten zeigen den Nord-Süd-Verlauf des Limes von Kiel bis Boizenburg an der Elbe.*

cken sich die Reste der Burg Belau, sie wurde im 8. und 9. Jahrhundert von Slawen am Schmalensee erbaut. Ob sie als Wehranlage Teil des Grenzwalls **Limes Saxoniae,** der Grenze zu den Sachsen, war, oder ob die Burg vor dem Limes bestand? Das kann heute keiner mit Gewissheit sagen, ein Ringwall und Ausgrabungen von kleinen Kupferkesseln, Wetzsteinen, Tierknochen und Urnen verraten: Hier ließen sich einst unsere Vorfahren nieder, weil der Landstrich gut zum Leben war.

Hinter dem Ortsschild Belau empfangen uns Buchen mit ausladenden Kronen und Weiden mit grasenden Kühen. Wir biegen links in die asphaltierte **Dorfstraße,** vorbei an einer alten Blutbuche, einer alten Linde und einer Obstbaumwiese gehen wir in den Ort. Im Sommer liegt süßer Blütenduft in der Luft. Hinter einem Backsteinpavillon laufen wir links zum **Belauer See** und gehen mit dem Ufer linker Hand zur **Badestelle ❺.** Eine Bank lädt zum Schwelgen in der Aussicht

*Der gut 1 Quadratkilometer große **Belauer See** liegt im ostholsteinischen Jungmoränenland. Das bis zu 25 Meter tiefe Gewässer zählt zu den Seen mit der besten Wasserqualität.*

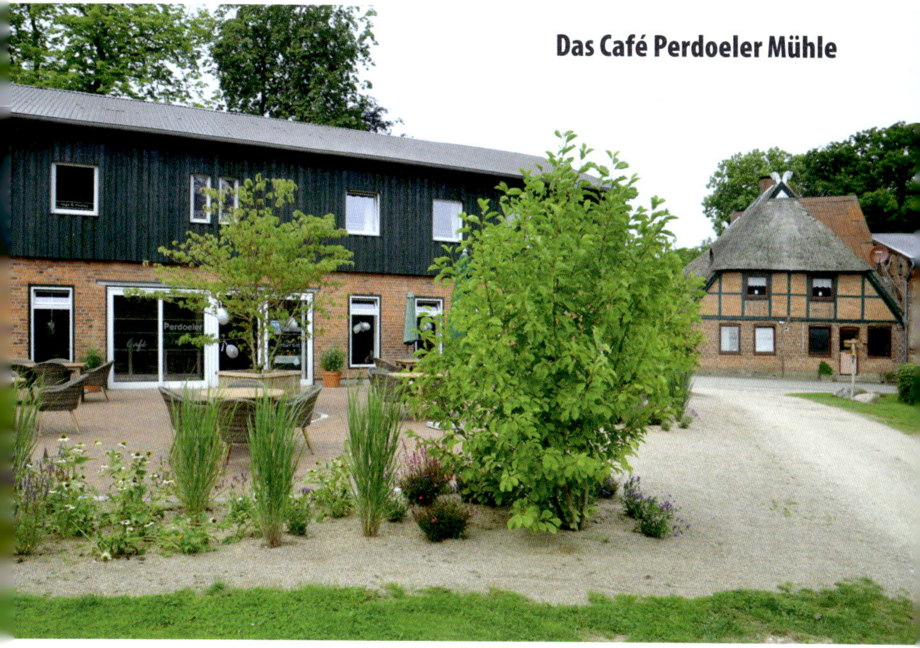

Das Café Perdoeler Mühle

ein, Schwimmlustige machen an der Badestelle einen Ausflug zum Badeponton in den Wellen.

Über die **Seestraße** kehren wir zur Dorfstraße zurück, links spazieren wir durch eine teilweise erhaltene Lindenallee. Häuser und sanfte grüne Hügel begleiten uns. Nach dem Ortsschild bleibt der See links im Blickfeld. Und die weiten Felder. Typisch schleswig-holsteinische Landschaft. Herrlicher geht's kaum. Wir folgen links dem Schild „Perdoeler Mühle Restaurant Café". Eine letzte schöne Eichen- und Buchenallee, dann auf die große Café-Terrasse spazieren und die Wanderung bei Kaffee und Kuchen einmal Revue passieren lassen.

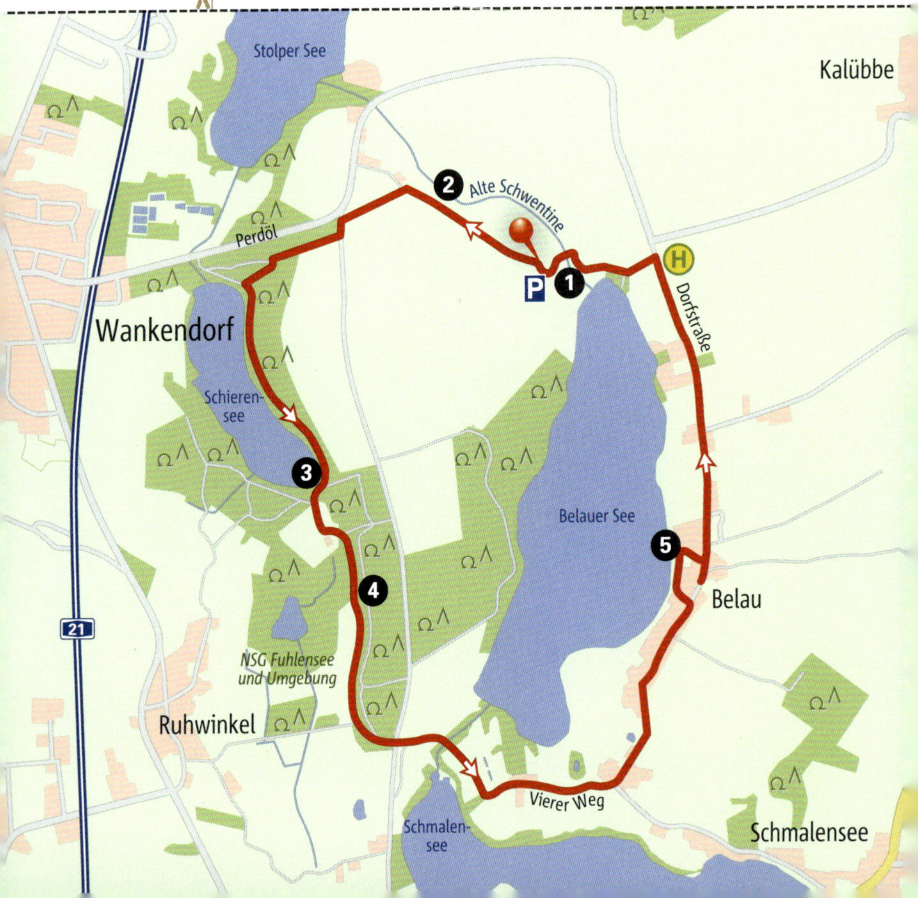

Alles auf einen Blick

WIE & WANN:
Wirtschafts-, Wald- und Uferwege, in Belau Bürgersteige; ganzjährig möglich, nach Regen matschige Strecken, im August gibt es Grillenkonzerte.

HIN & WEG:
Auto: Parkplatz Perdoeler Mühle, 24601 Belau (GPS: 54.111380, 10.251247)
ÖPNV: Bus 360, 361 bis Belau, Abzweig Perdoel (650 Meter zum Startpunkt, von der Dorfstraße links in die Straße Perdöl, dann rechts in die Straße Perdöler Mühle)

ESSEN & ENTSPANNEN:
Restaurant/Café Perdoeler Mühle ❶ Perdöler Mühle, 24601 Belau, Tel. (01 77) 7 07 27 84

ENTDECKEN & ERLEBEN:
Kattholzeiche ❷
Badestelle Ruhwinkel ❸
Fuhlensee ❹
Badestelle ❺

Entspannung ★★★★☆
Genuss ★★★☆☆
Romantik ★★★☆☆

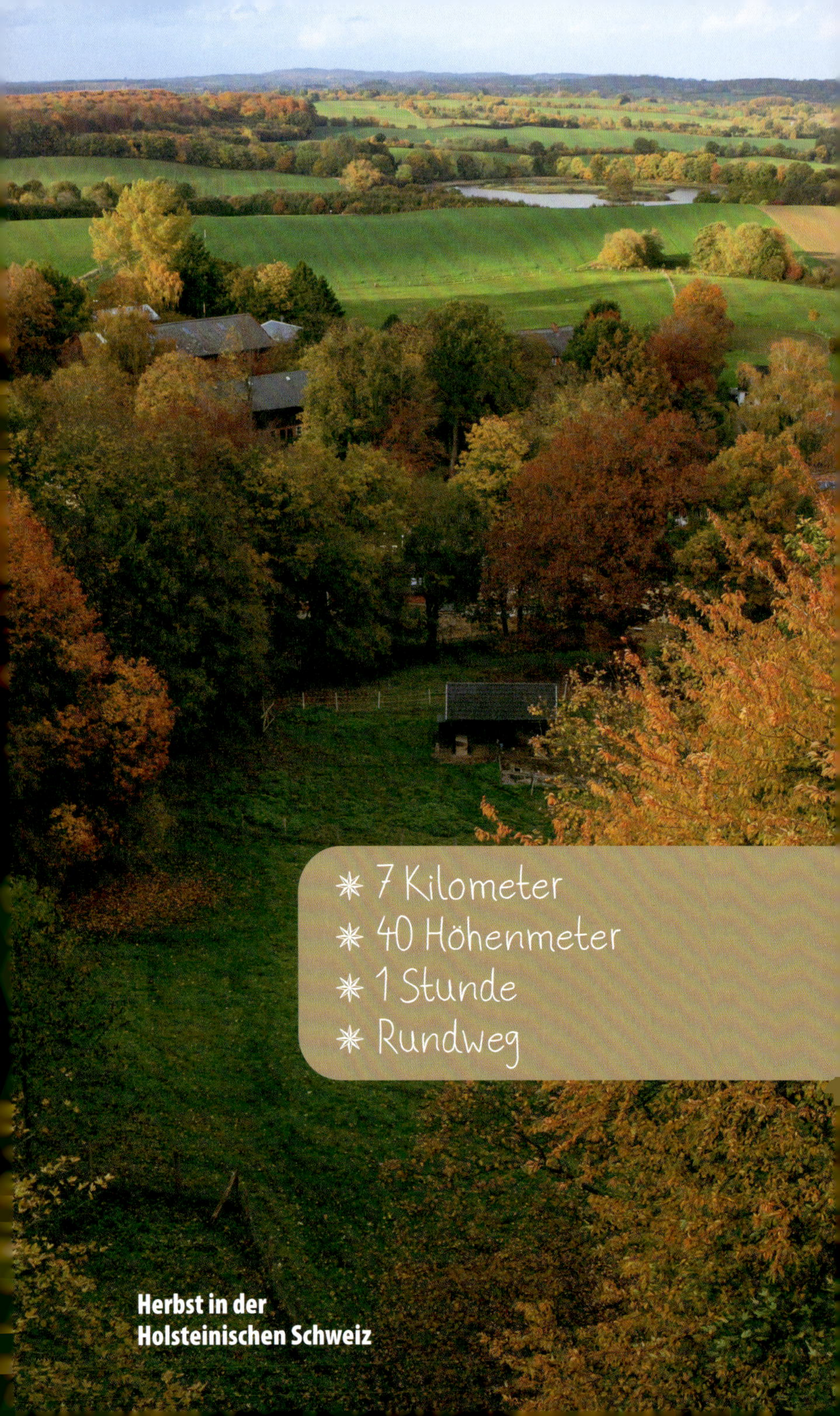

- 7 Kilometer
- 40 Höhenmeter
- 1 Stunde
- Rundweg

Herbst in der Holsteinischen Schweiz

Wir beginnen unsere Wanderung vom Parkplatz bei der **Johanniskirche** ①. Ein Abstecher zur markanten Kirche mit dem 40 Meter hohen Rundturm lohnt sich. Als Ziel für Pilger auf dem Fernwanderweg **Mönchsweg** erzählt sie ein Stück Missions- und Besiedlungsgeschichte in Schleswig-Holstein. Kirche und Dorf entstanden gleichzeitig unter dem Namen „nova ecclesiam" – Neukirchen. Adolf II. von Schauenburg holte um 1140 Siedler in die Region. Sie bauten mit Feldsteinen die meterdicken Wände der Kirche. Einschiffig, mit rundem Turm und mit Material aus der Nähe. Effizienz ist übrigens keine Erfindung der Neuzeit: Missionar und Bischof Vicelin soll den Bautyp abgesegnet haben. Die Johanniskirche wurde in einem Schwung mit den Kirchen in Bosau, Ratekau und Süsel geplant, mit dem Bau wurde im 12. Jahrhundert begonnen. Besonderheit in der Zeit, als Latein

*Der **Mönchsweg** ist ein 342 Kilometer langer Radfernweg von Bremen bis nach Puttgarden auf Fehmarn. Entlang der Route finden sich Kirchen, Klöster und Burgplätze.*

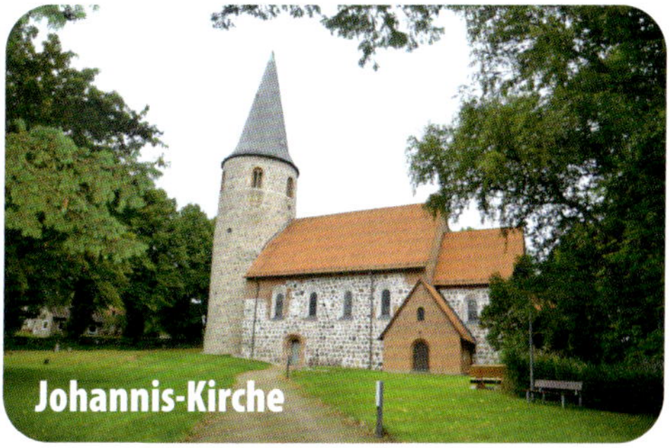
Johannis-Kirche

Vicelin-Spuren

Von Neukirchen nach Sieversdorf

Kirchensprache war: 1626 stifteten zwei Neukirchener eine Kanzel mit einer plattdeutschen Inschrift.

Eine alte Eiche breitet ihre Äste schützend über den Kirchhof, vor dem Naturdenkmal steht ein Gedenkstein, auf dem Rasen lockt eine Bank zur ersten Sammlungspause. Wie wohl die ersten Siedler ohne

Strom und Kran die schweren Feldsteine auftürmen konnten?

Vom Parkplatz biegen wir links in die Hauptstraße. Vorbei an einem Wappenschild und **Thaysen's Backstube/Mien Backstuuv ②**, der einzigen Proviantstation auf der idyllischen Route, spazieren wir durchs Dorf und genießen gepflegte Gärten vor den Backsteinhäusern. Hinter dem Feuerwehrgerätehaus von 1888 biegen wir rechts ab in einen Parkweg, der zum **Neukirchener See** mit idyllischen Rastbänken führt. Birken, Kastanie, Lebensbäume, Ahorn, Schwarzerlen und Eichen säumen unseren Weg, nach einer Weide mit sagenhaft eingedrehtem Stamm biegen wir rechts auf den Seeweg und passieren einen Spielplatz und das Feriencamp Neukirchen.

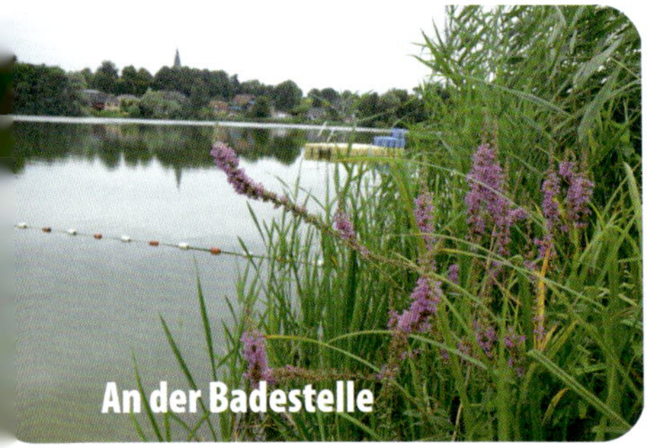
An der Badestelle

Wir biegen rechts ab in den Seewanderweg, es geht an einem Holzschlagbaum vorbei. Wir passieren eine idyllische **Badestelle ③** mit Blick auf die Kirche. Zwischen Weißdornbüschen geht es weiter. Im Sommer zirpen

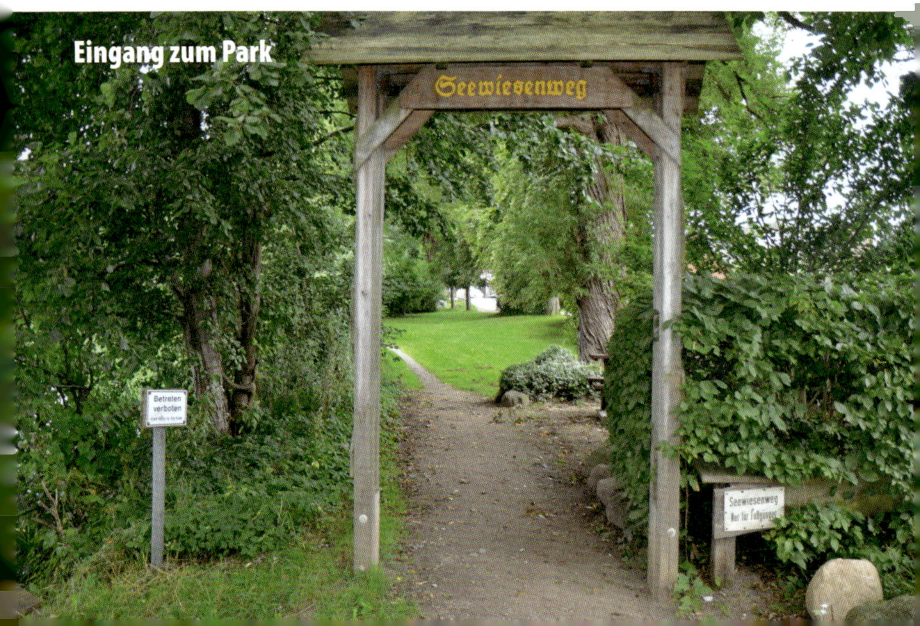

Eingang zum Park

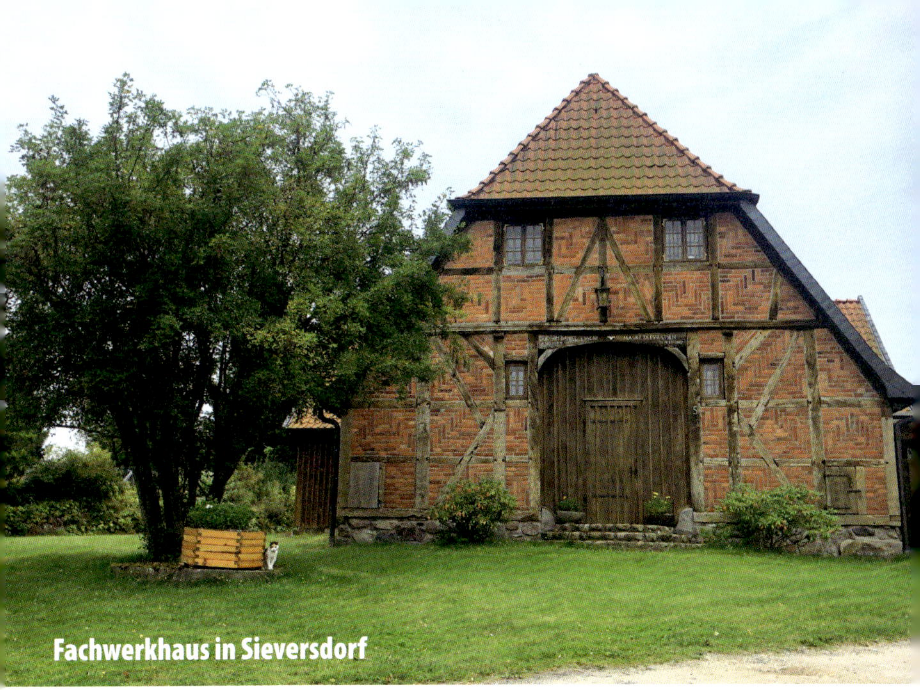
Fachwerkhaus in Sieversdorf

Grillen auf einer extensiv bewirtschafteten Ackerfläche, Schwalben zwitschern am romantisch-schmalen Uferpfad. Hinter einer Holzbrücke erwartet uns eine imposante Weide mit fünf Stämmen. Der Kirchturm und das **Hotel Neukirchener Hof** kommen in den Blick.

Für die Seele

Diese Augenschmaustour beginnt am runden Feldsteinturm der Johanniskirche. Vom lieblichen Neukirchener See führen stille Wege zu Fernsichtpunkten.

Wir wandern zwischen sanften Hügeln der Moränenlandschaft an Pferdeweiden vorbei. Nach einer Stahlbrücke biegen wir links ab. (Abkürzung: Geradeaus geht es zur Hauptstraße, dort rechts zum Parkplatz.)

Hinter einem gepflegten Garten biegen wir links ab in Richtung Bad Malente und Sieversdorf und folgen dem Pilgerpfad Mönchsweg. Wir biegen rechts in

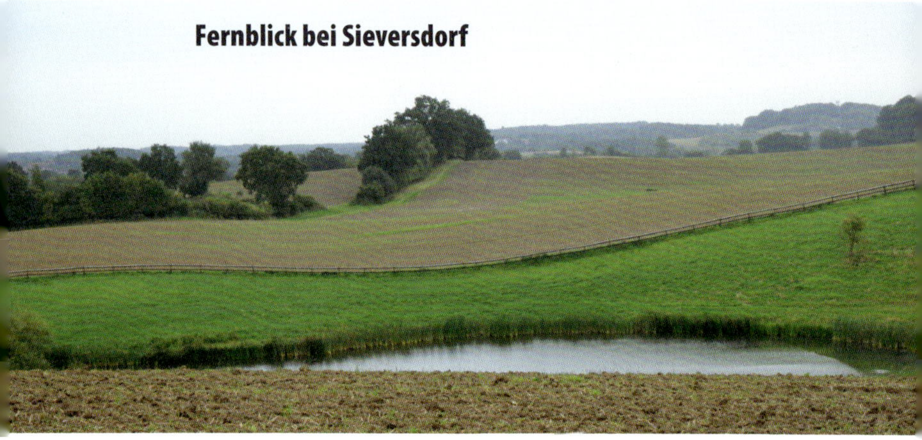

Fernblick bei Sieversdorf

eine Betonspurbahn ein. Zwischen Brombeeren, Weißdorn und Haselnuss öffnen sich Fernsichten weit über hügelige Felder. Nach der Heuernte im August strömt würziger Duft von den abgemähten Feldern. Einmal tief einatmen und dabei mit den Augen den sanften Wellen der Landschaft folgen – ein Genuss. Wir wandern unter Holunderbüschen und mit Efeu bewachsenen alten Eichen bis zum nächsten **Panoramablick vor Sieversdorf** ❹ im Pappelweg. Nach blühenden Malven geht es links auf die Dorfstraße, vorbei an einem Infoschild. Wir biegen aus dem **Pappelweg** links ab in die Dorfstraße und überqueren die Sieversdorfer Au, Ebereschen neigen ihre Zweige über den Streckenabschnitt der Malenter Au, am Ufer reifen schwarze Hagebutten.

Wir biegen rechts in die Straße **Am Teich** und verlassen den Mönchsweg. An einem Fachwerkgebäude von 1767 rechts halten und hinter einem weißen Gebäude den Gedenkstein mit dem Hinweis „Flurbereinigung 1953–56" passieren, der zwischen zwei Linden steht. An der Gabelung nehmen wir den Sandweg links. Eine Bank unter einer Eiche lädt zur Rast mit Blick auf einen idyllischen Teich ein. Ackerwinde schlingt sich um Rohrkolben am Ufer. Wir biegen hinter dem Teich rechts ab, nehmen die zweite links in den **Schluchtweg** und überqueren auf einer alten Brücke die **Malenter Au.** Auf einem Feldweg geht es zwischen Pferdeweiden mit Holzzäunen geradeaus. Wir ignorieren einen Linksabzweig, Holunder, Brombeeren und lila Wicken begleiten uns in einen breiten Hohlweg. An einer Gabelung folgen wir dem **Ohlenweg** rechts, leicht bergan, zu einer **Panoramaaussicht** rechts nach Sieversdorf und Malkwitz. Wir biegen links aufwärts auf die Asphaltstraße Breitensteiner Weg. Links ist am Horizont der Holzberg mit seiner markanten Aussichtsplattform zu erkennen. An ruhigen Tagen äsen Rehe auf den Feldern.

Wir biegen rechts in den Sandweg **Totenredder.** Holunder, Weißdorn und Haselnuss begleiten uns zum nächsten Weitblick auf den Bungsberg – der Funkturm ist gut zu sehen. Der Kirchturm begrüßt uns zwischen Hausdächern und grünen Wipfeln. Es geht auf der Straße Im Rusch abwärts, vorbei an Einfamilienhäusern mit schönen Gärten, duftendem Pfefferminz und alten Obstbäumen. An der Kreuzung laufen wir links auf den **Saseler Weg** und auf die Kirchenroute. Wir wandern hinter einer Steinmauer und einem

Talblick von der Blühwiese

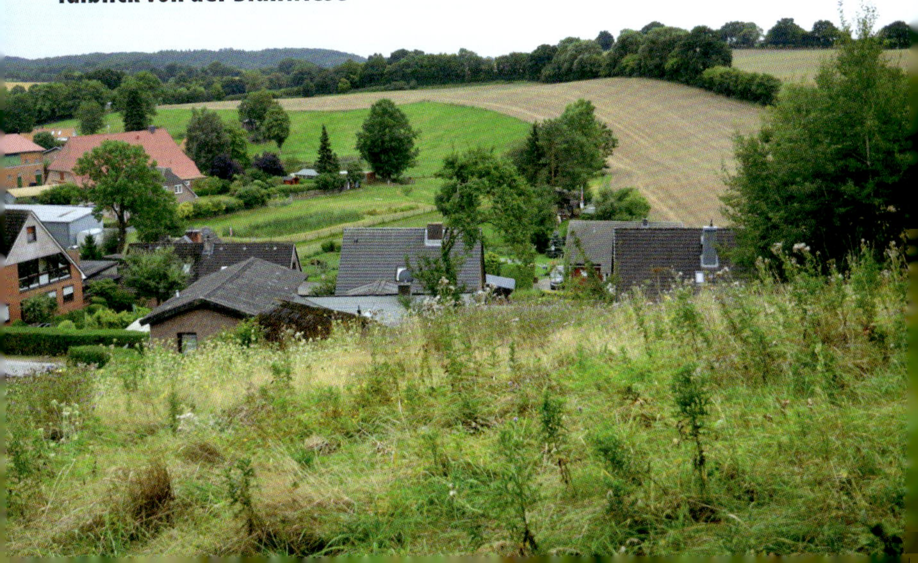

Walnussbaum rechts einen Hangweg hoch zu einem phänomenalen Aussichtspunkt am Rand einer Wildkräuterwiese. Über die Dächer hinweg geht der Blick weit in die Hügellandschaft. Ein schöner Fleck für eine Rast. Wir kehren auf dem gleichen Weg zurück zur Straße, laufen nach links und biegen links in den Lehmkuhlenweg. Rechts geht es zwischen Häusern und Hühnern in den **Hufenweg.**

Vor der Kirche laufen wir rechts. Wir biegen links in den Fußweg am Saseler Weg ein. Geradeaus geht es zum Parkplatz. Eine letzte Bank unter der sagenhaft urigen Eiche lädt zum schwelgerischen Rückblick auf die Tour ein. Oder zur zweiten Runde ins Land der malerischen Ausblicke?

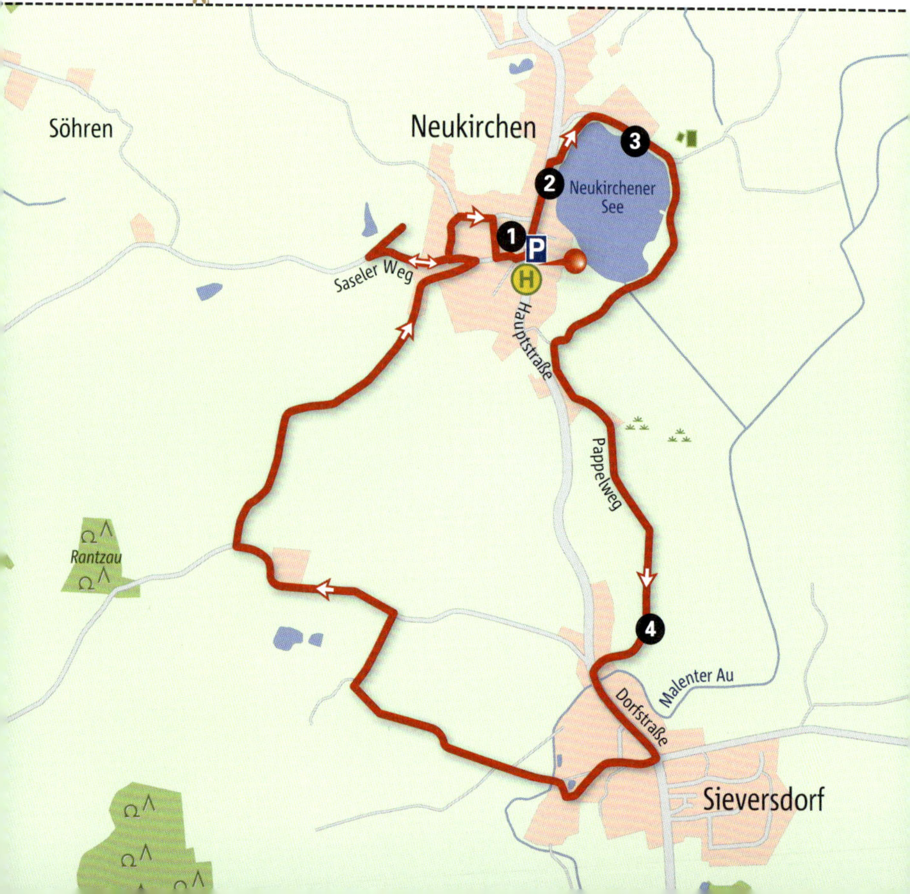

Alles auf einen Blick

WIE & WANN:
Naturpfade, Wirtschaftswege, Bürgersteige; ganzjährig möglich, im August mit Heuduft und Schwalben, zirpenden Grillen und Malven.

HIN & WEG:
Auto: Parkplatz Hauptstraße/Ecke Saseler Weg an der Johanniskirche, 23714 Malente, (GPS: 54.214259, 10.554603)
ÖPNV: Bus 5507 bis Malente-Neukirchen Ortsmitte

ESSEN & ENTSPANNEN:
Thaysen's Backstube/Mien Backstuuv ❷ Hauptstraße 36, 23714 Malente, Tel. (0 45 23) 14 10, www.mienbackstuuv.de

ENTDECKEN & ERLEBEN:
Johanniskirche ❶ Hauptstraße 22, 23714 Malente
Badestelle ❸
Panoramablick vor Sieversdorf ❹

Entspannung ✱✱✱✱✱
Genuss ✱✱✱
Romantik ✱✱✱✱

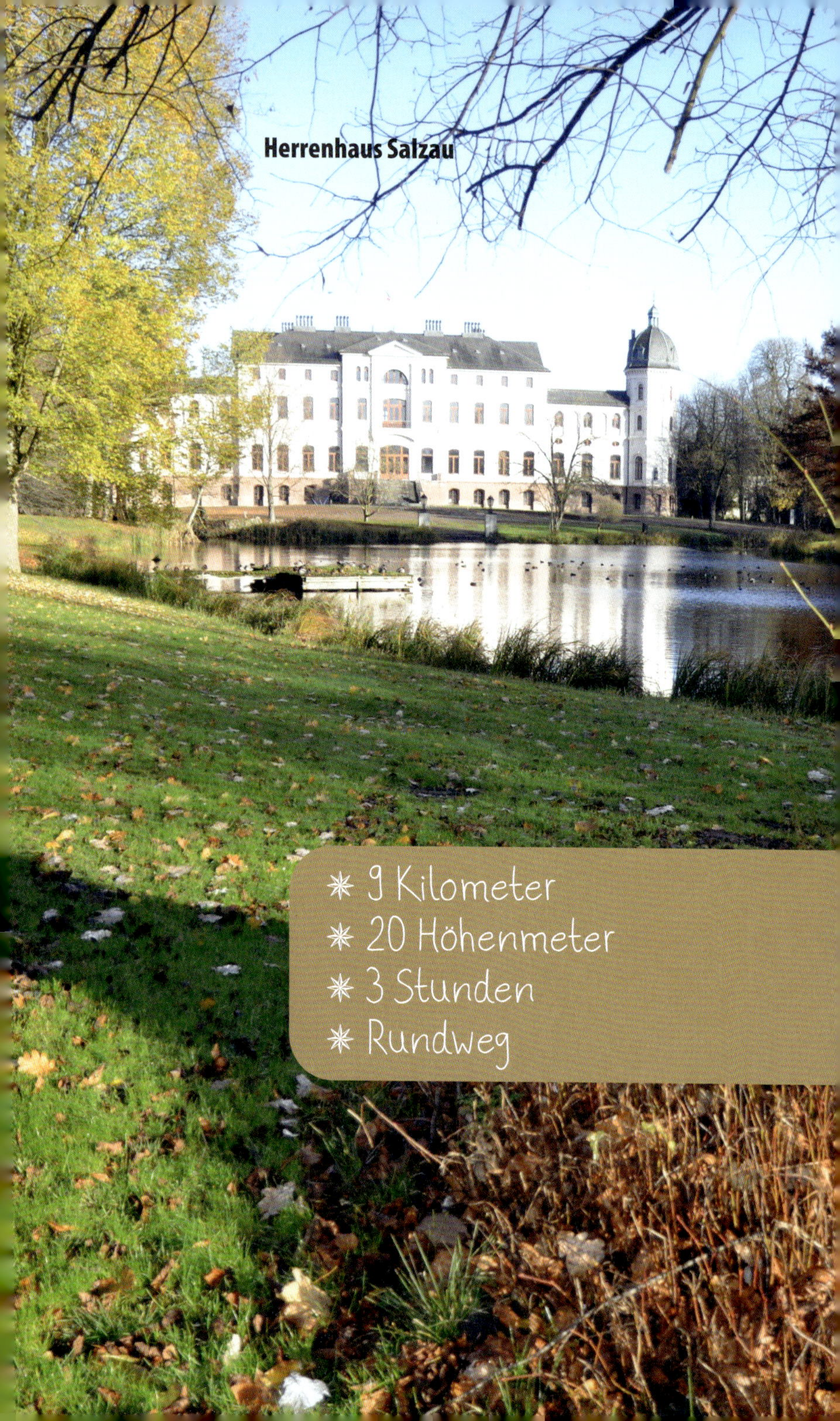

Herrenhaus Salzau

* 9 Kilometer
* 20 Höhenmeter
* 3 Stunden
* Rundweg

Wir beginnen unsere Wanderung auf dem Parkplatz der **Badestelle am Selenter See** ①, 100 Meter vom Ortsschild Fargau. Klares Wasser, feiner Sand am schmalen **Strand** und zwei Bänke unter alten Bäumen verlocken zum Kurzausflug an den See, einmal über die Straße. Einmal eintauchen. Oder beim Schwelgen in der malerischen Aussicht Kraft tanken.

Auf dem Parkplatz gehen wir, den See im Rücken, rechts in den Wald, dann links in den **Teichmoorweg.** Wir überqueren eine Kreuzung und laufen auf einem Damm mit efeubewachsenen Linden, Buchen und

*Der **Selenter See** ist mit 21,5 Quadratkilometern Fläche der zweitgrößte See Schleswig-Holsteins. Er ist bis zu 35,8 Meter tief und kann über ein Wehr der rund 8,5 Kilometer langen Salzau reguliert werden. Das Wasser fließt in den Passader See.*

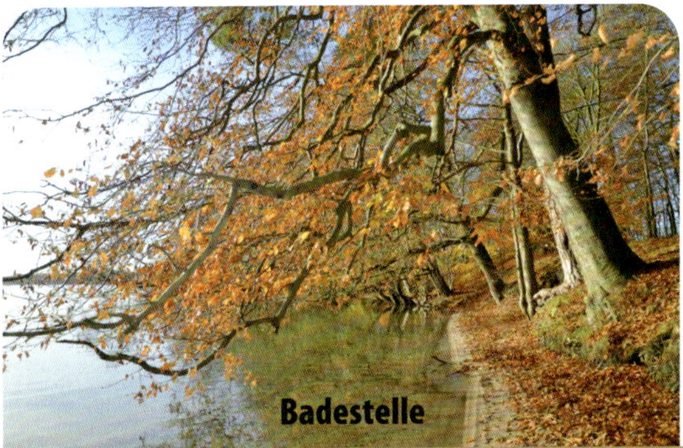

Badestelle

*Bis 2011 war **Salzau** Sitz des Landeskulturzentrums. Leonard Bernstein hob dort das Schleswig-Holstein Musikfestival aus der Taufe, internationale Künstler wie Dave Brubeck spielten auf dem Jazzfestival JazzBaltica.*

Edel bis robust

Gut Salzau und Selenter See

Kastanien an einem rot-weißen Tor vorbei und ignorieren einen Rechtsabzweig. Im Herbst raschelt buntes Laub unter unseren Füßen. Tipis aus Zweigen stehen im Wald. Wir überqueren auf einer Holzbrücke die **Salzau,** die links und rechts des Damms fließt.

*1882 wurde **Schloss Salzau** im Baustil des Spätklassizismus und der Renaissance nach einem Brand neu errichtet. Erstmals erwähnt wurde das Rittergut von Otto von Salzau im Kieler Stadtbuch von 1264 bis 1289.*

Wenn das weiße Gebäude von **Schloss Salzau** ❷ in den Blick kommt, biegen wir links auf einen schmalen Pfad, der links in einen breiten Weg im Schlosspark führt. Rechter Hand das prachtvolle Schloss, spazieren wir an alten Solitärbäumen vorbei.

Ein Seelenort für Kulturbegeisterte, dem der für nüchterne Zahlenwerke bekannte Landesrechnungshof vor dem Verkauf einen leidenschaftlichen Nachruf widmete. Früher strömte durch offene Saaltüren bis tief in die Nacht Musik in den Park, das Publikum saß auf dem Rasen und lauschte. Jetzt empfängt uns Stille. Seit 2017 ist das Gut im Besitz einer GmbH. Denkmal- und Naturschutz haben mit ausgewiesenen Naturschutzbereichen, einem Flora-Fauna-Habitat- und einem Vogelschutzgebiet ein engmaschiges Schutznetz über das Areal gespannt. Wir bleiben auf dem Parkweg und gehen zwischen einem flachen Fachwerkhaus in Braun-Weiß und dem Schlossgraben weiter auf Asphalt.

Wir überqueren auf einer **Holzbrücke** den Schlossgraben und gehen links zum Torhaus. Nach dem wei-

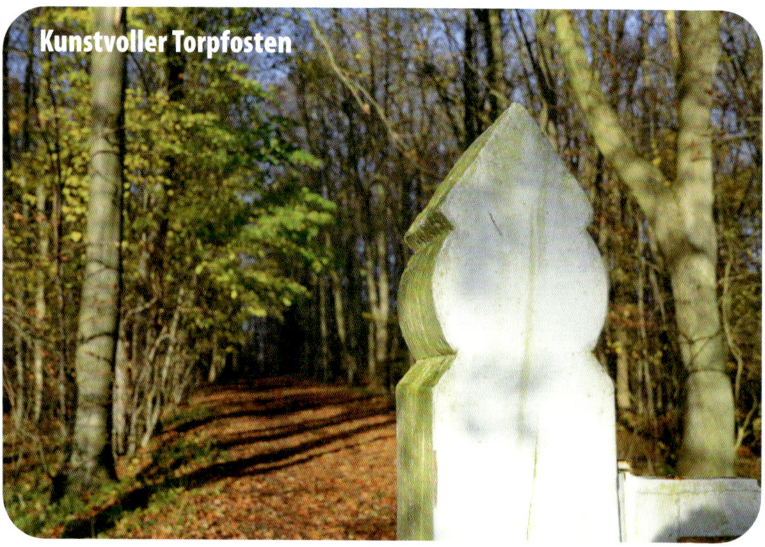

Kunstvoller Torpfosten

ßen Torbogen laufen wir links, dann rechts, vor der Bushaltestelle Salzauer Mühle nehmen wir die zweite rechts auf eine Asphaltstraße. Nach einer Obstwiese links biegen wir in den **Mühlenweg** rechts in Richtung Pratjau. An alten Eichen vorbei geht es auf einer Betonspurbahn in die Felder. Knorrige Bäume stehen am Wegesrand, der Himmel wölbt sich weit über uns. Zeit für eine ausgiebige Augenreise in das sanfte Hügelpa-

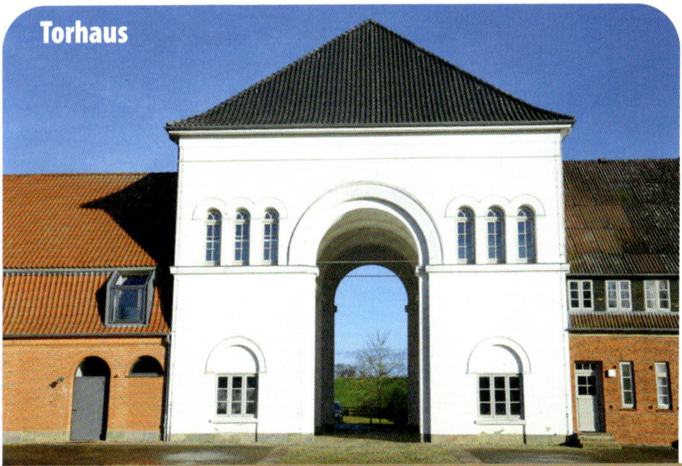
Torhaus

Für die Seele

Vom eleganten Gut Salzau führt die bilderreiche Seelenerfrischungstour an die Ufer des weiten Selenter Sees, durch Bruchwald zu saftig grünen Wiesen.

norama. Mit etwas Glück entdecken wir äsendes Damwild. Ein Feldsteinhügel erinnert hier an das physikalische Phänomen der Kryoturbation, das durch den Wechsel von Frost und Tauen ausgelöst werden soll: Steine wachsen in den Äckern aus dem Boden. Wir gehen an einer Gabelung rechts und werfen einen Blick zurück. Hinter Feldern und Bäumen grüßen Torhausgiebel und Schlosstürme. Sendet uns der ehemalige Hotspot für klassische und moderne Musik nicht doch noch ein paar schöne Töne durch die Luft?

Im Knick leuchten uns im Spätherbst kräftige Farben an. Taubnesseln und Pfaffenhütchen blühen rosa, an Haselbüschen hängen unter Blattknospen frische, gelbgrüne Kätzchen. Späte Brombeeren, knallrote Hagebutten und Mehlbeeren verlocken zur Naschpause. Wir passieren uralte, überwucherte Eichen, gehen rechts und erreichen **Pratjau.** An einem Stand am Straßenrand können wir unseren Proviant mit unbehandeltem Gemüse und Obst aus eigenem Anbau auffüllen. An der Kreuzung zur Straße **Im Dorf** nehmen wir rechts die Route nach Fargau und Pülsen, Kirchenroute und Radtour Holsteinische Schweiz. Ein Buswartehäuschen gegenüber lädt zur Rast, wenige Meter weiter links bietet das **Café Krohnprinzenhof ③** eine schöne Terrasse zum

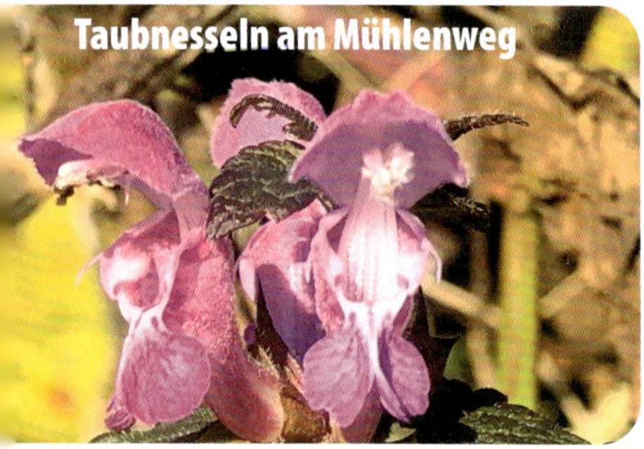
Taubnesseln am Mühlenweg

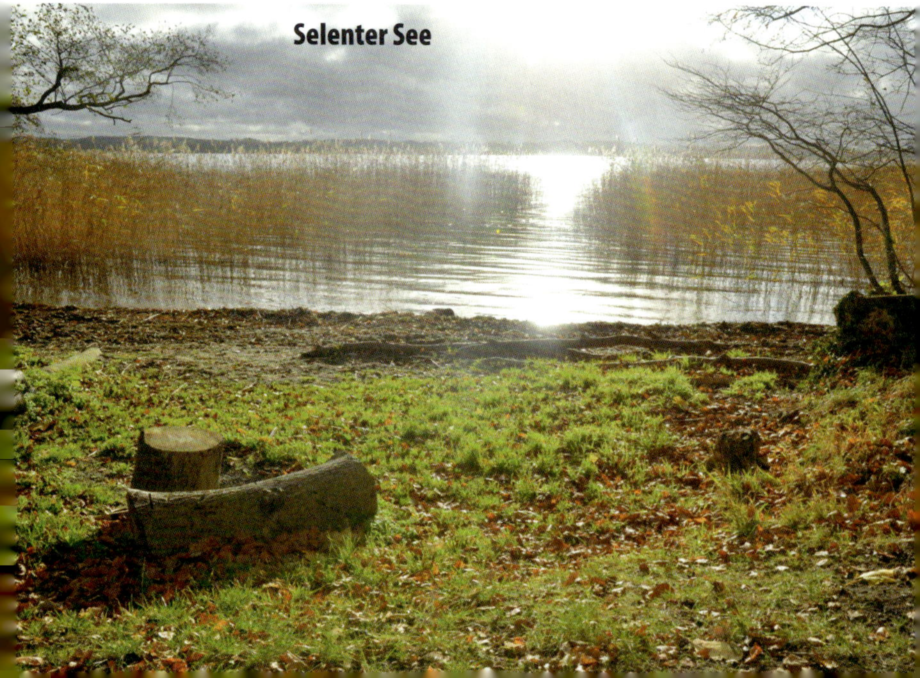
Selenter See

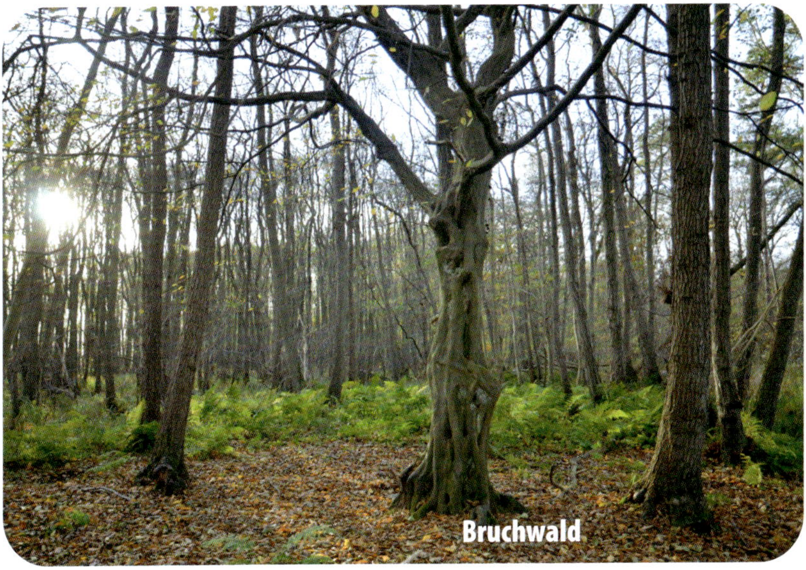

Bruchwald

Verweilen an. Spatzen schwatzen in den Hecken der Höfe und Einfamilienhäuser.

An einer Gabelung gehen wir links, nach einem kleinen Sportfeld rechts in den **Bökenbarg.** Wir überqueren eine Brücke mit blauem Geländer und erreichen über einen Sandweg die Straße, der wir rechts in Richtung Fargau folgen. Nach dem Ortsschild biegen wir vor einer Eiche auf einer Wiese links auf einen breiten Pfad zum Wald. Wir gehen zweimal rechts und erreichen einen **Aussichtspunkt** am Ufer des Selenter Sees. Baumstammhocker laden zum Ausruhen unter Buchen ein. Ried und Blätter rascheln bei Wind sachte. Im Herbst schnattern Gänse entfernt, der Selenter See zählt zu den großen Mauserplätzen für Wasservögel. Vielleicht kreist ein Seeadler über den Wipfeln. Der Wald duftet. Das Wasser ist klar. Der Weg wird schmaler. Wir gehen parallel zu einer Au durch einen **Bruchwald ❹.**

Wir erreichen einen breiten Waldpfad und biegen links ein. Eine Bank mit Seeblick lockt zu einem ruhigen Moment am Ufer. Danach gehen wir dreimal links, passieren eine Metallschranke und laufen rechts. Wir überqueren vorsichtig die Straße zu einem breiten Waldweg leicht hügelan. Nach der Kuppe biegen wir links in einen Waldpfad, der uns unter der ausladenden Krone eines alten Ahorns durchführt. Wir gehen rechts in den Wald, vor dem Waldrand wieder links. Rechts von uns leuchten saftig grün die **Salzauwiesen 5**. Noch ein letztes Mal lauschen: Wehen da leise Töne vom Schloss herüber? Wir nehmen links den Weg, der uns im Bogen zum **Teichmoorweg** führt. Kurz vor der Straße gehen wir rechts ab und folgen dem Parkplatzschild.

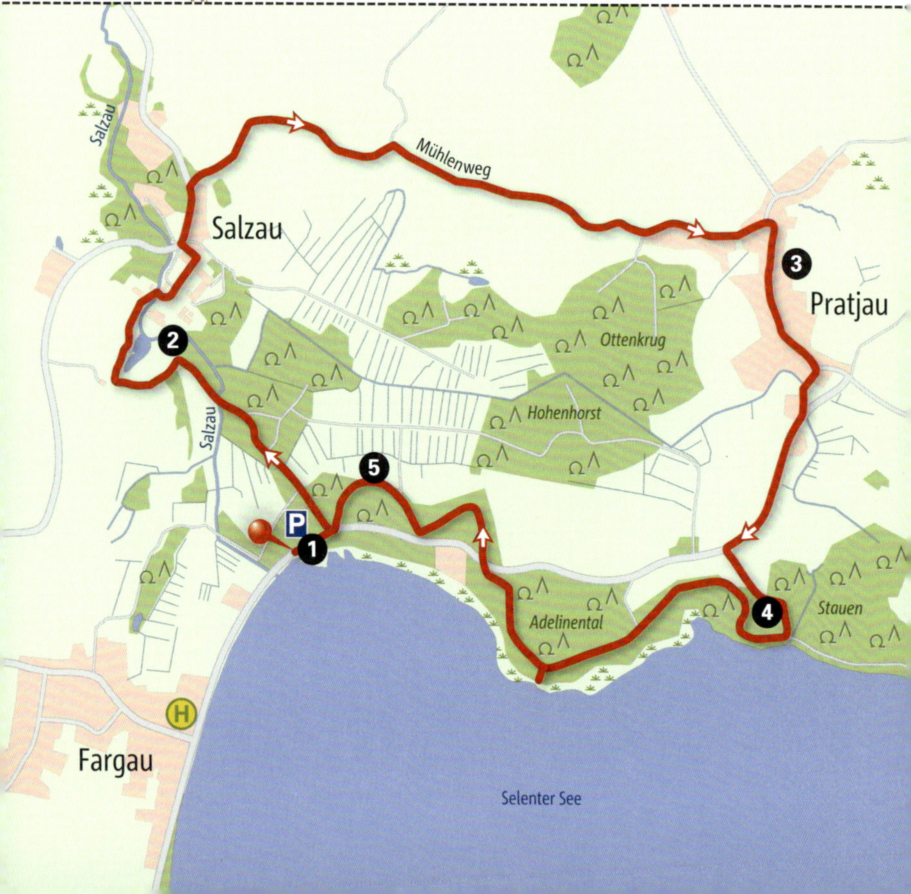

Alles auf einen Blick

WIE & WANN:
Sand-, Park- und Waldwege, Naturpfade, Bürgersteige in Pratjau; ganzjährig möglich, im Herbst leuchten Pfaffenhütchen am Weg rosa, Mehlbeeren und Hagebutten knallrot, Laub raschelt unter den Füßen, Wege am See sind nach Regen oft sehr matschig, robuste Schuhe empfehlenswert.

HIN & WEG:
Auto: Parkplatz an der Badestelle, Zur Schleuse,
24256 Fargau-Pratjau (GPS: 54.322701, 10.389758)
ÖPNV: Bus 220, 221, 230, 232, 260 bis Fargau See, Fargau-Pratjau
(850 Meter zum Startpunkt, erst zum See, dann links in die Straße Zur Schleuse)

ESSEN & ENTSPANNEN:
Café Krohnprinzenhof ❸ Im Dorf 20, 24256 Pratjau, Tel. (0 43 03) 9 28 40

ENTDECKEN & ERLEBEN:
Badestelle am Selenter See ❶
Schloss Salzau ❷
Bruchwald ❹
Salzauwiesen ❺

Entspannung ★★★★☆
Genuss ★★★☆☆
Romantik ★★★★★

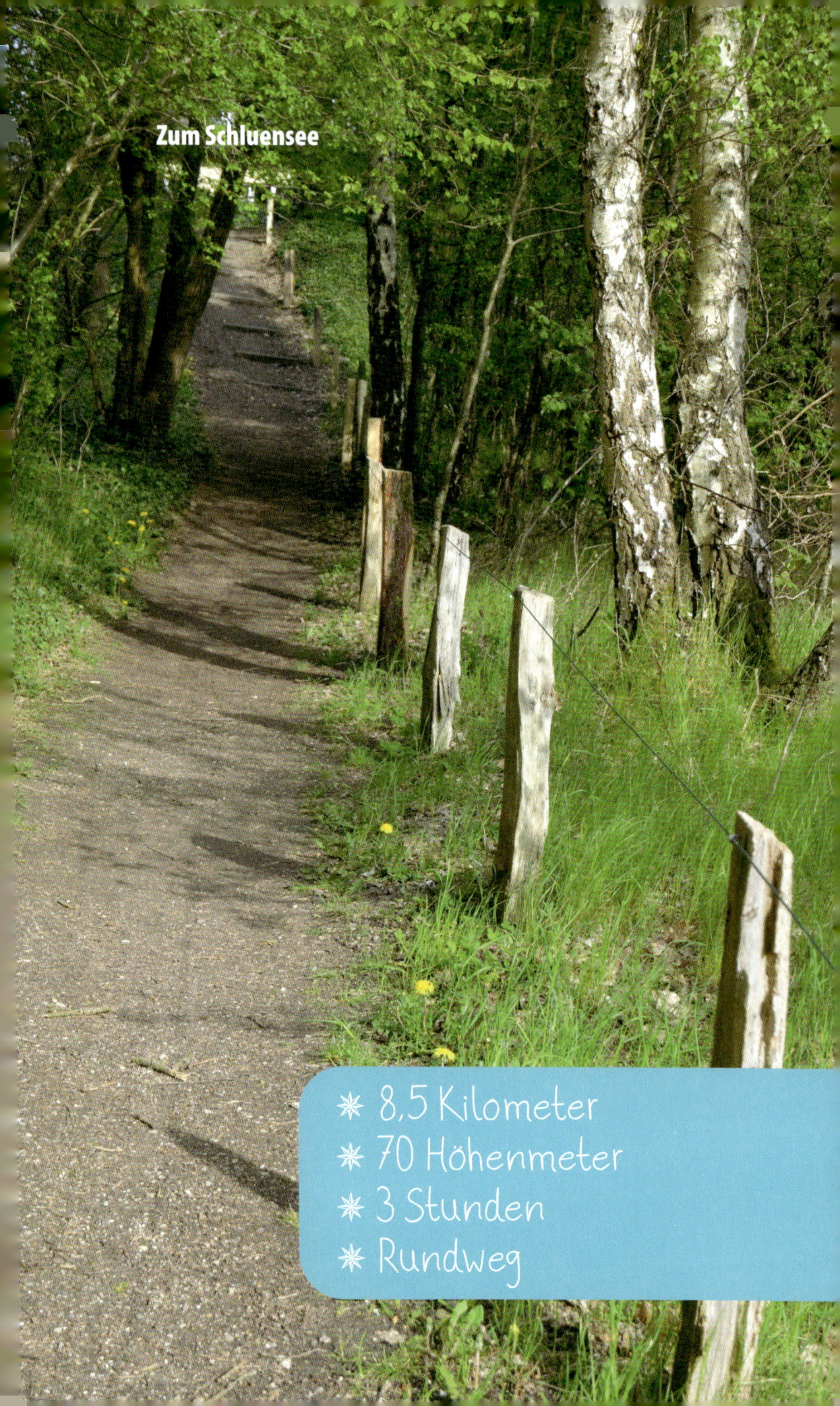

Zum Schluensee

- 8,5 Kilometer
- 70 Höhenmeter
- 3 Stunden
- Rundweg

Rechts vom **Grebiner Krug** ① spazieren wir in den Grebiner Redder und wenden uns im schönen Einfamilienhausgebiet mit dem Mühlenbergring nach links. Wir biegen rechts in den Oberen Mühlenberg ab und folgen nach einem Stichweg rechts einem Fußweg, der von Obstbäumen gesäumt wird. Rechts geht es 54 Meter auf den Mühlenberg zum Wahrzeichen Grebins: Das **Kulturdenkmal Wagria-Mühle** ② erwartet uns.

Die Aussicht ist phänomenal. Auf dem zum Schierensee abfallenden Berghang steht eine Rarität in Norddeutschland: In langen Reihen recken **Weinreben** ③ ihre Zweige himmelwärts. Das Anbaugebiet gehört zum Weingut S.J. Montigny in Grebin. Unter dem Namen „So mookt wi dat" (So machen wir das) werden Rot- und Weißweine vermarktet. Auf dem Mühlenberg laden die Tische vom **Mühlen-Café To'n Windbüdel** ② zum Sattsehen ein.

Mit dem Bergpanorama im Herzen nehmen wir den gleichen Sandweg zurück. Links neben dem 2 Hektar großen Rebenfeld gehen wir geradeaus abwärts, vorbei an Sackgassen-Enden. In einer sanften Kurve verlockt ein Stichweg rechts zum romantischen Badeabstecher im klaren Wasser des **Schierensees** ④. Haselbüsche, Eschen und Ahorn rahmen den versteckten Einstiegspunkt.

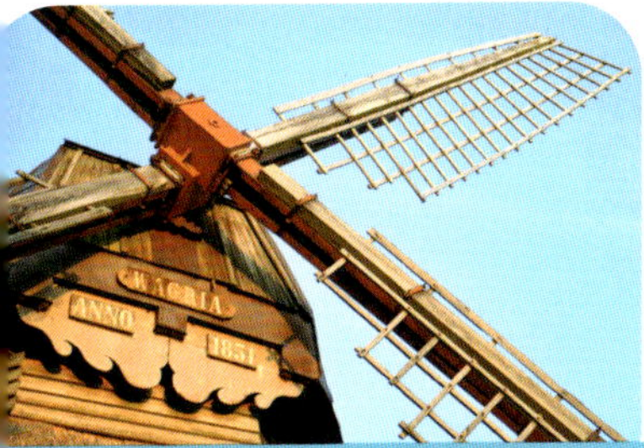

*Die **Kellerholländermühle** wurde 1995 mit einem achteckigen Sockel gebaut, über den mit Reet gedeckten Wänden thront eine Kuppel aus Kupfer. Die gut restaurierte Mühle steht seit 1995 unter Denkmalschutz. Eine Besichtigung ist möglich.*

*Frische, selbst gebackene Torten und der Wein mit Trauben aus Grebin werden mit Aussicht auf den Weinberg und den Schierensee vom **Mühlen-Café** rund um die Wagria-Mühle und im historischen Gebäude serviert.*

Wind und Lese

Von Grebin bis Görnitz

Der 13 Hektar große ***Schierensee*** *ist bis zu 21 Meter tief. Das in einer eiszeitlichen Moränenlandschaft liegende Gewässer zählt zu den tiefsten Seen Schleswig-Holsteins.*

Wir ignorieren zwei Linksabzweige und folgen dem **Grebiner Redder.** Rechts lädt nach einem weißen Holzzaun ein Steintor mit geöffneten schmiedeeisernen Türen zum Betreten eines verwunschenen Gartens am See ein, dem **Zauberfeen-Garten** 5 von Tina Benz, auch bekannt als „Sängerin vom Schierensee" und „singende Müllerin". Der Garten ist ein wahrhaft magischer Ort. Bänke, umrahmt von Sträuchern, locken auf feinem Rasen zur Rast, Blumen- und Steingarten schmeicheln dem Auge. In einem Baum aufgehängte Alu-Lampenschirme laden zu Hut- und Lauschexperimenten ein. Am See steht ein uralter Wunscherfüllerbaum. Einmal die Hand auf den Stamm legen, den Blick über die Wellen zum Weinberg und der Wagria-Mühle schweifen lassen. Dann kommen die Wünsche von ganz allein.

Hinter Gartenhäuschen und Gewächshaus beginnt ein Erlebnisreich-Zauberwald. Efeu umrankt dort kunstvoll arrangierte Alltagsgegenstände. Steinplatten markieren trockene Wege durch den Erlenbruch, den wir durch ein Holztor verlassen. Vor uns liegt ein Reitplatz vom **Gestüt Schierensee,** dem ersten einer Reihe von Gestüten in der Region. Wir gehen links am

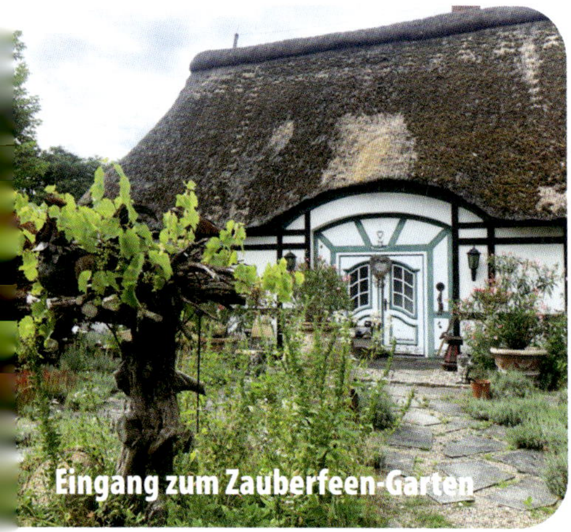

Eingang zum Zauberfeen-Garten

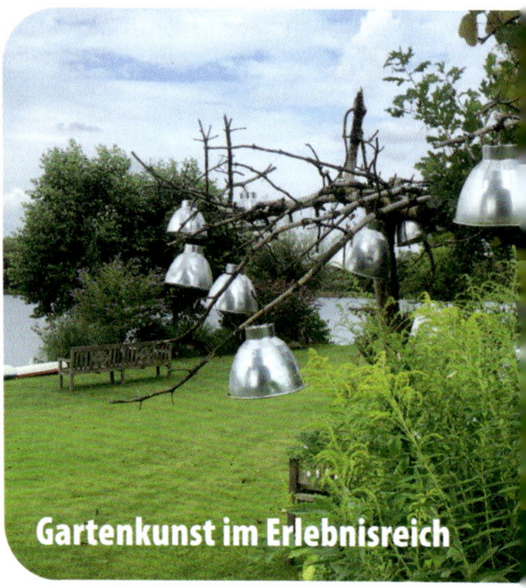

Gartenkunst im Erlebnisreich

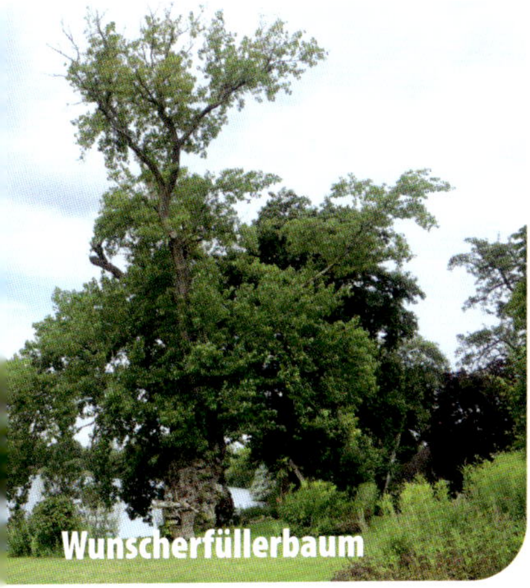

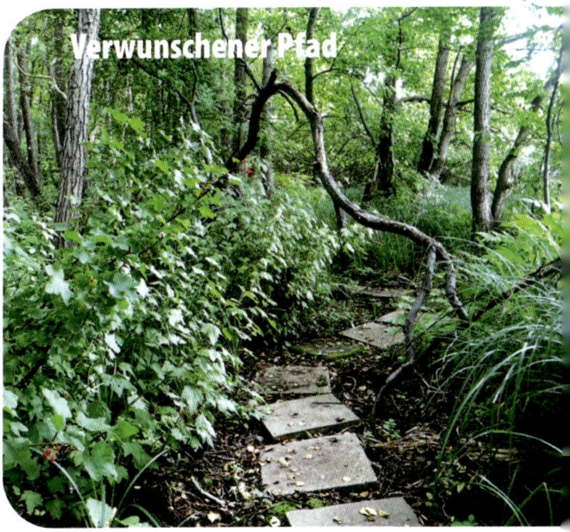

Waldrand zurück bis zum Haus, am Eingangstor rechts ab. Alte Kastanien zur Linken, frei laufende Hühner auf dem Rasen, gehen wir in Richtung Timmdorf. Passieren Pferdeweiden, Reitplätze und einen Baumriesen mit Ästen, die wie Krakenarme in den Himmel greifen.

Eine Bank lädt nach 700 Metern an einer Gabelung zur Genießerpause ein: Über Felder und Weiden, auf denen im Sommer Pferde und Kühe grasen, geht der Blick entspannt weit durch die Niederung der Schmarkau bis zum **Holzberg** und seinem markanten Stahlaussichtsturm. Wir biegen rechts in die Straße Hohenschmark ein und spazieren an Hasel- und Hagebuttensträuchern entlang. Pferdeweiden fallen

Für die Seele

Ein echter Weinberg und eine Café-Mühle beflügeln bei der Wanderung durch zauberhafte Wälder, zu Pferdeweiden und schönen Badestellen.

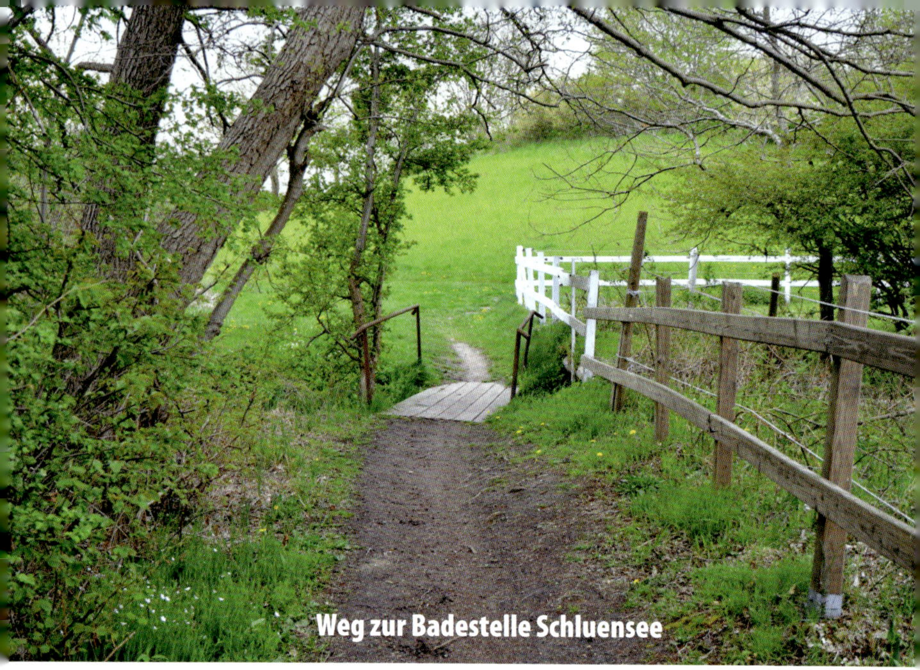

Weg zur Badestelle Schluensee

links sanft zum **Schmarksee** ab. Wir passieren das schöne Gatter mit dem Trakehner-Wappen des Pferde- und Ponyzuchtgestüts Hohenschmark. Der Weg wendet sich rechts, zwischen Weiden laufen wir durch hügeliges Land. Wir gehen an einer Gabelung links, ignorieren dort die Straße Viehkamp, genießen den Anblick einer Apfelbaumallee am Weg Schlichtenkamp rechts, bleiben jedoch auf dem Plattenweg. Im Sommer lohnt es sich, einen Moment innezuhalten, dem Grillenkonzert zu lauschen und sich von Schmetterlingen umgaukeln zu lassen. Wir ignorieren einen Sandweg links und gehen bis zur **Behler Straße.** Im Herbst können wir Haselnüsse und Früchte von Hagebuttenbüschen, Holunderbäumen und Brombeeren naschen.

Wir biegen rechts in Richtung Wagria-Mühle ab. Nach 300 Metern öffnet sich links ein Rastplatz mit Tischen und Bänken unter einer alten Eiche. Ein Waldweg verlockt zu einem Ausflug unter tief hängenden Zweigen in das eingezäunte Gebiet. Wir gehen weiter auf der Landstraße und nehmen nach dem Linksabzweig Grebiner Raum, gegenüber einem Haus mit der Nummer 19, links den schmalen Kiesfußweg zum

Schluensee. Über acht Stufen laufen wir zwischen Birken, Tannen und Buchen abwärts. Spechtklopfen begleitet uns im August. Über 13 Stufen geht es tiefer in den Wald. Auf Zaunpfählen sonnen sich Libellen. Wer erkennt die zwitschernden Vögel? Wir lassen eine verschlossene Pforte links liegen und erreichen auf einem teils matschigen Weg nach 380 Metern eine **Badestelle am Schluensee 6.** Umgestürzte Baumriesen ruhen im Wasser. Bänke verlocken zu einer Panoramapause am romantisch schmalen Uferpfad. Rechts führen 44 Stufen zum Aussichtspunkt auf den See. Zeit für eine weitere Atempause. Zwischen den Baumkronen glänzen die Wellen. Wir kehren auf den Uferpfad zurück, gehen rechts und erreichen über eine Brücke eine große Liegewiese mit kleinem Strand. Ein Geheimtipp: Die Wasserqualität des Sees ist gut. Es gibt hinter einem Knick eine zweite Extra-Wiese für FKK-Sonnenanbeter.

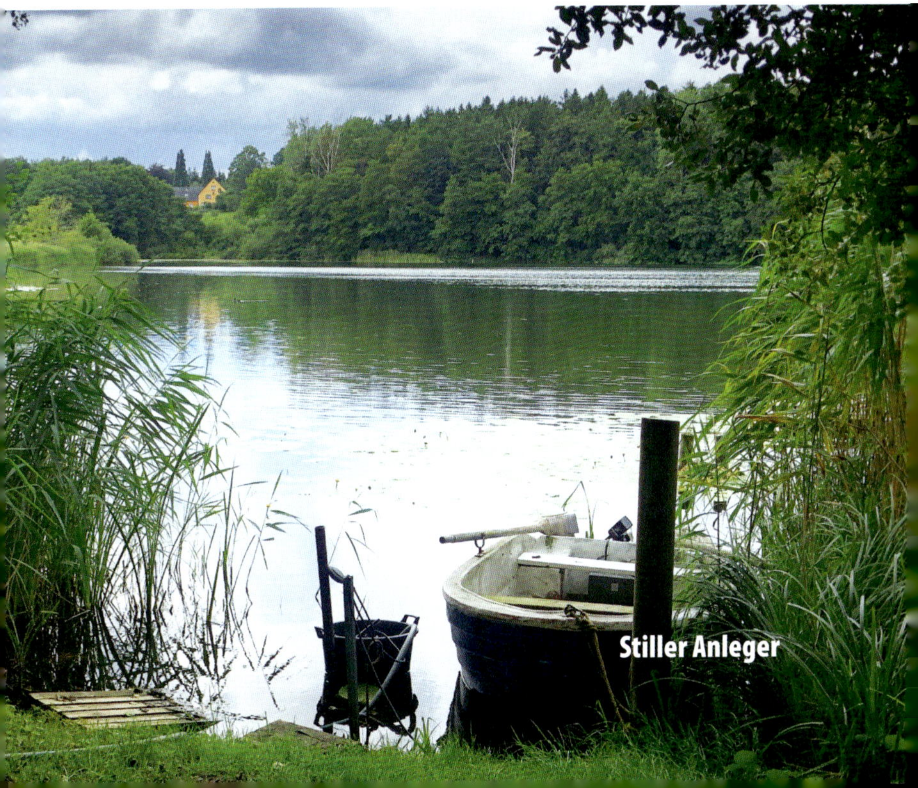
Stiller Anleger

Erfrischungstour 17

Das rund 4 Hektar große ***Görnitzer Moor*** *wird seit 2011 wiedervernässt. Es ist Teil eines Flora-Fauna-Habitat-Gebiets (FFH) mit Schluensee und Schmarkau. Es gehört zum Stiftungsland Naturschutz.*

Wir gehen rechts leicht bergan in einen rund 300 Meter langen, von Apfelbäumen gesäumten Pfad. An der **Hauptstraße** biegen wir rechts ab in den Ortsteil Görnitz und links in den Schulweg ein. Ein Baumriese grüßt am Wegesrand, wir nehmen rechts die **Karlshöhe.** An Feldern und Pferdeweiden vorbei geht es über die Kreuzung mit dem Schönweider Weg in einen Wanderweg, der sofort in einer Rechtskurve zum **Görnitzer Moor** **7** führt.

Nach links ist ein Abstecher zur Badestelle am **Grebiner See** möglich. Der Wanderweg mündet in den geschotterten Kälberstieg, wir biegen in einem Einfamilienhausgebiet rechts ab in die **Dorfwiese** und überqueren die Dorfstraße zum Startpunkt.

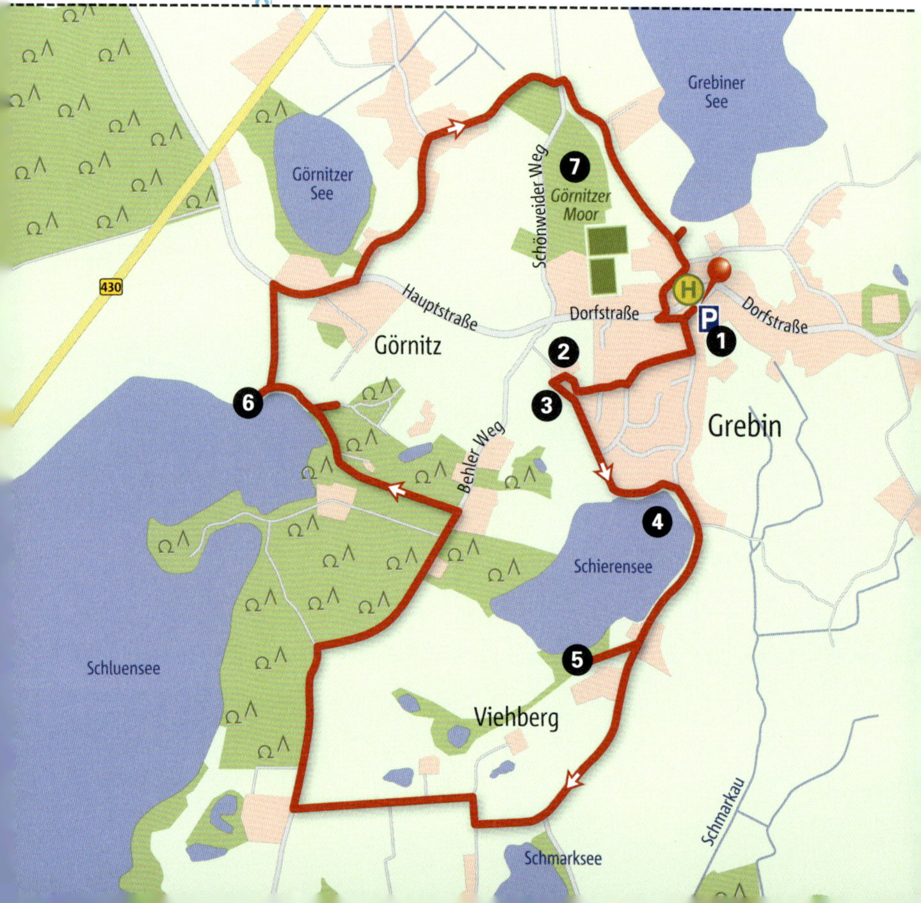

Alles auf einen Blick

WIE & WANN:
Natur- und Waldpfade, Wirtschaftswege, Asphalt- und Schotterwege; ganzjährig möglich, im Frühjahr zur Raps- und Apfelbaumblüte und im Herbst zur Weinlese besonders schön.

HIN & WEG:
Auto: Parkplatz Dorfstraße, 24329 Grebin (54.198066, 10.494422)
ÖPNV: Bus 350, 351 bis Grebin

ESSEN & ENTSPANNEN:
Grebiner Krug ❶ Dorfstraße 24, 24329 Grebin, Tel. (0 43 83) 4 23, www.grebiner-krug.de
Mühlen-Café To'n Windbüdel ❷ Behler Weg 1, 24329 Grebin, Tel. (01 74) 6 79 47 45, www.windbuedel.de

ENTDECKEN & ERLEBEN:
Kulturdenkmal Wagria-Mühle ❷
Weinreben ❸
Schierensee ❹
Zauberfeen-Garten ❺
Badestelle am Schluensee ❻
Görnitzer Moor ❼

Entspannung ✱✱✱✱✱
Genuss ✱✱✱✱
Romantik ✱✱✱✱✱

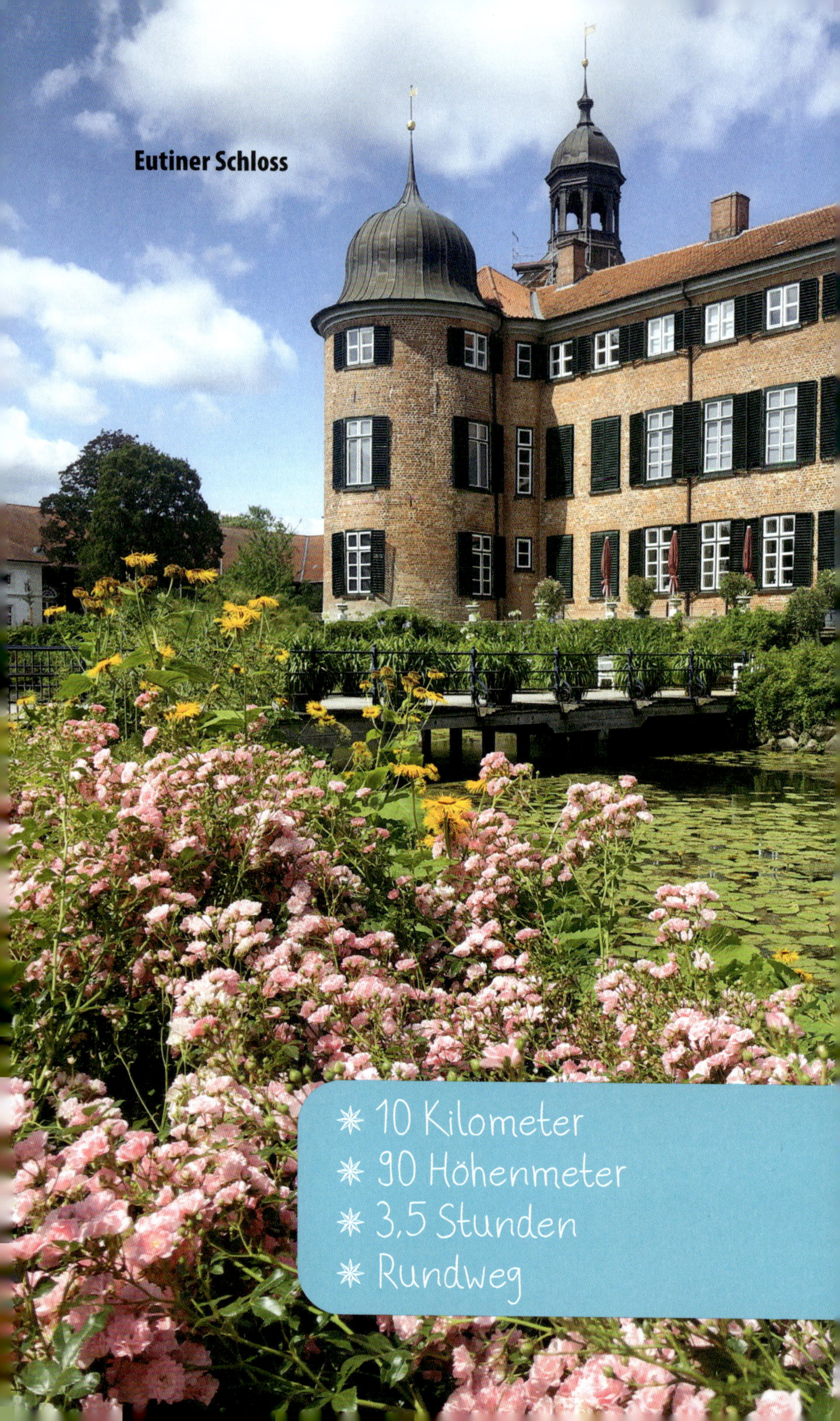

Eutiner Schloss

- 10 Kilometer
- 90 Höhenmeter
- 3,5 Stunden
- Rundweg

Vom Parkplatz Jungfernort/Alter Bauhof brechen wir zu einer Wassererlebnistour auf. Kurz betreten wir das Gelände der **Eutiner Festspiele** ❶ und nehmen den Weg links zwischen zwei Fachwerkhäusern, gehen durch ein weißes Tor und dann sofort rechts durch ein schmiedeeisernes Tor in den **Schlosspark des Schlosses Eutin** ❷. Wir überqueren eine Kreuzung und gelangen durch ein weiteres schmiedeeisernes Tor in den Küchengarten. Gleich nach einer Obstbaumwiese begegnen wir Wasser in einer gebändigten Form: Wir überqueren einen künstlichen Bewässerungsgraben vom Duvendiek.

*Ab 1786 wurde der **barocke Lustgarten** des Eutiner Schlosses in einen Landschaftsgarten umgewandelt. Ab 1790 wurde der mit einer Backsteinmauer umfriedete Küchengarten mit einem Blumen- und einem Nutzgarten angelegt.*

Rechts gehen wir durch die von Mauern umgebene, geometrische Anlage zwischen zwei alten Backsteinhäusern, das rechte hat einen Wintergartenanbau, in den Park. Vor uns erstreckt sich ein künstlich angelegter Teich – Wasser dient hier der Erbauung. Wir biegen links ab und kommen entlang eines Bachs zu einem kleinen Lustort – dem **Artemision.** Einmal vor dem 1793 errichteten Tuffsteinhaus umdrehen und die Aussicht genießen: Im Frühjahr bannt ein munter plätschernder Miniwasserfall an einer Staustufe unseren Blick, Glucksen hinter hohen Uferpflanzen lässt im Sommer das Wasserspiel erahnen. Aus der Ferne grüßt über ihnen der Große Eutiner See und von einer Land-

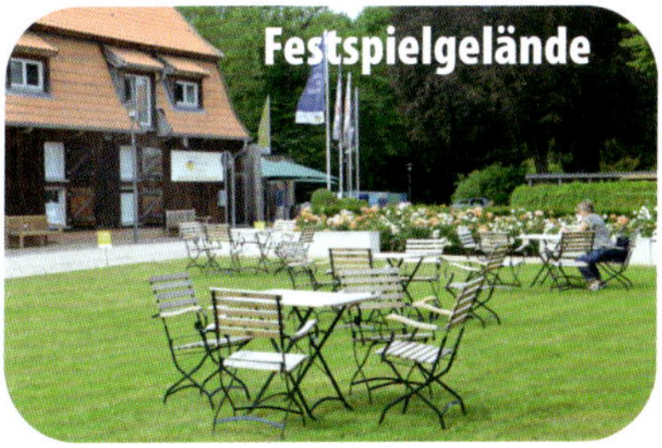
Festspielgelände

Wasserwonnen

Um den Großen Eutiner See

zunge ein Seepavillon. Im Schlosspark sollen sich Katharina die Große, Zarin von Russland, und ihr Ehemann Peter I. zum ersten Rendezvous getroffen haben – ob sie sich über die malerische Aussicht unterhielten? An der nächsten Möglichkeit biegen wir rechts ab über eine Brücke mit weißem Holzgeländer. Links und gleich wieder rechts erreichen wir den **Großen Eutiner See** ③ als natürliches Gewässer. Am Ufer gegenüber ragen die am Wasser gebauten Zuschauerränge der Freilichtbühne aus dem Grün. Wir entfernen uns und biegen links auf die Uferpromenade ab. An Sommernachmittagen mit einer Festspielaufführung gibt es Wassermusik made in Eutin gratis. Der See trägt Wanderern bei gutem Wind die Klänge nach. Das Wandern mit Musik erquickt die Seele. Häufig steht die Oper „Freischütz" von Carl Maria von Weber auf dem Programm – der Komponist wurde 1786 in Eutin geboren. An alten Buchen bummeln wir vorbei und biegen nach 120 Metern am ersten Abzweig links auf eine alte Lindenallee ein, der wir rechts fol-

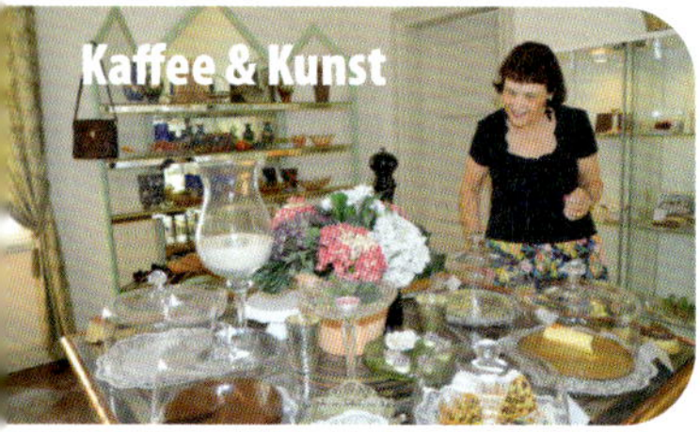

Kaffee & Kunst

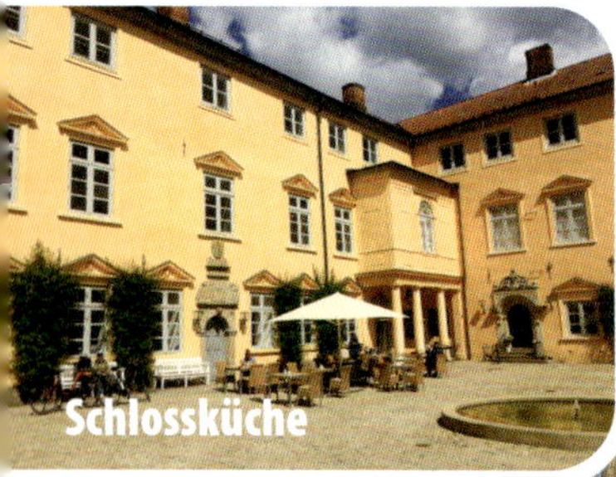

Schlossküche

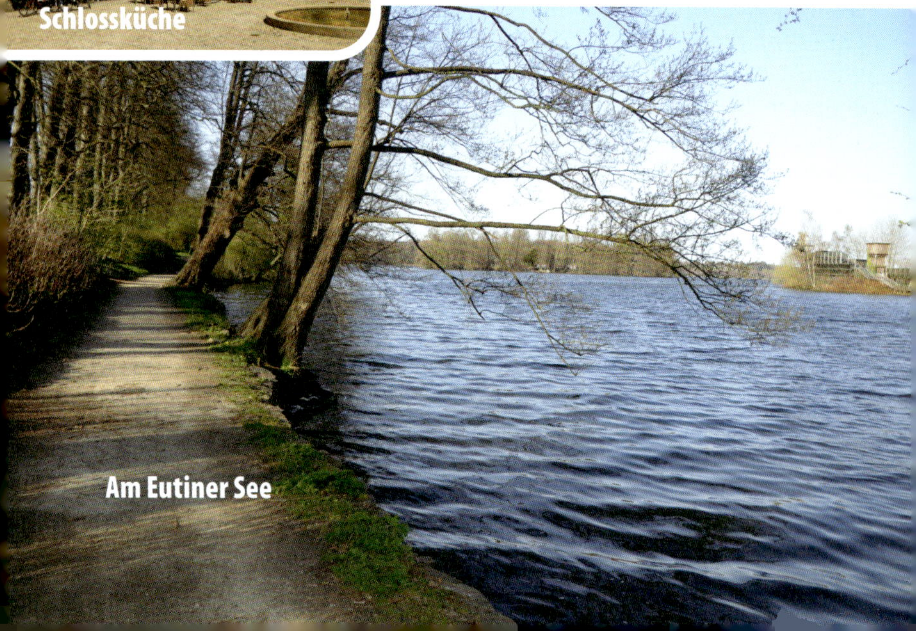

Am Eutiner See

gen. Vor dem **Eutiner Schloss** biegen wir links in den Park ein – links flanieren wir am Burggraben vorbei – Wasser kann als Abwehrelement in der künstlich angelegten Wehranlage bewundert werden.

Wir verlassen den Park nach einer Lautsprechersäule, aus der per Knopfdruck Eutiner Geschichten tönen, nach rechts und überqueren die Straße **Am Schloßgarten.** Ein Abstecher nach rechts würde uns zum **Restaurant Schlossküche Eutin** 2 bringen. Rechts vorbei an der ehemaligen **Wagenremise** 4 mit der **Kreisbibliothek,** halten wir auf die St. Michaeliskirche zu, biegen jedoch vorher links in die **Stolbergstraße,** eine der ältesten Straßen der Stadt. Das Haus Rastleben verlockt, seinen Namen als Aufforderung zu verstehen. Im **Café Kunst und Kaffee** 5 zwischen Antiquitäten und Kunst drinnen oder unter Baumkronen draußen kann die Seele spazieren gehen. Wir biegen 100 Meter weiter zwischen Backsteinhäuschen – den Vikariatshäusern – rechts in die **Twiete** und treffen am Markt auf das **Kulturcafé Klausberger** 6. Ein Blick auf den Brunnen auf dem Platz – früher zentraler Punkt für die Wasserversorgung der Bürger, heute Wasserspiel – dann geht es durch den Fußweg Kirchplatz auf die **St. Michaeliskirche** 7 zu. Wir umrunden das im 12. Jahrhundert im romanischen Stil errichtete Gotteshaus rechts zur Schlossstraße. Rechts lockt dort das **Ostholstein-Museum** 8, wir wenden uns jedoch nach

*Das **Eutiner Schloss** entstand ab 1156 in zahlreichen Bauschritten bis zum 19. Jahrhundert. Im 16. Jahrhundert wurde die Burg zu einem Renaissanceschloss ausgebaut und diente den Fürstbischöfen von Gottorf als Residenz. Heute sind hier ein Museum und ein Restaurant untergebracht.*

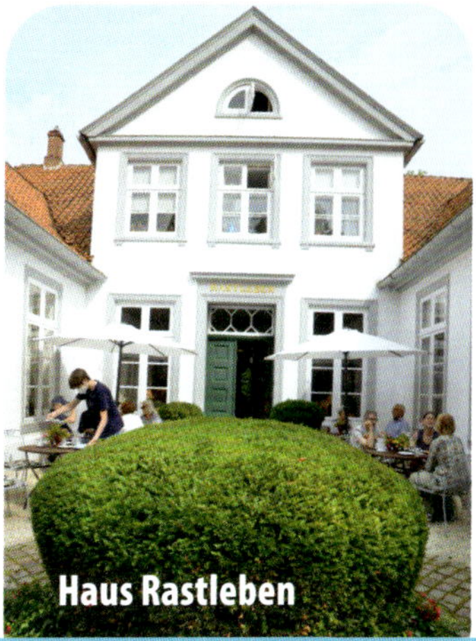

Haus Rastleben

Für die Seele

Inspirationsquelle, Lebenselixier, kultivierter Parkschmuck, landschaftsprägend – das Element Wasser ist die Essenz unseres Lebens.

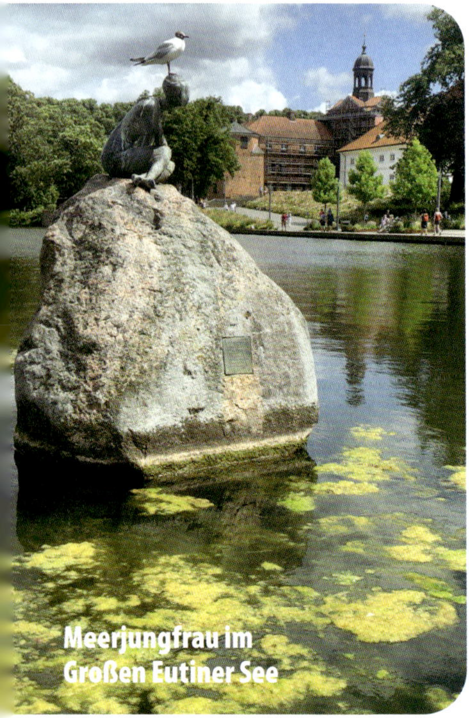
Meerjungfrau im Großen Eutiner See

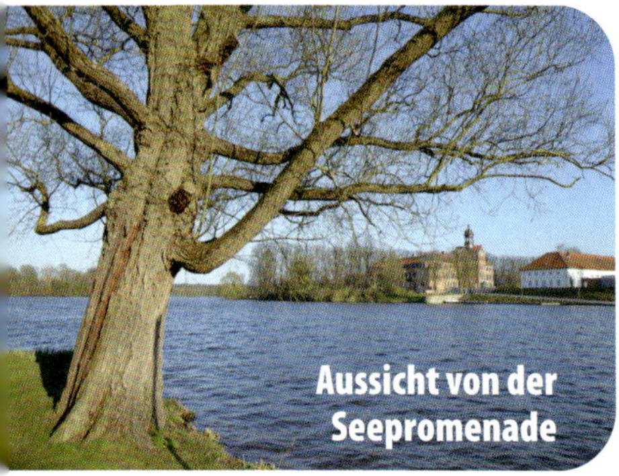
Aussicht von der Seepromenade

links und sofort wieder rechts in die Wasserstraße zum Eutiner See.

An der Uferpromenade rechts besuchen wir den **Garten am frischen Wasser** 9 vom evangelischen Kirchenkreis Ostholstein. Wasser als spirituelles Symbol plätschert uns aus einem Findlingsbrunnen entgegen. Aus Baumwipfeln flattern an Bändern Wunschzettel, Bänke unter Federbuchen laden zum Verweilen ein. Ein traumhafter Seelenort am See. Auf der Uferpromenade halten wir uns links. Die Holzmole ist eine Wasserlauschstation: Wellen, die an die Pfeiler klatschen, erzählen, wie Wasser klingen kann. Aus dem See erinnert eine **Meerjungfrauskulptur** 10: Wasser ist Inspirationsquelle für Sagen. In der Ferne erhebt sich der weiß-rote Wasserturm, wir biegen nach dem **Anleger der Eutiner-Seen-Fahrt** links in den Heinrich-Lüth-Weg. Wir passieren einen Familienspielgarten mit Balancierelementen, Spieltischen und Hängematten. Nach dem **Städtepartnerschaftsgarten** von Eutin und Lawrence (Kansas) mit Bison- und Präriehunde-Skulptur biegen wir rechts auf den Bürgermeister-Dr.-Ricklefs-Weg in den Park und folgen dem Kleingolfplatzschild, den Wegemarkierungen weißes X und weiß-grün-weiß.

Die **Freibadeanstalt** 11 ist von einem Sandplatz am Ufer schon zu sehen. Vor dem Sprung kopfüber in den See überqueren wir noch links die Bebensundbrücke. (Abkürzung: Rechts einbiegen in den Seepark bedeutet 8 Kilometer weniger Strecke.) Vor einem weißen

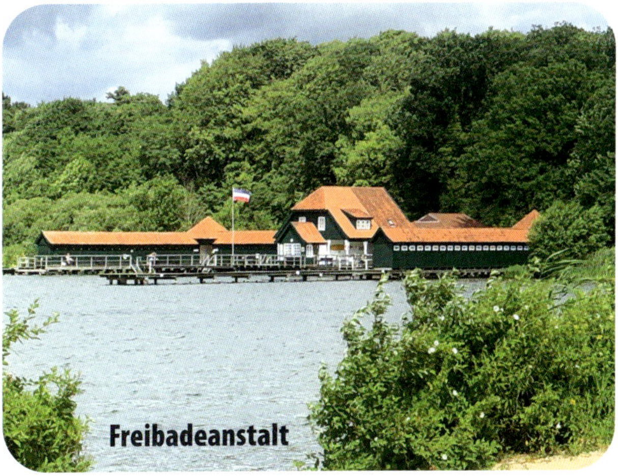

Holzpavillon führt links der Weg zum Naturbad. Im Linksbogen kommen wir auf den Wanderweg zurück, biegen links, dann rechts ein. Waldinfotafeln der Landesforsten und der Wegweiser zur **Kleingolfanlage** begleiten uns. Wir biegen an einem Sechssprung in den zweiten Weg von links ein und folgen den Markierungen: weiß-rot-weiß, weiß-grün-weiß, weißes X auf schwarzem Grund. An der Kreuzung nehmen wir den bequemen Waldweg rechts am Kleingolfplatz vorbei. Selbst durch dichtes Sommerlaub ist der Eutiner See zu erkennen. Er bleibt mal dicht, mal weiter weg, an unserer rechten Seite. Viele Bänke laden auf der Seerunde zu Entspannungsminuten ein. Tief die Waldluft einatmen, das bringt die Seele zum Lächeln.

An der nächsten Gabelung rechts schlagen wir uns abseits der Markierungen in die Büsche. Ein Pfad führt zwischen Buche, Ahorn und Haselnuss zu einem romantischen **Aussichtspunkt** mit wilder Badestelle. Danach wird der Uferpfad morastig und endet in Brombeeren. Deshalb gehen wir an der nächsten Gabelung links und kommen zurück auf den mit X markiertem Weg, dem wir nach rechts folgen. Eine Schutzhütte mit Reetdach lädt dazu ein, den Vogelstimmen zu lauschen. Wir ignorieren einen Abzweig links. Nach Nadelbäumen, Birken, Weißdorn und Traubenkirsche heißt es an der nächsten Kreuzung rechts abbiegen. Nach einer feuchten Niederung und alten Bäumen haben wir von einem **Höhenweg** 6 Meter über dem Ufer Weitsicht über den See. Ab der nächsten Kreuzung folgen wir rechts der weiß-rot-weißen Markierung, ignorieren einen Linksabzweig und halten uns auf einem verwunschenen Uferweg, den alte Bäume, Schilf, Ried und Brombeeren säumen. Wir erreichen einen Sandweg, der ein Bächlein überquert und biegen nach 5 Metern scharf rechts in den grün-blau markierten Holsteinische Schweiz Weg und den weiß-rot-weiß markierten Eutiner Rundweg. Wir ignorieren einen kleinen Pfad zum See und passieren viele gemütliche Bänke, eine hügelige Wiese, eine Löschwasserentnahmestelle, Weiden und Schilf, Ackerwinden und Taglichtnelken. Vor einem Knick biegen wir rechts auf einen asphaltierten Radweg, der uns an einem roten Häuschen und einer Rasenfläche mit Wasserzugang vorbeiführt.

Zwischen Jägerzäunen und gepflegten Gärten erreichen wir einen **Anleger der Eutiner-Seen-Fahrt** (Zusteigen bedeutet eine Abkürzung von 3 Kilometern).

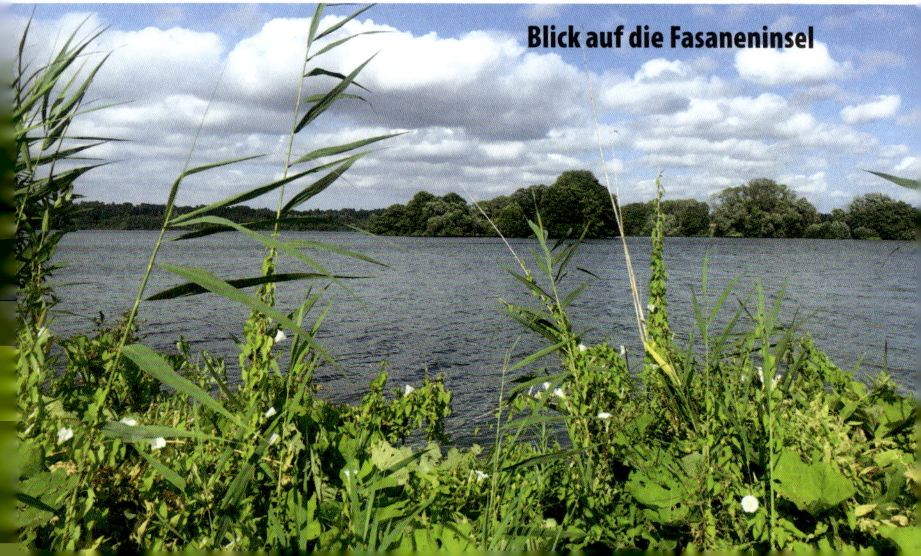

Blick auf die Fasaneninsel

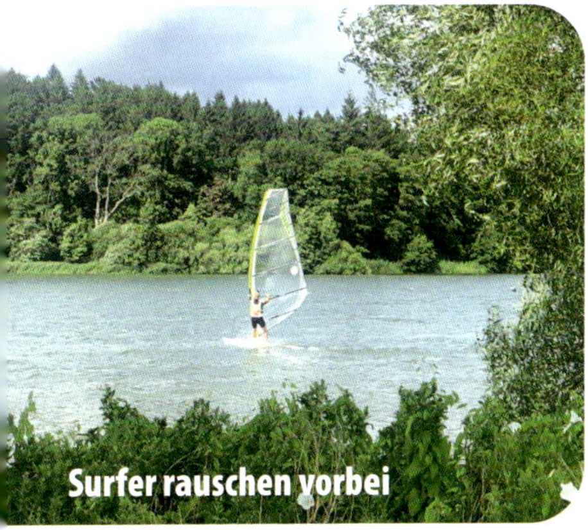

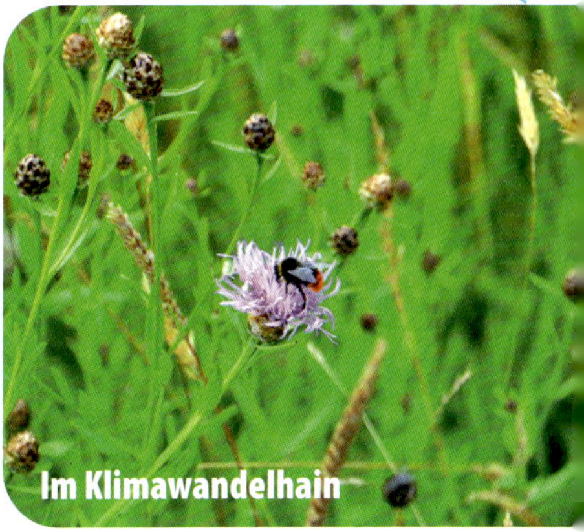

Ein Schild informiert über einen Wasserwanderweg. Im Juli blühen Nachtkerzen und Wollkraut gelb an Pferdekoppeln. Ein Knick verdeckt den See. Buchenzweige berühren sanft die Wellen. (Ein Abzweig links geht zur Bundesstraße, die rechts zum Parkplatz führt). Der Uferweg verwöhnt uns mit Seepanoramen zwischen Kirschbäumen, Pappeln und Baumriesen. Eine Bank unter den weit ausladenden Ästen einer alten Eiche lädt zur Genießerpause ein. Hausgiebel am anderen Ufer, glucksende Wellen. Einmal tief atmen und den Mix aus Natur und Aussicht pur genießen.

Nach einer **Brücke** mit Stahlgeländer und Birken duftet uns im Juli weißes Mädesüß vom Ufersaum entgegen. Nach einer zweiten Brücke verraten uns Festspielklänge, der Eutiner Kirchturm und die Fasaneninsel: Wir sind der Stadt wieder nah. Einmal noch ein Panoramabad nehmen von einer idyllischen Bank direkt am See. An einer Kreuzung zweigt der Radweg links ab, wir bleiben geradeaus. An einem Wohnmobilstellplatz geht es im Zickzack abwärts zu einem Anleger. Links aufwärts führen Stufen zum **Klimawandelhain 12.** Zelkove, Schnurbaum oder Hopfenbuche aus Asien, den USA und Südosteuropa werden getestet, ob sie das raue norddeutsche Klima vertragen und als Stadtgrün taugen.

Der **Klimawandelhain** wurde 2016 zur Landesgartenschau angelegt. Im bundesweiten Forschungsprojekt wird nach Sorten und Arten gesucht, die schädlingsresistent sind und den Klimawandel mitmachen.

Die mit Wildblumen übersäte Fläche verlockt zum Picknick mit See- und Hügelpanorama, aus einer **Lautsprechersäule** tönen auf Knopfdruck von Eutinern erzählte Stadtgeschichten. Wir nehmen die Route rechts Richtung Schloss, wandern zweimal links durch die 4100 Quadratmeter renaturierte Fläche des ehemaligen Bauhofs. Seit 2018 blühen dort auf der Insektenweide Hornklee und Leinkraut als Leckereien für Schmetterlinge wie Schachbrett- und Dickkopffalter. (300 Meter kürzer: Wir ignorieren den Rechtsabzweig, überqueren den Sandweg, einen Radweg und einen Parkplatz. Nach einer Brücke über einen Zufluss des Duvendiek ist der Parkplatz erreicht.)

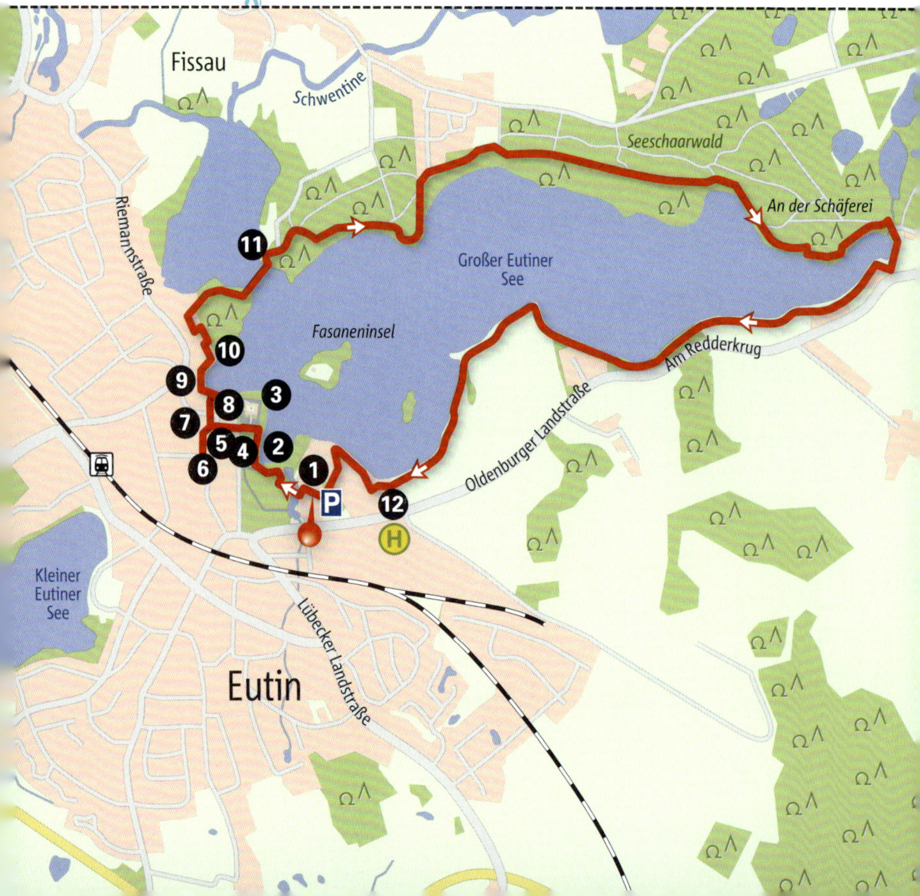

Alles auf einen Blick

WIE & WANN:
Sand- und Waldwege, Uferpfade, Bürgersteige; ganzjährig möglich, beste Zeit: Sommer, nachmittags Livemusik von der Seebühne der Eutiner Festspiele, im Juli duftende Mädesüßfelder und Taglichtnelken.

HIN & WEG:
Auto: Parkplatz am Alten Bauhof, 23701 Eutin (GPS 54.1344, 10.635) und Parkplatz in der Straße Jungfernort, 23701 Eutin (GPS 54.134214, 10.627458)
ÖPNV: Bus 5508 bis Kaserne (350 Meter zum Startpunkt über Oldenburger Straße und Am Schloßgarten)

ESSEN & ENTSPANNEN:
Restaurant Schlossküche Eutin ❷ Schloßplatz 5, 23701 Eutin, Tel. (0 45 21) 8 30 87 90, www.schlosskueche-eutin.de
Café Kunst & Kaffee ❺ Stolbergstraße 18, 23701 Eutin, Tel. (0 45 21) 7 13 19
Kulturcafé Klausberger ❻ Markt 16, 23701 Eutin, Tel. (0 45 21) 7 15 87, www.klausberger.de

ENTDECKEN & ERLEBEN:
Eutiner Festspiele ❶
Schlosspark und Schloss Eutin ❷
Großer Eutiner See ❸
Kreisbibliothek in der Wagenremise ❹
St. Michaeliskirche ❼ Schloßstraße 2, 23701 Eutin
Ostholstein-Museum ❽ Schloßplatz 1, 23701 Eutin
Garten am frischen Wasser ❾
Meerjungfrauskulptur ❿
Freibadeanstalt ⓫ Am Seeschaarwald 97, 23701 Eutin
Klimawandelhain ⓬

Entspannung ★★★★★
Genuss ★★★★☆
Romantik ★★★★☆

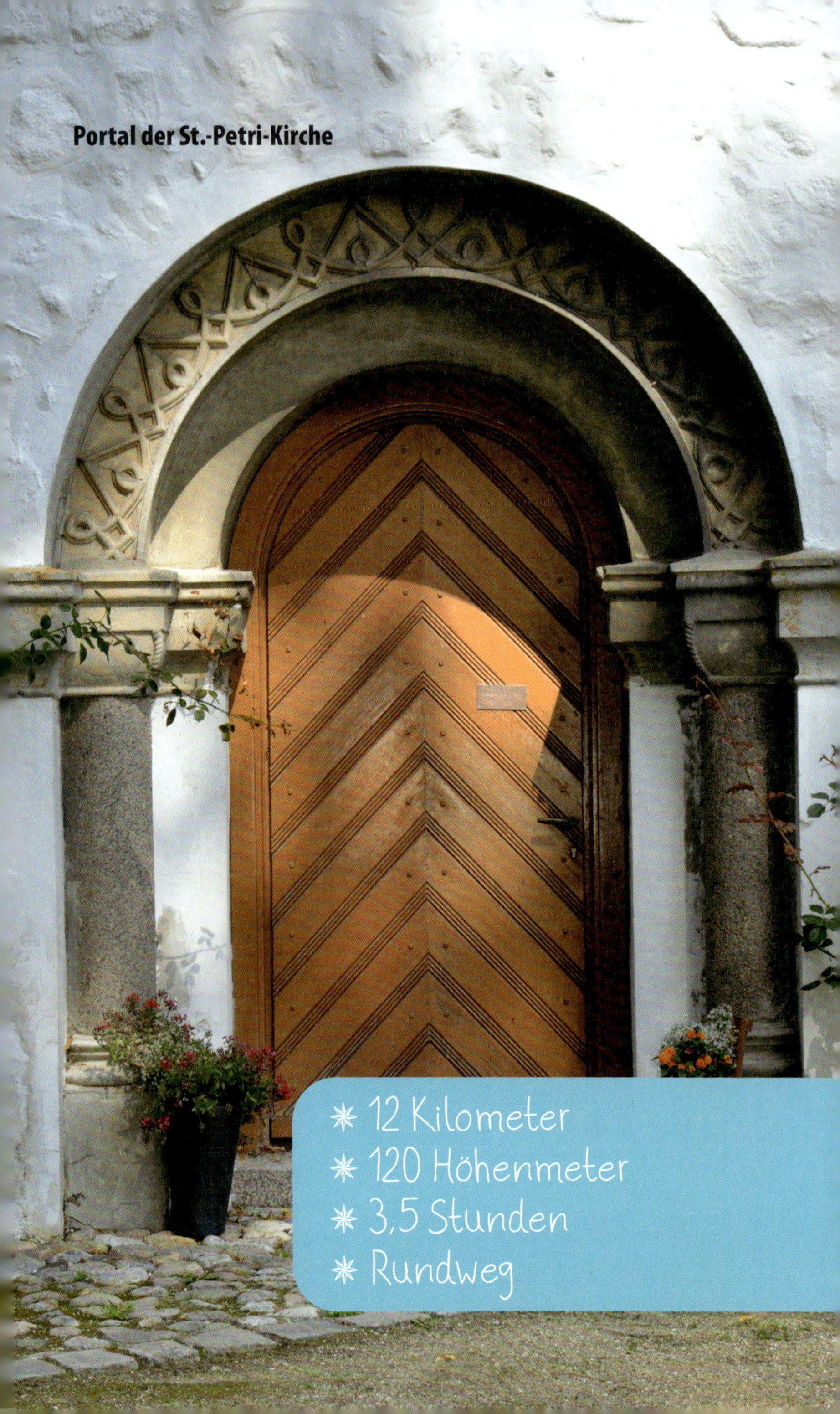

Portal der St.-Petri-Kirche

Vom Parkplatz am **Haus des Gastes** 1 spazieren wir links zu einem Wahrzeichen norddeutscher Landes- und Missionierungsgeschichte: Vom **Bischof-Vicelin-Damm** geht es über den Helmoldplatz und den Pastor-Piening-Weg zum kleinsten Bischofsdom der Welt. Am **Gasthaus Zum Frohsinn** 2 mit einem schattigen Biergarten und einem Denkmal für Gefallene vorbei, führt unser Weg zur **St.-Petri-Kirche** 3.

Links vom Eingang der leuchtend weiß getünchten Feldsteinkirche bietet ein **Garten der Besinnung** die Chance auf einen stillen Seelenmoment. Ein Rundgang im mit Kunstwerken reich ausgestatteten Gotteshaus lohnt sich ebenso wie der Rundweg entlang der Friedhofshecke. Das Panorama auf den Plöner See und den Bischofssee ist von der Halbinsel berückend. Die wohlproportioniert und überschaubar wirkende Kirche galt ursprünglich als Prachtbau. Mit glänzenden Gipsplatten bedeckt, soll sie wie ein Marmordom über dem See gestrahlt haben. Wir verlassen die Kirche auf

*Bischof Vicelin missionierte die nordischen Länder zum Christentum und ließ 1151 bis 1152 die **St.-Petri-Kirche** in Bosau als Bischofssitz bauen. Nach seinem Tod 1154 verlegte sein Nachfolger Bischof Gerold den Bischofssitz nach Lübeck.*

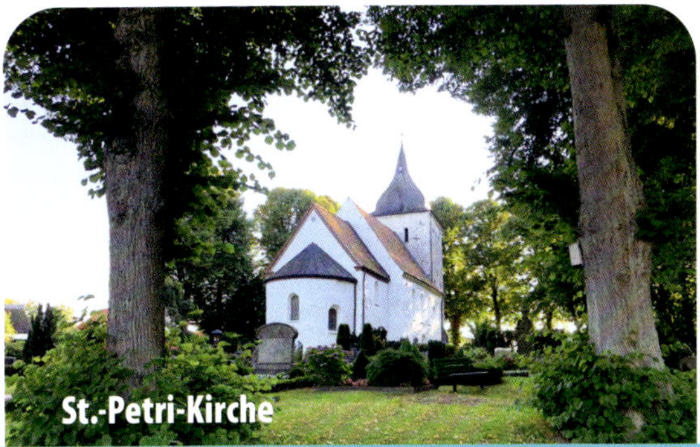

St.-Petri-Kirche

Fünf große „B"

Von der Petrikirche zum Strand

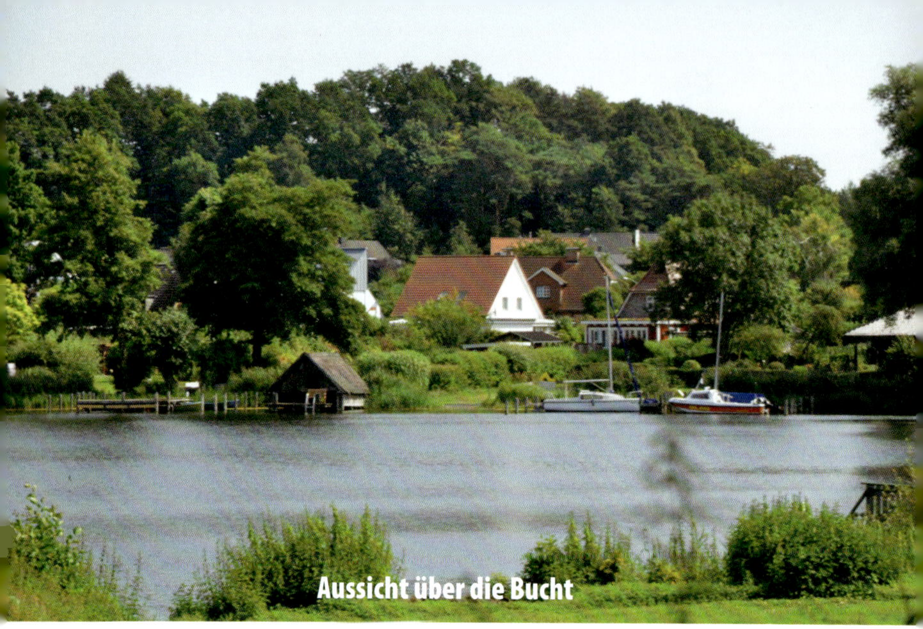
Aussicht über die Bucht

dem gleichen Weg wie auf dem Hinweg und biegen links in den Gerold-Damm mit **Strauers Hotel am See 4**, dann links in einen Fußweg zum **Schiffsanleger der Bosau-Fahrt 5** ab. Vom Anleger ist in der Ferne das Plöner Schloss zu erkennen. Wir gehen nach einer Kanu-Einsatzstelle rechts und biegen links in die **Plöner Straße.** Vor dem Ortsschild geht es links ab ins Landschaftsschutzgebiet **Kleines Warder 6.**

*Warder ist eine Bezeichnung für Insel, das **Kleine Warder** ist über einen Damm mit dem Festland verbunden.*

Eine handgemalte Bestimmungstafel für Vögel, die im Wald auf der Halbinsel leben, verlockt zum genauen Hinsehen. In feiner Zeichnung und in Aquarellfarben leuchten Federn, Flügel und Schnäbel von Sumpfhuhn, Specht, Meise und Pirol. An der ersten Gabelung biegen wir links auf den **Naturlehrpfad**-Rundweg in den Erlenbruch.

Leise raschelndes Schilf bietet Rohrdommeln und Drosseln Brutplätze und Lebensraum. Eine Bank direkt am Ufer verführt zum Atemholen im anerkannten Luftkurort. Den Seglern auf dem Wasser zuschauen, die Abgeschiedenheit genießen. Oder lieber eine Erfrischung? Ein paar Meter weiter lockt eine Wassertretstelle zum Betreten des Bischofssees. Hosenbeine hochkrempeln, ab ins flache Wasser. Der Seeboden ist einladend sandig. (Rechts ist eine Abkürzung zurück zum Inselzugang möglich.) Wir bleiben auf dem Pfad am Ufer.

Nach zweimal links abbiegen sind wir am Vogelbestimmungsschild zurück und überqueren die **Plöner Straße** in ein Wäldchen. Vier Stufen führen uns in den Alwin-Fritz-Weg, dem wir links 180 Meter folgen. Wir verlassen den Wegabschnitt, der zum **Mönchsweg** gehört, über eine Treppe mit neun Stufen und überqueren die Plöner Straße vorsichtig zu einem Wander- und Radweg, der in der Kurve beginnt. Er führt in ein Landschaftsschutzgebiet. Wir lassen einen Abzweig links liegen und folgen unter Buchen und Haselnuss, Birke, Eberesche und Ahorn dem lichten Waldweg. An einem Dreisprung, wo drei Wege aufeinandertreffen, nehmen wir rechts den **Naturparkwanderweg Bösdorf.** Links leuchtet der Vierer See hinter Weiden und Bäumen hervor.

Wir überqueren erneut die Plöner Straße vorsichtig und biegen rechts in eine alte Lindenallee. Im **Hohlweg Waldshagen** laufen wir zu Füßen der Stämme, die hoch in den Himmel ragen – wie ein Dom aus Bäumen. Vor einem Waldrand nehmen wir links einen schmalen Pfad auf eine Wiese. Die

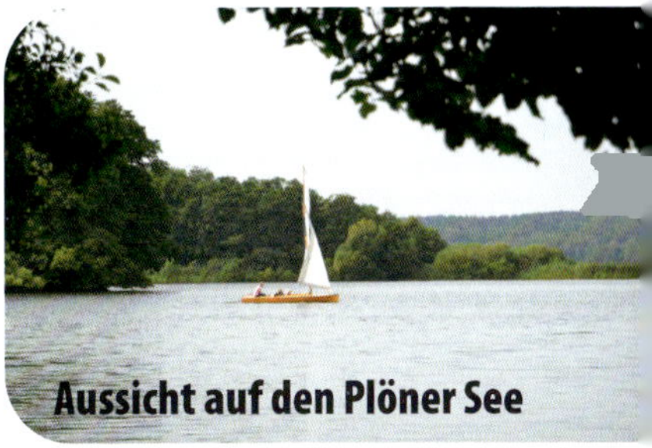

Aussicht auf den Plöner See

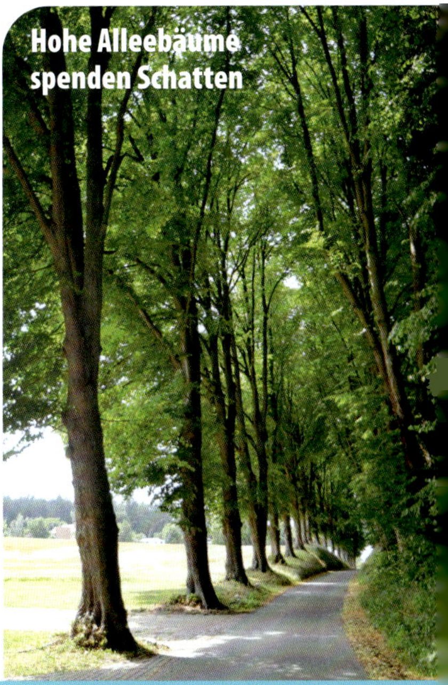

Hohe Alleebäume spenden Schatten

Für die Seele

Nach der Einkehr im kleinen Bischofsdom verlockt die Bismarcksäule zur großen Aussicht. Fernblicke und ein spritziges Badevergnügen runden die Tour ab.

Die 26 Meter hohe ***Bismarcksäule*** *erzählt vom landesweiten Hype um Bismarck Anfang des 20. Jahrhunderts. In Schleswig-Holstein gibt es acht Bismarck-Türme.*

Panoramaaussicht über den Vierer See und den Plöner See dahinter ist von der Anhöhe großartig. Ein perfekter Ort, um dem deutschen Politiker Otto von Bismarck ein herausragendes Denkmal zu setzen. Das fanden die bismarckbegeisterten Bewohner des nahen Gutes Waldshagen und weihten am 29. Juli 1913 dort eine **Bismarcksäule** mit Aussichtsplattform ein.

Die unbegehbare **Bismarckturm-Ruine** 7 hat den verwunschenen Charme eines Lost Place. Graue Lichtluken sind im Sandstein zu erkennen. Backsteine am Sims liegen bloß, Bäume wachsen darin. Brombeerenranken behüten den Dornröschenschlaf der Säule. Wir kehren auf gleichem Weg zur Plöner Straße zurück und folgen ihr links an Feldern vorbei. Ein bunt gemischter Knick mit Holunderbüschen, Eichen, Birke, Erlen, Haselnuss, Schlehen und Pfaffenhütchen schirmt die Landesstraße ab.

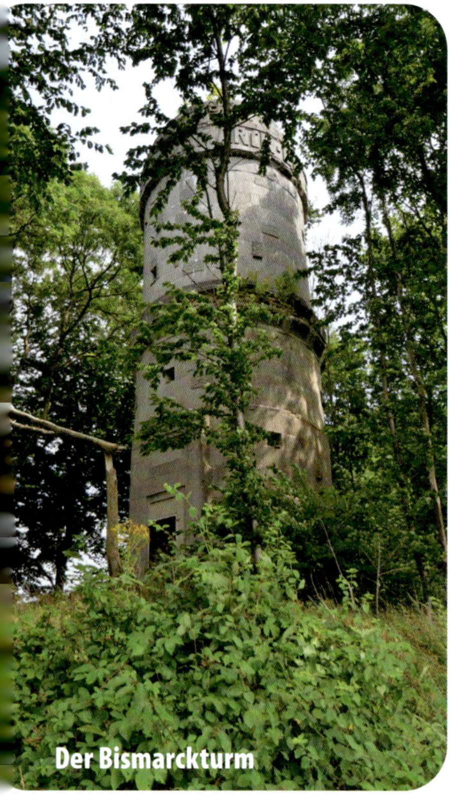
Der Bismarckturm

Nach 350 Metern durchqueren wir rechts den Knick, kreuzen die Plöner Straße und tauchen nach 40 Metern rechts in den Wald ein. Zwischen Springkraut, Buchen und Birken laden liegende Stämme zur Rast. An der Gabelung links nehmen wir den Höhenweg, dem wir mit Ausblicken auf den Bischofssee, entlang einer Lichtung geradeaus bis zu einem schluchtartigen Mountainbiketrail folgen. Wir gehen darauf rechts zum vom Hinweg bekannten Rad- und Wanderweg, auf dem wir links zur **Plöner Straße** laufen. Wir nehmen wieder die Treppe und gehen links auf dem Alwin-Fritz-Weg bis zu einem Ackerrand. Rechts führt uns ein romantisch mäandernder Pfad in den Wald. Wir laufen an einer Kreuzung geradeaus über eine Holzbrücke und sieben Holzstufen und nehmen den linken Pfad, der an einer Hausruine vorbeiführt.

Wir spazieren am Feldrain, Vögel zwitschern in Weißdorn und Ahorn. Brombeerbüsche und Schlehen schenken uns ihre Früchte. Ausladende Eichen werfen mit über den Weg hängenden Zweigen Schatten. Eine Bank lädt zum Auskosten des idyllischen Moments ein. Wir gehen den Tönniesweg weiter, bis wir die Straße Sandlid erreichen. Wir spazieren 100 Meter rechts und nehmen links Treppen zum **Jungfernstieg.** Nach dem Auf und Ab lädt eine Bank zum Ausruhen ein. Wir passieren schöne Gärten, Felder, Gehölze, halten uns dreimal geradeaus und erreichen einen Schotterweg, in den wir links einbiegen. Wir überqueren vorsichtig die **Eutiner Straße** und gehen auf dem Sandweg rechts. Nach 75 Metern links zehn Stufen nach oben und biegen rechts ab, dann links in den **Panoramaweg** **8**. Der Name hält Wort. Bänke laden unter alten Eichen zum ausgedehnten Genießerblick über Felder und den Plöner See ein.

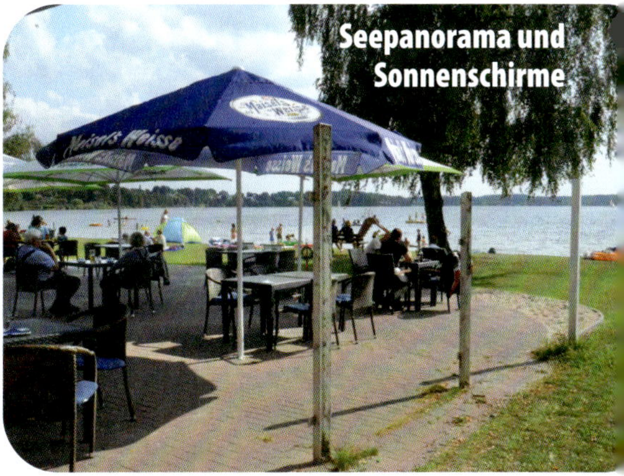

Seepanorama und Sonnenschirme

Nach einer Brücke und 21 Stufen biegen wir rechts in die Straße **Löjaer Berg.** Nach 100 Metern nehmen wir rechts die Treppe vom Lerchenweg, die in Richtung Strand ausgeschildert ist. Nach 31 Stufen wandern wir auf einem Pfad unter tief hängenden Apfelbaumzweigen zur Stadtbeker Straße und gehen rechts. An einem Knickdurchbruch überqueren wir die Straße zum Weg Strandsiedlung. Wir laufen links, dann rechts und kommen zu einer Grünfläche. Rechts erreichen wir nach einer Holzschranke die Liegewiese. Jetzt vom **Badestrand** **9** in die Fluten stürmen für eine Schwimm- oder Planschrunde! Danach romantisch unter alten Bäumen geradeaus zum **Kiosk McBraasch Bosau Beach Pub ⑩** flanieren und mit exzellentem Seeblick auf der Terrasse über den Zauber der großen „B“ von Bosau plaudern: Bischofssitz, Bismarckturm, Badestelle, Beach Pub.

Wir biegen vor dem Gebäude rechts ab und nehmen gegenüber den schnurgeraden **Hugo-Braasch-Weg** – ein weiteres denkwürdiges „B“. Hugo Braasch übernahm den Gasthof Zum Frohsinn von seinem Vater, backte morgens Brötchen für die Hotelgäste, bediente abends und legte per Hand den 500 Meter langen Verbindungsweg vom Hotel zum Strand an. Ein Pionier, der den Tourismus im Ort vorantrieb. Sein Weg bringt uns zurück zum Startpunkt.

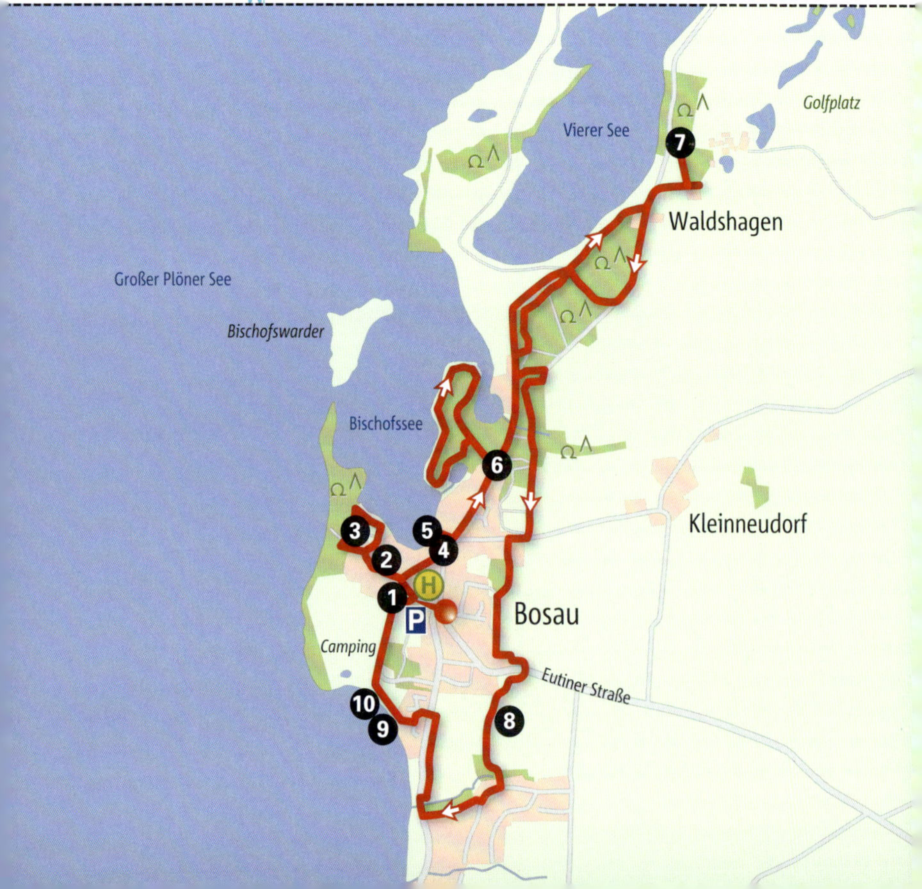

Alles auf einen Blick

WIE & WANN:
Waldwege, Sandwege, Asphalt, in Bosau Bürgersteige; ganzjährig möglich, der breite Sandstrand verlockt im Sommer zum Baden.

HIN & WEG:
Auto: Parkplatz Haus des Gastes, Bischof-Vicelin-Damm 11, 23715 Bosau (GPS: 54.105087, 10.428368)
ÖPNV: Bus 5516, 5517 bis Bosau, Feuerwehr; Anruf-Buslinie Alfa zwischen Plön und Bosau (Fahrtwunsch unter Tel. (0 45 61) 51 11 11 anmelden, etwa 30 Min. Wartezeit)

ESSEN & ENTSPANNEN:
Gasthaus Zum Frohsinn ❷ Bischof-Vicelin-Damm 16-18, 23715 Bosau, Tel. (0 45 27) 2 69, www.zum-frohsinn.de
Strauers Hotel am See ❹ Gerold-Damm 2-6, 23715 Bosau, Tel. (0 45 27) 99 40, www.strauer.de
Mc Braasch Bosau Beach Pub ❿ Strandweg 10, 23715 Bosau, Tel. (0 45 27) 7 91 90 89, www.mcbraasch.de

ENTDECKEN & ERLEBEN:
Haus des Gastes ❶ Bischof-Vicelin-Damm 11, 23715 Bosau
St. Petri-Kirche ❸
Bosau-Fahrt-Anleger ❺ www.grosseploenersee-rundfahrt.de
Kleines Warder ❻
Bismarckturm-Ruine ❼
Panoramaweg ❽
Badestrand ❾

Entspannung ✱✱✱✱✱
Genuss ✱✱✱✱✱
Romantik ✱✱✱✱✱

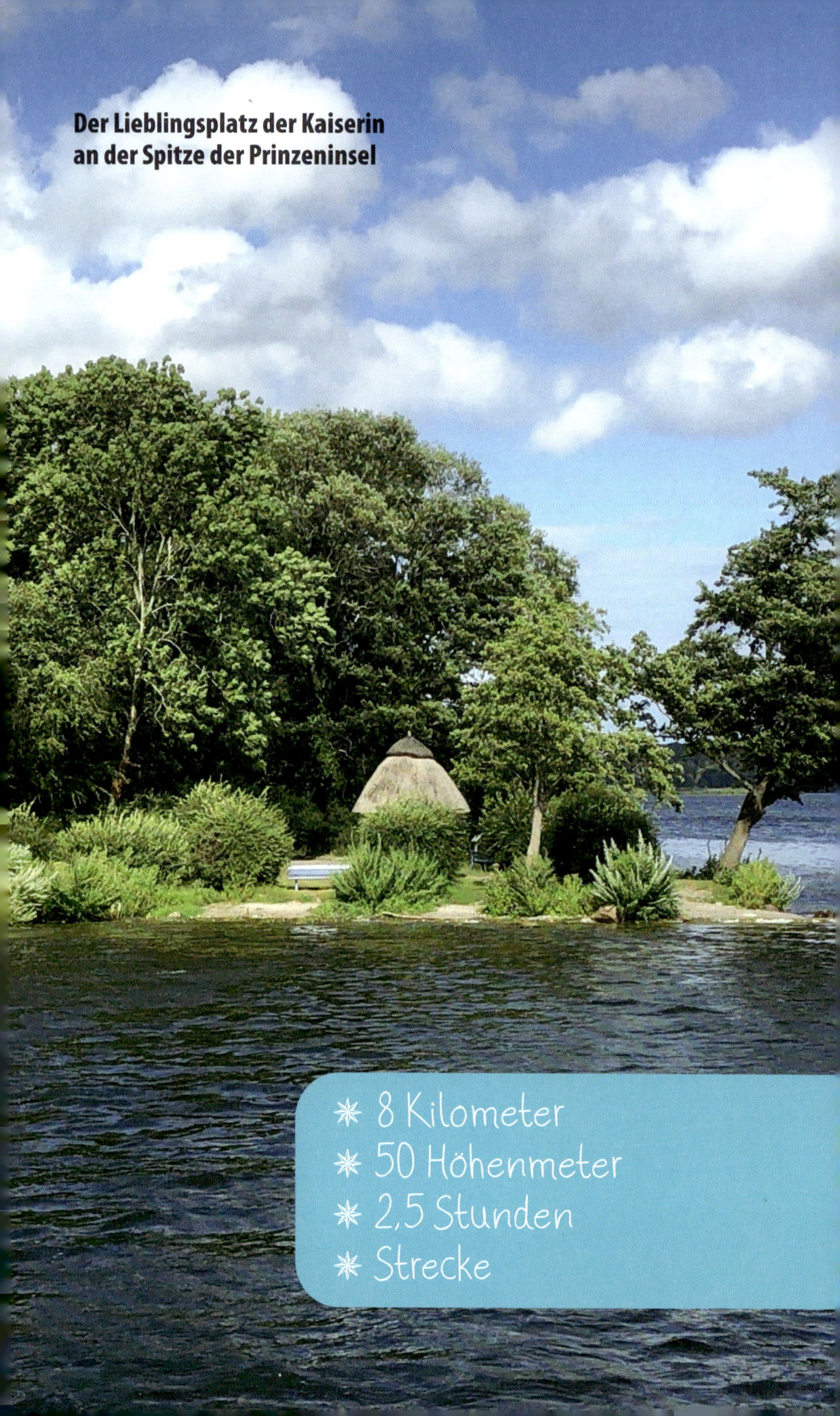

Der Lieblingsplatz der Kaiserin an der Spitze der Prinzeninsel

* 8 Kilometer
* 50 Höhenmeter
* 2,5 Stunden
* Strecke

Wir verlassen den Parkplatz, am **Imbiss Fegetasche** ① können wir Fischbrötchen als Proviant einpacken. Rechts geht es Richtung Fünf-Seen-Fahrt. Wir biegen sofort links ab und unterqueren die Bundesstraße B 76. Rechts neben uns strömt die **Schwentine.** Der Weg ist mit einem weißen X auf schwarzem Grund markiert. Wir gehen Richtung Schwentine-Infozentrum auf einem weiß-blau-weiß markierten Weg rechts. Auf einer Obstbaumwiese locken Apfelsorten zum Blütenvergleich: Holsteiner Cox, Lübecker Sommerapfel, Prinz Albrecht von Preußen, Klapps Liebling sind regionale Sorten, dazu blühen im Frühjahr Bergamotte-Birnbaum und eine Süßkirsche. Eine Wildblumenwiese mit 59 einheimischen Kräutern und Gräsern wurde von der Stadt Plön und dem Naturpark Holsteinische Schweiz für Insekten angelegt. Wir gehen am Waldkindergarten Regenbogen vorbei. Auf der Wiese ragt ein silberner Zylinder aus dem Boden – eine der landesweit aufgestellten Messstationen für radioaktive Strahlen.

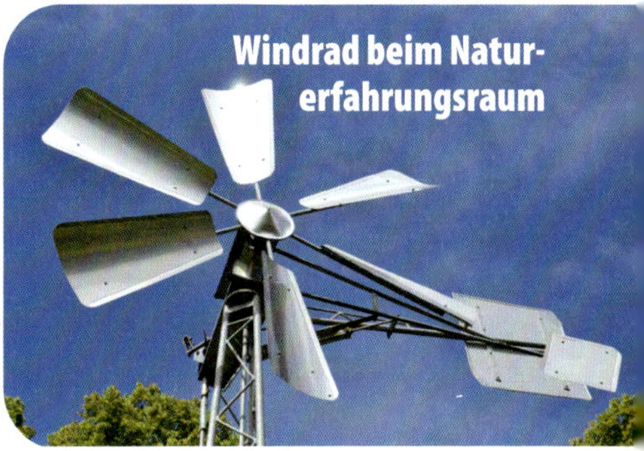

Windrad beim Naturerfahrungsraum

Eine silberne Windmühle zeigt den Weg zum **Naturerfahrungsraum Schwentine** ② an der Ölmühle. 17 Stationen laden zum Kennenlernen von Bruchwaldstreifen, natürlichen Rückzugsräumen für Wildtiere und der Schwentine ein. Der Fluss erhielt zwischen

Seenquartett

Vom Höftsee zur Prinzeninsel

Höftsee und dem Großen Plöner See eine Biotopvernetzungsfunktion. Wir nehmen den Wiesenweg rechts an einem alten Fachwerkhaus vorbei und machen einen Schlenker rechts zum Ufer der Schwentine. Ein riesiges Hörrohr lädt zum Vogel- und Fledermausstimmenlauschen ein. Wir gehen zwischen einem Holzhaus mit Grasdach und Kanus – dem Sitz der Naturparkranger – und einem Apfelbaum hindurch, wenden uns nach links und biegen links ab in die von Linden gesäumte **Öhlmühlenallee.** (Geheimtipp: Rechts ist 100 Meter entfernt die Ölmühle, ein schönes Fotomotiv.) Wir nehmen den ersten, leicht ansteigenden Sandweg rechts. Wir passieren einen Wasserbrunnen und Bänke. Unten leuchtet uns zwischen Bäumen der erste von vier Seen an der Wanderroute entgegen: der **Höftsee 3.**

Wir ignorieren zwei Links- und einen Rechtsabzweig und genießen zwischen Buchen, Ahorn, Haselnuss und Ebereschen den erstklassigen Blick. Nach 300 Metern gehen wir links steil

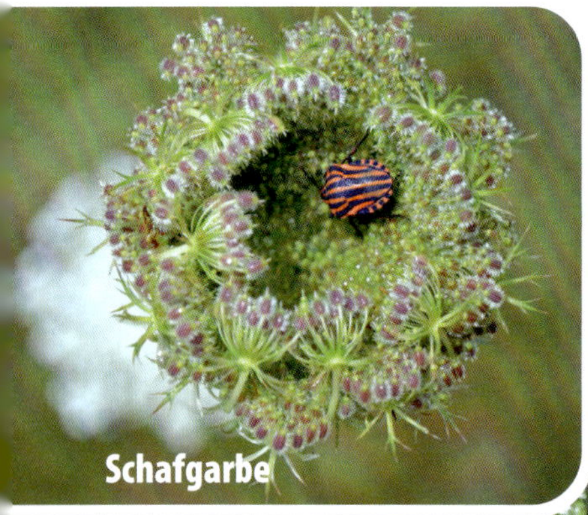

Schafgarbe

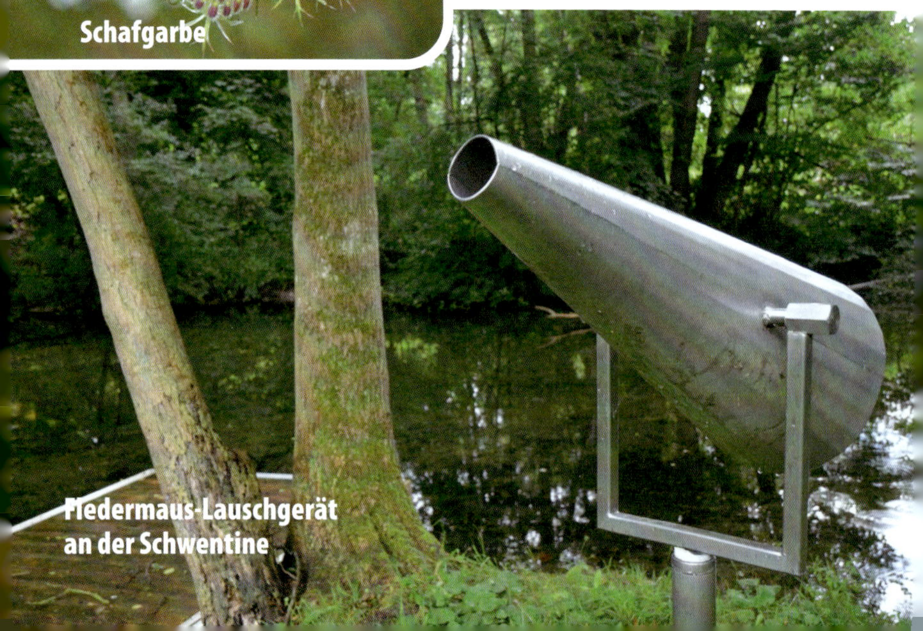

Fledermaus-Lauschgerät an der Schwentine

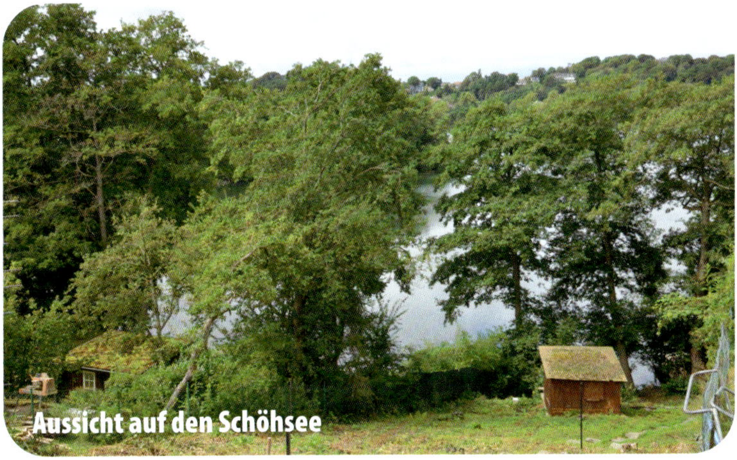

Aussicht auf den Schöhsee

bergauf zwischen alten Buchen. An einer Gabelung halten wir uns links. Vor einem grün eingezäunten Wohnhaus gehen wir rechts und genießen den hügeligen Weg. Er führt am Waldrand rechts an mehrgeschossigen Wohnhäusern vorbei. Wir biegen links in einen breiten Sandweg, den Steinberg, und nehmen den ersten Weg rechts, an Buchen, Kastanien, Ebereschen und Ahorn vorbei. Wir ignorieren Links- und Rechtsabzweige und gehen nach 300 Metern links auf einen Hangweg, links von uns liegt eine steile Senke.

Die nächste Kreuzung ist ein Innehaltepunkt. Hinter der Kleingartensiedlung Schöhsee leuchtet uns See Nummer zwei der Seenrunde entgegen: der **Schöhsee 4**. Seeadler kreisen bisweilen über dem Gewässer,

Für die Seele

Malerisch wild, in Grün gehüllt oder freigiebig offen: Höftsee, Schöhsee, Großer Madebrökensee und Großer Plöner See laden zur Charakterstudie ein.

Der 28 Quadratkilometer umfassende ***Große Plöner See*** *ist als Rast- und Mausergewässer ein international bedeutender Knotenpunkt für Wasser- und Zugvögel.*

das vom am Ufer gelegenen Max-Planck-Institut für Evolutionsbiologie erforscht wird. Links geht es geradeaus weiter, vorbei an einem Holzschlagbaum und dem Eingang zur Kleingartenanlage. Der weiß-grünweiß markierte Weg führt entlang des mit urigen Holzbauten bestandenen Geländes der evangelischen Pfadfinderschaft Plön. Wir ignorieren einen Linksabzweig, gehen geradeaus bergauf an einem Friedhof vorbei.

Wir biegen rechts in den **Steinbergweg** ein, an einem Spielplatz führt rechts ein Pfad zu einer Badestelle. Rechts blitzt immer wieder der See zwischen Häusern hervor, die baumbestandenen Inseln Kleines Warder und Mittleres Warder sind zu erkennen. Ein Tipp: Das schöne Seepanorama in Gedanken abfilmen und die Bilder an der Rautenbergstraße, der B 76, in die wir rechts einbiegen, wieder abspielen.

Wir überqueren die Einmündung der August-Thienemann-Straße schräg rechts zu einem Fußweg und folgen ihm zur **Eutiner Straße**. Wir biegen rechts in

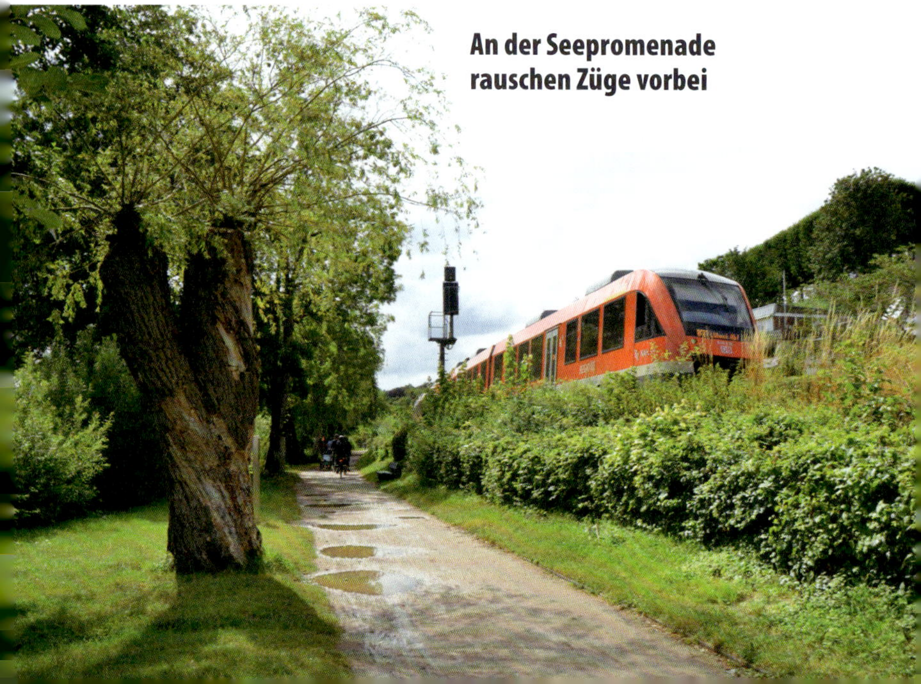

An der Seepromenade rauschen Züge vorbei

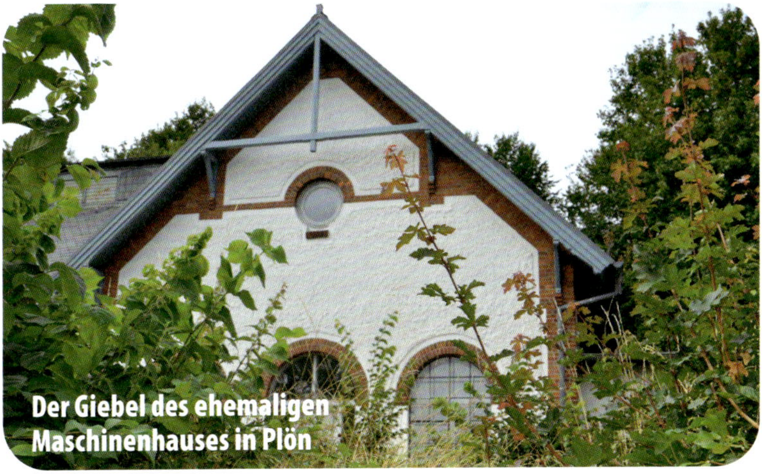

Der Giebel des ehemaligen Maschinenhauses in Plön

die Allee mit zwei schönen Raststellen am **Großen Plöner See** ⑤, der ab jetzt zur Linken unser flüssiger Begleiter wird, den Restaurants **Alte Kate** ⑥ und **Altes Fährhaus** ⑦.

Am Ende der Sackgasse biegen wir links ab und nehmen direkt vor dem Anleger Stadtbrücke den zweiten Weg rechts, den **Strandweg.** Eine Bank lädt am Ufer zum Panoramagenießen ein. Wir passieren den **malerischen Bahnhof** – wohl eine der schönsten Haltestellen Deutschlands, keine 20 Meter vom See.

Wir spazieren auf dem Uferweg unter Weiden und Buchen. Infotafeln berichten: Allein auf der Insel Ruhlebener Warder brüten jedes Jahr rund 1700 Möwenpaare, Lach-, Silber- und Sturmmöwen. Seit 1993 sind 261 Hektar des Sees naturgeschützt. Das Gebiet heißt „Inseln im Großen Plöner See und Halbinsel Störland". Wenn das **Restaurant Seeprinz** ⑧ mit der über den Wellen gebauten Terrasse in den Blick kommt, nehmen wir rechts den Sandweg über eine Brücke und überqueren die Schwentine.

Infos am Wegesrand bereichern den 1929 bis 1930 erbauten Weg am Seeufer: Schilder zum Evolutionspfad und zum **Planetenpfad,** in dem die Distanzen

*Der **Bahnhof** wurde für Besuche der Kaiserfamilie von Wilhelm II. gebaut und 1866 eingeweiht. Sein Holzdach stand ursprünglich am Bahnhof Holsteinische Schweiz, es wurde für die royalen Gäste nach Plön gebracht.*

*Selbst gebackene Kuchen, frischer Fisch oder Saisongerichte verbinden sich im **Restaurant Seeprinz** mit der fantastischen Aussicht zu einem besonderen lukullisch-optischen Erlebnis.*

zwischen den Planeten unseres Sonnensystems maßstabsgerecht abgebildet werden, erzählen Wissenswertes. 1 Meter Weg entspricht 2 Millionen Kilometern im All.

Rechts grüßen der Turm der Nikolaikirche und das weiß leuchtende Plöner Schloss. Ein Maschinenhaus zwischen Schlossberg und Bahnlinie wurde 1895 auf Befehl von Kaiser Wilhelm II. für Dampfmaschinen und Pumpwerke gebaut. Der Kaiser wollte für seine sechs Söhne, die in Plön in der Kadettenschule unterrichtet wurden und in einem heute Prinzenhaus genannten Rokoko-Lustschloss lebten, eine eigene Strom- und Wasserversorgung aufbauen. Die sogenannte Prinzenschule und das Plöner Schlossgebiet wurden angeschlossen. Sterin heißt die grüne Insel dicht am Ufer – eine von insgesamt 20 im See. Nach dem Schüler Ruder- und Segelverein biegen wir links in Richtung **Prinzeninsel** auf den weiß-gelb-weiß markierten Weg und nehmen im Wald links den romantischen Uferweg.

1910 erwarb Kaiser Wilhelm II. die etwa 2 Kilometer lange und an der schmalsten Stelle rund 30 Meter breite Landzunge. Bereits ab 1901 wurden seine Söhne hier in Landwirtschaft unterrichtet – so erhielt sie ihren Namen ***Prinzeninsel.*** *Bis heute ist sie im Besitz der Hohenzollern.*

Die Terrasse vom Seeprinz

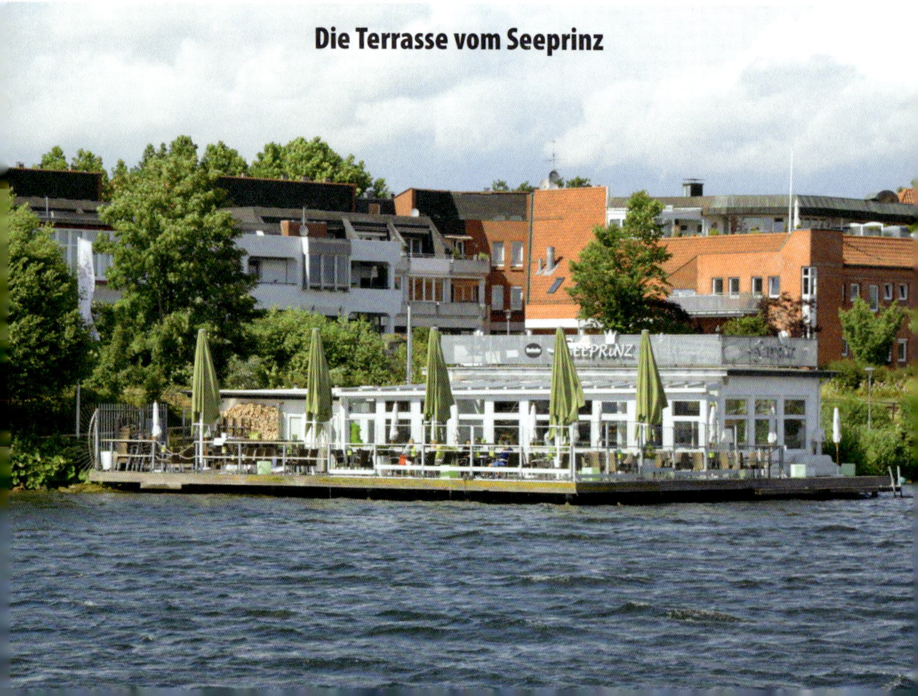

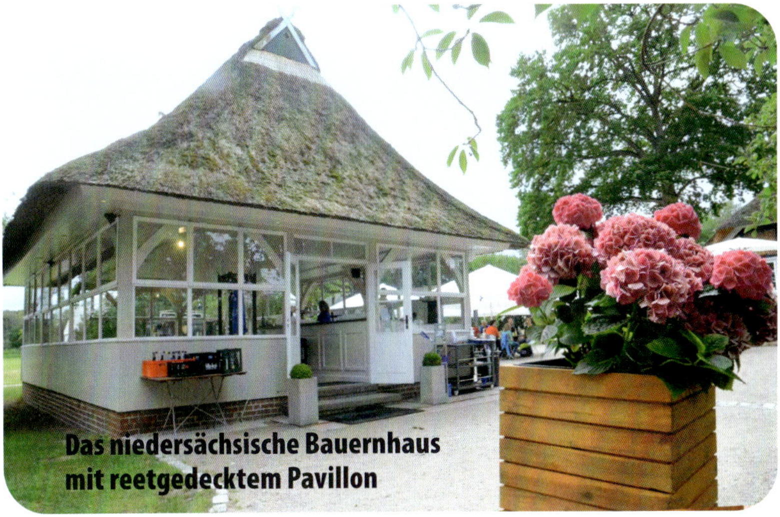

Das niedersächsische Bauernhaus mit reetgedecktem Pavillon

Alte Baumriesen ruhen im See. Wir nehmen an einer Gabelung den Abzweig links. An der Kreuzung nach dem Abzweig zum **Kadettenfriedhof** biegen wir links ab über eine Brücke. Ein Schotterweg in royaler Flanierbreite verleitet zum gemütlichen Bummel. Im Sommer blühen Buschwindröschen und Scharbockskraut, Aaronstäbe recken hellrote Beerenstände himmelwärts. Ein fantastischer Moment: Links und rechts ist nur wenige Meter entfernt der Plöner See zu sehen.

Am Fünfsprung, wo fünf Wege aufeinandertreffen, nehmen wir die zweite Möglichkeit links und spazieren an einer Weide mit einem Holzbohlenzaun auf ein reetgedecktes Fachwerkgebäude zu. Das niedersächsische Bauernhaus wurde 1693 bis 1694 als Wohnhaus errichtet, ab 1900 wurde es royaler Lernort für die Söhne von Wilhelm II. Das **Restaurant Prinzeninsel 9** im malerisch-eleganten Haus lädt zur Fantasiereise in die Zeit ein, als Prinzen auf den Äckern lernten. Vor dem Gebäude gehen wir links, dann vor dem **Anleger Prinzeninsel 10** rechts. Auf einem wohlgepflegten Weg erreichen wir den Pavillon am **Lieblingsplatz der Kaiserin Auguste Viktoria 11**.

Wildromantisch ist der Blick besonders bei Wind. Dann rauschen die Wellen ans Ufer, vor uns, auf dem Langen Warder und auf der Insel Sack rechts daneben wiegen sich die Baumkronen. Einmal tief einatmen. Entspannen. Die Natur wirken lassen. Ein Platz, um die Welt zu vergessen. Die Gedanken zu sammeln für neue Projekte. Ob die letzte deutsche Kaiserin ihn deshalb so liebte?

Wir kehren auf gleichem Weg zurück zum Anleger, unter dem sich Fischschwärme tummeln. Das Ausflugsschiff Holsteinische Schweiz bringt uns mit entspannten 10 bis 15 Stundenkilometern zurück zur Fegetasche. Oder wir nehmen für den Rückweg die Verwöhntour 11.

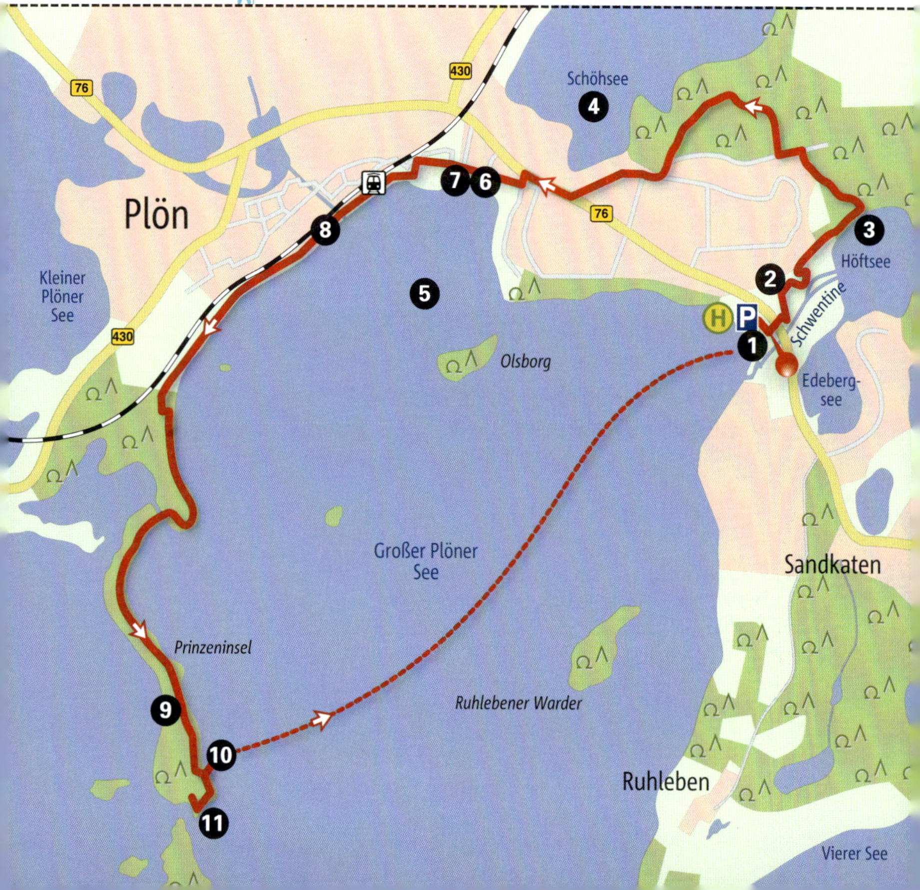

Alles auf einen Blick

WIE & WANN:
Wander-, Wald- und Uferwege, in Plön Bürgersteige; ganzjährig möglich, nach Regen matschige Passagen, von Mai bis Oktober Rücktour auch per Plöner-Seen-Schifffahrt.

HIN & WEG:
Auto: Parkplatz Fegetasche, Fegetasche 99, 24306 Plön (GPS: 54.154290, 10.448187)
ÖPNV: Bus 331, 353 bis Fegetasche Plön, Rückkehr von der Prinzeninsel: Shuttleservice vom Restaurant Prinzeninsel (www.prinzeninsel.de)

ESSEN & ENTSPANNEN:
Imbiss Fegetasche ❶ Parkplatz Fegetasche, An der Fegetasche 99, 24306 Plön, Tel. (0 45 22) 7 46 39 39
Alte Kate ❻ Eutiner Straße 6, 24306 Plön, Tel. (0 45 22) 98 59, www.altekate-ploen.de
Altes Fährhaus ❼ Eutiner Straße 4, 24306 Plön, Tel. (0 45 22) 7 98 34 35, www.altes-faehrhaus-ploen.de
Restaurant Seeprinz ❽ Strandweg 1, 24306 Plön, Tel. (0 45 22) 7 89 71 55
Restaurant Prinzeninsel ❾ mit Kiosk Prinzenbad, Große Insel 1, 24306 Plön, Tel. (0 45 22) 50 87 00, www.prinzeninsel.de

ENTDECKEN & ERLEBEN:
Naturerfahrungsraum Schwentine ❷
Höftsee ❸
Schöhsee ❹
Großer Plöner See ❺
Anleger Prinzeninsel ❿ Tel. (0 45 22) 67 66, www.grosseploenersee-rundfahrt.de
Lieblingsplatz der Kaiserin Auguste Viktoria ⓫

Entspannung ✱✱✱✱✱
Genuss ✱✱✱✱✱
Romantik ✱✱✱✱✱

Danksagung

Auf dem Weg vom Gedanken bis zum Buch haben mich viele Menschen begleitet und tatkräftig unterstützt. Mein Dank gilt euch und Ihnen: Marcel, dem Wanderer zwischen den Welten – unerschütterlich optimistisch, ob auf der Route, in der digitalen Matrix der Kartenbearbeitung, als Erstleser. Maren, der fachkundig-heiteren Wanderfreundin auf zwei Touren. Den Wanderfreudigen, die ich auf den Touren traf – Ihre und eure Tipps und Herzlichkeit haben es mir leicht gemacht! Ein Teil der „Wandern für die Seele"-Bewegung geworden zu sein, erfüllt mich mit großer Freude. Ich danke dem Droste Verlag und besonders Lektorin Ute Voges für das Vertrauen, Lektorin Ute König für die bis ins Detail genaue Bearbeitung des Manuskripts und Lektorin Amrei Risse für die Begleitung des Finales.

Die GPS-Daten zu jeder Tour gibt es auf
www.droste-verlag.de

Konzeption: Droste Verlag, Düsseldorf
Satz: Droste Verlag, Düsseldorf
Einbandgestaltung: Britta Rungwerth, Düsseldorf, unter Verwendung von Bildern von © Fotolia.com: Andrey Kuzmin, undrey, dabost, niroworld; © Colby Lysne
Fotos: Beate König, außer:
© stock.adobe.com: S. 1: travelpeter, S. 6: Wirestock, S. 84: TimSiegert-batcam, S. 140: Lars Gieger
Karten: Angelika Solibieda, Karlsruhe
Druck und Bindung: LUC GmbH, Greven

ISBN 978-3-7700-2346-2
www.droste-verlag.de